JN219008

リスト教文化 2018 秋

目 次

を現実に —韓国キリスト教界の願い—

表紙 「新しい年をめざして」尹善博（ユン・ソンバク）

【特集】朝鮮半島の平和を現実に ―韓国キリスト教界の願い―

二〇一八年に入って朝鮮半島を巡る情勢は、めまぐるしい変化を遂げている。去る四月二十七日には、北の金正恩《キムジョンウン》朝鮮労働党委員長と南の文在寅《ムンジェイン》大統領が南北を隔てる軍事境界線板門店《パンムンジョン》において、南北首脳会談を行なった。そのニュースを見ながら、金委員長と文大統領の肉声を聴き、彼らが東アジアの平和体制構築のために歩みだしたことに感激をおぼえた。いつ「統一」という事柄が実現するかはわからないものの、さまざまな軍事的緊張感、脅威を克服できるチャンスが南北の歩み寄りの中に内包されている。この一方で、日本政府の無関心ぶり、非積極的な姿勢は、嘆かわしく、煩わしい次第である。しかし、日本政府の南北平和構築に対する冷ややかな対応は、これまでの歴史的歩みを考えるなら、十分に予期できたものかもしれない。植民地の歴史的な清算をしない国家として、また冷戦構造にすがる経済政策、それに関連した憲法改正への動きがそれであろう。南北が平和的な歩みを見せる一方で、日本は思想的な後退の道のりを進んでいる。実に情けない姿を露呈している。しかし、今や私たちは市民レベルで平和を追い求め、行動することができる時代を迎えている。今号では、韓国キリスト教界における南北平和への思いを特集にした。日本のキリスト教界だけでなく、この特集が一般の読者への関心を呼び、平和でいのちを優先できる社会を築けるようにと願っている。

特集 朝鮮半島の平和を現実に ―韓国キリスト教界の願い―

分断と冷戦、その間に立つ存在

李鴻政

二、二〇一五年は世界史的には第二次世界大戦の終戦七〇周年を迎える年であったが、今年二〇一八年は南と北に分断政権が樹立されて七〇周年を迎える年にあたる。朝鮮半島民族は、終戦の結果として日本の植民地支配体制から「解放」されたが、当時の米ソ両国の冷戦ヘゲモニーの確執の中で北緯三八度線で幾何学的に国土が分断され、南と北はそれぞれ米国と旧ソ連の軍政体制下に置かれることになった。「解放三年期」という激動の歴史の中では日本の支配による植民地近代を克服して統一国家をなすための民族の自主的なあがきがあったが挫折し、南と北に互いに異なる冷戦イデオロギーを国是とする大韓民国と朝鮮民主主義人民共和国という分断政権がそれぞれ樹立された。朝鮮戦争の三年間は分断構造を固定化し、朝鮮半島民族は分断体制の鎖に繋がれたまま冷戦の社会学を形成しながら分断がもたらす総体的な疎外現象を内在化していった。一九四

I

一、「朝鮮半島民族」にとって、分断は民族共同体の生命を絶望の限界状況へと追いやる社会学的「原罪」である。キリスト教宣教の観点から見たとき、分断の克服は民族共同体の完全で総体的な生命性の回復、すなわちシャロームを成就する上での必須課題である。これは、分断の傷を残したまま相互敵対的な関係を深め合っている民族共同体を真理の中で治癒・和解された生命共同体へと変えていくための正義と平和の巡礼過程を要請する。ここには、朝鮮半島の分断と冷戦体制を東北アジアにおける多者間の平和安全保障体制へと転換し、東北アジアという共同の「家」を建設する地政学的な平和の課題が必須的に含まれる。

五年の終戦以降、朝鮮半島民族は、「未完の解放」を生きる中で、分断の克服なくして完全な解放はないとの民族史的な教訓を痛みをもって体得している。

三、朝鮮半島に分断体制が固定化していくにしたがって、朝鮮半島における教会の地形図も劇的に変貌していった。北朝鮮の教会がキリスト教の反共主義と北朝鮮社会主義体制の反キリスト教政策のため大挙して南側に渡っていった結果、北朝鮮に教会の空白状況が生じた。一九四六年に設立されて以来、北朝鮮の公式機関である朝鮮キリスト教連盟と少数の家の教会のほかには、今もなお「地下教会」についての未確認情報が悲劇的な消息として伝えられている。北朝鮮のキリスト教のこのような実状は、中国教会や東ドイツ教会の歴史的な経験とはまったく異なるものであり、民族共同体の治癒や和解、平和統一の道を開いていく過程になければならない教会の順機能的な役割を構造的に制限している。

四、これに対して南側に渡ったキリスト者たちは、生存のための闘いと信仰的な熱心さを結びつけながら、生来的な反共主義に基づく教会共同体を形成し、これは韓国教会の成長過程に決定的な影響を及ぼした。韓国教会の大部分は、資本主義の成長と軌を一にしながら、反共を国是とする国家体制の安全保障と親米同盟を基調とする対外政策を支持する社会政治的な影響力をもった宗教社会結社体と化していったのである。韓国の教会は、それ自体のうちに冷戦意識に基づく分断構造を先鋭的に内在化するといった形の制約を有している。したがって、韓国教会の北朝鮮宣教に関する論議は、国家イデオロギーや体制の守護といった権力の障壁を乗り越えられないまま、いわゆる滅共北進統一や資本主義体制への吸収統一の範疇に属する「黙示的」な歴史展開の言説を内包したものとなっており、その論議自体が和解の福音精神や平和神学に反したものとなっている。

五、このような「黙示的」状況の展開にもかかわらず、分断という悪しき構造の真っ只中に噴き出る、民族共同体の治癒と和解、平和統一に関わる希望は、民族共同体の治癒と和解、平和統一が神の宣教の出来事であり、神の主権に属する神の救いの行為であるということを今日の朝鮮半島の教会に悟らせてくれている。このことは、民族生命共同体を正義と平和の道へと導かれる神の宣教に参与するために、朝鮮半島の教会がどのように自らを治癒と和解の福音の光のもとに省察し、平和をつくる教会へと刷新していくのかとの問いを教会の本質的な宣教課題として付与するのである。

六、分断体制の構造的矛盾と深い関係をもつ中で成長してきた韓国の教会が、民族共同体の治癒と和解、平和統一を自らの宣教の課題として遂行しようとする際に直面する最大の難題は、教会に内在化している冷戦意識である。反共神学に基づいて北朝鮮宣教を理解する教会は、暗黙のうちに北朝鮮の体制転覆を前提とした北朝鮮教会の復活と再建を宣教の目標に掲げている。平和神学に基づいて北朝鮮宣教を理解する教会は、南北間の確執を解消するために南北交流の活性化や停戦協定を平和協定へと転換して平和体制を定着させることを宣教の優先課題としている。前者は、朝鮮キリスト教連盟を北朝鮮政府の御用宗教団体とみなし、地下教会と接触する中で北朝鮮の人権に関する実態を告発してその改善を求めつつ、脱北者を助ける難民宣教に積極的に参与している。一方で後者は、朝鮮キリスト教連盟をパートナーとして南北交流の活性化と社会奉仕宣教の実践を構想すると同時に、終戦宣言と平和協定を通して平和体制を定着させていくための地政学的な環境構築に向けた国際的連帯を強化する宣教に参与している。前者は、後者を従北勢力とみなしており、後者は前者を朝鮮半島に戦争を誘発する極右反共勢力であると批難している。

七、このような冷戦的な政治状況にあって、一九八八年二月二九日に韓国基督教教会協議会が発表した「民族の統一と平和に対する韓国キリスト教会宣言」(「八八宣言」)は、政権独自の判断領域とされてきた統一関連の諸般の論議を民間レベルに拡大する契機を調えた。いわゆる民が参与する統一運動への扉を開く中、韓国教会がもつ北朝鮮宣教に対する理解の幅を広げることで、平和と統一を教会の宣教課題として受容するようになったのである。「八八宣言」によれば、イエス・キリストの救いの福音は、平和の福音である。イエス・キリストが平和の王として来られ、分断と確執、対立と分裂を愛と赦しによって一つとなるようになさったのは、分断構造を解消し、和解と平和によって新しい天と新しい地、神の国を実現することに向けた宣布であった。平和と統一は、神の主権の中にある神の宣教であり、朝鮮半島の教会が平和の使徒として神の宣教に参与することは時代的な使命である。

八、「八八宣言」は、教会の罪責を告白する。キリスト者たちは、理念と政治を掲げて冷戦の論理に便乗して民族の分断と苦痛を無視してきたのであり、赦しと和解の精神をもって歩むことができなかった。平和の使徒としての使命を担えないまま、地域間や階層間の確執の中で和解と協力を実践しえなかった。特定のイデオロギーによる統一を叫び、競争的な対決の論理をもって対立し、時には沈黙しつつ分断を固定化する罪を犯した。民族共同体の平和統一を実現できないまま、分断体制の中で常に存在する戦争の脅威を感じつつ生活するようになった裏側では、平和統一に向けた韓国教会の献身の欠落と同胞に対する無関心や無知、利己心が共に根づいている。経済難によって苦しむ北朝鮮の同胞を助けることがキリスト者にふさわしい義務であり、責任であり、なすべきことであるにもかかわらず、恩恵を施しているとの態度でのぞむケースが多かった。このような韓国のキリスト者たちの罪責告白は、過去に対する後悔に終わることなく、未来に向けた具体的な献身の決断へと転換されなければならない。

Ⅱ

九、二〇一七年に朝鮮半島において繰り広げられた核危機が北朝鮮の核保有国宣言や社会主義経済建設の総力化宣言、平昌冬季オリンピック参加を契機として終息し、朝鮮半島に平和の春が訪れてようとしている。四・二七板門店宣言と六・一二シンガポール宣言に続く九・一九平壌宣言に至るまで、冷戦時代の論理では想像もつかなかった異例の出会いや提案、機先を制するような諸措置が採られている。四月二七日に南北首脳が発表した「朝鮮半島の平和・繁栄・統一のための板門店宣言」は、分断と冷戦を越えて平和共存時代に向かって歩む我が民族の未来に対する共同の実践目標を世界に宣言し明らかにしたものである。その後、六月一二日に米朝首脳が発表したシンガポール宣言は、朝鮮半島の問題解決において非常に重要な核心部である米朝関係を通して板門店宣言が提示した朝鮮半島の平和プロセスを推し進めることを宣言したものである。そして今回の九月一九日の平壌宣言は、板門店宣言の具体的な実践合意書として米朝対話を新たに牽引している。四・一七板門店宣言が朝鮮半島における平和の「内容」であるとすれば、米朝首脳会談は、その内容を入れる「枠」である。米朝首脳会談が失敗したとしても板門店宣言に盛り込まれている平和の内容を無効化することはできない。南と北がこれを共有し、自主的に実現できるよう宗教市民社会、特にキリスト教が世界の教会との連帯を礎にして平和の盾とならなければならない。

一〇、筆者は、今年九月一八日から二〇日まで平壌および三池淵（訳注：白頭山の東南側の麓にある地域）、白頭山の天池（訳注：北朝鮮と中国の国境に位置する白頭山の頂上にある湖）で開催された南北首脳会談に特別随行員として参加する中、新たに生まれる朝鮮半島の夢を見た。「真夏の夜の夢」ではなく、植民地支配と分断の歴史を貫き、苦難の中で熟した完全なる解放と積極的平和に向かう夢である。その夢は、分断と冷戦の歳月がつくりだした民族共同体内の異質性を調和によって克服する中で「第三の道」を訪ねる夢である。同族同士が争い殺し合った朝鮮戦争が残した傷と恨みを癒し、和解する夢である。大陸勢力と海洋勢力の角逐の場となったまま戦争の危機を日常のように生きてきた朝鮮半島に終戦を宣言し、漢拏山（訳注：済州島にある山）と白頭山に至るまで非武装地帯を拡張する夢である。「我が民族同士」との自主性を土台にして、板門店―サンフランシスコ体制に取って代わる多者間の平和安保体制を構築することで未来の七世代が東北アジア共同体建設の新しい道を開いていけるようにする夢である。その夢は、対話と出会いが政治的な利害関係によって挫折させられることのない日常の平和を実現する夢であり、朝鮮半島の住民が社会的連帯を実現しつつ平和をつくっていく夢である。

一一、この夢が実現しつつある。北朝鮮が変化していっている。北朝鮮式の社会主義体制を構築した金日成主席と、先軍政治によって体制の安定を図った金正日国防委員長に続き金正恩国務委員長は、昨年に核兵器開発の完成を公表した後、今年の新年の辞を通して社会主義経済建設の総力化への移行を宣言した。「人民に米の飯を食べさせたい」との金日成主席の遺訓の実現が新たな契機を迎えている。金正恩委員長は米国から政権安定と平和体制を保障され社会主義経済建設に専念するために、機先を制して「未来の核」を放棄する戦略的な平和への意志を示した。今後、米朝首脳会談を通して終戦宣言や対北朝鮮制裁緩和、南北および世界の経済協力と平和協定締結など一連の相応の措置が採られつつ、「現在の核」に対する非核化の過程が進められるであろう。五・一競技場において行なわれた核のない朝鮮半島についての文在寅大統領の演説に対して、十五万の平壌住民は心からの歓呼をもって応答した。金日成主席による朝鮮半島非核化の遺訓が北朝鮮住民の心の奥底で反芻されている。

一二、平壌が社会主義「正常国家」の首都へと変化しようとしている。朝鮮戦争後の廃墟の上に大同江にそって計画・建築された都市である平壌は、直線と曲線の調和を実現する中で多様性を追求している。大規模な歓迎の人出とマスゲームから見て取れる「動員」は、市民たちの「日常」の流れと調和をなしている。自らの地に足をつけ、目は世界を見、科学でもって飛躍し、教育をもって未来を担保するために先進的な教育に投資することで社会主義「強盛大国」の土台を構築している。自国の足りなさとみすぼらしさを率直な言葉で認めるだけでなく、十五万の平壌市民の前で文在寅大統領を直接紹介し演説するように計らった金正恩委員長のリーダーシップは、もはや「劇場国家」の絶対唯一の覇権者のそれではない。ただし、長年の対北朝鮮経済制裁によって経済開発区計画に進展がなかったので、西海航路と三池淵から平壌を往来しながら見渡した北の地においては、平壌は依然として絶対唯一の都市のままとなっていた。

一三、南北の現実に即した平和への想いは、板門店宣言を通してその実を結んだ。平壌宣言は、板門店宣言の履行のための実践的な合意書である。平壌宣言に盛り込まれた軍事的な緊張緩和措置は事実上の終戦宣言である。未来の核を放棄するための機先を制した諸提案は、朝鮮半島における実質的な非核化の宣言である。開城公団および金剛山事業の再開と離散家族の再会の常時化は、全面的な南北交流に向けての信号弾である。朝鮮民主主義人民共和国の建国七〇周年記念作「輝く祖国」を再構成・演出した五・一競技場での公演や文在寅大統領の演説は、「平和、新しい未来」に向かう朝鮮半島の新しい歴史づくりの船出式であった。いまや完全で可視的であり、不可逆的な朝鮮半島の平和に向けてのプロセスは、引き返せない時間の川を渡った。朝鮮半島のすべての民が一つとなり、天池と白鹿潭（訳注：漢拏山の火口湖）の水を混ぜて、その新しい調和の水に筆を湿らせ、「平和、新しい未来」に向かって新しい歴史を共に書きすすめていく働きが残った。持続可能な平和構築のために民の土台を強化しなければならない。分断体制が再生産される悪循環の輪を断つために、まず自分の心の中の分断と冷戦意識を和解と平和意識へと変えていかなければならない。

Ⅲ

一四、今日におけるこのような歴史的な課題は、朝鮮半島の教会、特に韓国基督教教会協議会と朝鮮キリスト教連盟が変化することを要請している。朝鮮半島の教会は、冷戦時代の論理と意識を平和共存時代の論理と意識へと転換しながら、異質なものの調和を模索していかなければならない。朝鮮半島に聖なる一つの使徒的な公同の教会を建設するために、不断の自己否定と自己無化の道を歩みつつ相互変革の座へと進まなければならない。韓国教会が教派中心の復古主義を克服できないまま資本の力に基づいて北朝鮮で自らの地位を我先に占めようとし、勢力の拡張に向かう「マモンの道」を行くとすれば、相互交流の門は再び閉じられるであろうし、朝鮮半島のキリスト教の未来に新しい希望はないであろう。韓国の教会と社会が分断と冷戦の障壁を打ち壊し、平和共存という生命の海へと流れて行くことができるよう非暴力の平和教育を広範囲に実施しなければならない。進歩と保守を分ける認識や実践の地平の中で内在化していった他の冷戦的意識、言行、主義主張を克服し、日常の生き方として平和を生きること、社会的連帯としての平和づくりを通して積極的な平和を構築していかなければならない。北朝鮮教会もはやり冷戦秩序の中で用いてきた関係づくりの方式から脱して、相互信頼と透明性に基づく新しいキリスト教の未来を構想し、教会間協力の枠組みをつくっていかなければならない。北朝鮮教会は世界に向かって開放された社会主義体制下のもとで、「米国帝国主義の手先」「人民のアヘン」といった社会に存在する逆機能的なキリスト教観を刷新し、人民の霊的・社会政治的な生命を豊かにするキリスト教の社会的な順機能を極大化していかなければならない。

一五、板門店宣言の実現を共同の目標にして朝鮮キリスト教連盟との間に連帯と協力のネットワークを構築するために韓国諸教会内に協議体を構成することが必要である。自主的な平和共存時代にあって韓国のキリスト教は、北朝鮮の社会主義体制下におけるキリスト教の存在形式である朝鮮キリスト教連盟の地位と役割についての充分な理解をもって意思疎通や交流・協力の方案を調えていかなければならない。韓国の諸教会が個教会および教派中心主義という意思疎通の形式を克服し、朝鮮キリスト教連盟と苦楽を共にしてきた韓国基督教教会協議会と主要諸教団を中心に「韓国教会南北交流協力団」を形成して一つの意思疎通の秩序を築いていかなければならない。転換期にあって朝鮮半島の和解統一宣教は、第一に、平和と共栄、和解と統一のための諸般の環境醸成に尽力しなければならない。第二に、南と北のキリスト者の相互交流と協力を増進させなければならない。第三に、北朝鮮の人民の社会経済的な生命を豊かにする社会奉仕の働きを効果的に繰り広げていくために最善を尽くさなければならない。第四に、朝鮮キリスト教連盟の持続可能な成長と発展のための行動計画を立て、それを実践しなければならない。第五に、北朝鮮に教派主義を超越した一つの教会を立てる働きに尽力しなければならない。

一六、北朝鮮の人民らの人権問題を解決する「次善」の方策は、板門店宣言の内容を具体的に実現していくことで北朝鮮の人民の人権のための社会政治的・経済的環境を共に増進させていくことである。冷戦の枠組みに基づく人権問題の提起は、北朝鮮の体制問題と深く連関することとなり、これは自発的な人権環境改善をかえって阻害する要因となりうる。社会主義体制下において人権と結びついた社会的資本を増進させる方案は、資本主義体制とは別の次元があることを充分に考慮するときに社会主義的な主権在民の形象化を期待することができるであろう。ここに相互の学びと相互変革の次元を盛り込むことができれば、平和共存は平和統一へとつながりうる。

一七、世界教会協議会の第一〇回釜山総会の主題「いのちの神よ、わたしたちを正義と平和に導いてください!」に出てくる生命と正義と平和は、相互不可分の融合した概念であると理解されなければならない。三位一体の神が創造され、救われ、導かれる生命世界を支える二つの軸は、神の義と和平、すなわち正義と平和である。正義のない平和は偽の平和であり、平和を実現しえない正義は報復的暴力の悪循環を招来する。正義と平和が互いに口づけし合うようにする過程が治癒と和解の過程であり、持続的な治癒と和解の過程だけが生命を得、それを豊かにする福音化を目指す正義と平和の統一戦線と相互共存を可能にする。治癒と和解の過程においては、真理が正義と平和の道を導き、治癒と和解を得た生命の源泉となる。したがって、治癒と和解は三位一体の神の救いと解放の霊性であり、同時に戦略である。イエス・キリストの福音の本質である治癒と和解の福音は、神との関係、人々の間の関係、自然との関係を癒し和解させる福音の完全性(Wholeness)と総体性(Totality)を証しする。このことは、朝鮮半島の平和統一のための治癒と和解の過程が、霊的・垂直的なレベルと社会的・水平的レベル、生態的・宇宙的レベルを包括するものであることを意味すると同時に、朝鮮半島の平和統一がもつ総体的な宣教課題を提示する。

一八、分断は、治癒と和解を通して正義と平和をつくられる神の霊と人々における神の現存が共にある状況である。このような神学的認識は、朝鮮半島が平和の震源地であり、朝鮮半島の目覚めた教会と民衆は東北アジアと世界平和のための認識論的特権を有した、神の治癒と和解の働きのための道具であるとの宣教的認識を可能にする。このような認識は、傷を負い、砕かれたまま呻く朝鮮半島の生命ネットワークを癒し、和解させる方法論であり、「民族共同体の治癒と和解、平和統一のための生命のネットワークづくり運動」という有機的・生態的霊性と戦略を提示する。生命のネットワークづくりとは、傷を克服し癒され、和解を得た経験をもつ人々が治癒と和解の過程で体得した認識論的特権をもって傷を負った治癒者、和解者となり、傷を負って苦しむ生命世界の中で繰り広げられている神の治癒と和解の宣教に参与することである。世界に散らばる地域教会が地域的・大陸的・地球的レベルで朝鮮半島の平和統一のための治癒と和解の生命ネットワークを共につくっていくことができれば、教会は東北アジアと世界の平和のために治癒と和解をもたらす生命共同体として歴史の歩みを先導するようになるであろう。

一九、キリストは、和平の神として、敵意、すなわち中間にあって妨げとなる壁を自己の肉において取り壊し、癒しと和解をもたらす神である。その中にあって平等と愛、正義と平和が口づけし、完全なる調和をなしつつ、分かれていた二つのものを一つとする神である。この神は、人と人との間の確執の原罪である南北分断の間で十字架につけられたまま横たわっておられ、分断の罪悪を十字架に釘づけにし、真理の中で意思疎通を行なうようにと招かれる神である。間におられる神が真理の霊であられる聖霊の意思疎通を通して、南と北に対して要請される新しい人間、新しい世とは、どのようなものであろうか。新しい存在、新しい世を目指して私たちが相対化し、克服し、果ては廃棄しなければならないであろう信条や律法、法の条文、そしてイデオロギーや体制とはいかなるものかということに関して深く省察し、実践しなければならない。南と北の和解の使徒としてキリスト者たちがその日常において「分断越え」を実践することで冷戦意識を平和意識へと転換する「間に立つ存在」としての生き方を生きるとき、その新しい存在としての生き方の中に新しい世は宿り、すでに成長しつつあるのである。

李鴻政（イ・ホンジョン）
大韓イエス教長老会所属の牧師であり、現在、韓国基督教教会協議会（ＮＣＣＫ）総務として活動している。ソウル大学および長老会神学大学を卒業した後、英国バーミンガム大学で博士学位を取得し、東北アジア宣教学研究所所長、世界教会協議会（ＷＣＣ）世界宣教伝道委員会の常任委員、アジア・キリスト教協議会（ＣＣＡ）正義・国際問題・開発奉仕局局長、フィリピン・アジア太平洋神学大学学長、大韓イエス教長老会総会総務を歴任。朝鮮半島の平和と東北アジアの多者間平和安保体制の構築に強い関心を抱き、東北アジアと世界教会のエキュメニカル運動に献身している。

翻訳：李相勲（イ・サンフン）

在日コリアン三世。現在、延世大学韓国キリスト教文化研究所専門研究員。

特集 朝鮮半島の平和を現実に ―韓国キリスト教界の願い―

平和、そして未来

金 英周

I、はじめに

朝鮮半島の平和統一をめぐる環境は急激に変化している。今年、国連総会でなされた日米韓の首脳らによる演説文を読めばその変化を実感することができる。

金委員長と私は、戦争の影を取り払い、平和繁栄の時代を誓い、米朝会談では朝鮮半島の完全なる非核化と敵対関係の清算、恒久的な平和体制の構築に努力することに合意した。（韓国の文在寅大統領）

もはや北朝鮮はミサイルやロケットの発射は行なっていない。北朝鮮は核実験を中止した。一部の軍事施設はすでに解体段階にある。また、北朝鮮に抑留されていた米国の市民も本国に戻ってきた。金正恩委員長の勇気と果敢なる措置に対して高い評価と心からの感謝の言葉を贈りたい。人々が考えるよりもはるかに高い地点まで我々はやってきている。（米国のトランプ大統領）

北朝鮮の拉致、核・ミサイル問題の解決の先に、不幸な過去を清算し、国交正常化を目指す日本の方針は変わらない。北朝鮮がもつ潜在性を解き放つため、助力を惜しまない。拉致問題の解決のため、私も北朝鮮との相互不信の殻を破り、新たなスタートを切って、金正恩委員長と直接向き合う用意がある。（日本の安倍首相）

右の諸発言と昨年の国連総会における米国と日本の首脳

の演説（左記）を比較すれば、まったく異なっている。

米国と同盟国を守らなければならないとすれば、我々は北朝鮮を完全に破壊すること以外に他の選択肢はないのである。ロケットマン（金正恩委員長）が自らとその政権に対する自殺行為を行なっている。（トランプ）

金正恩委員長は最も確信的な破壊者、対話とは北朝鮮が我々を欺き、時間を稼ぐための手段だった。必要なのは対話ではなく圧力である。すべての加盟国は、一連の安保理決議を全面的に履行しなければならない。北朝鮮の挑発を止めることができるのは国際社会の連帯だけである。（安倍）

実際、ほんの昨年までも朝鮮半島ですぐにでも戦争が起こりそうだとの恐怖が私たち全員を不安にさせていた。しかし、今年初めの金正恩委員長による新年の辞と北朝鮮の選手団による平昌オリンピックへの参加を皮切りに、三回の南北首脳会談（二〇一八年四月二七日、五月二六日に板門店、九月一八～二一日に平壌）と米朝首脳会談（二〇一八年六月一二日にシンガポール・セントーサ島）、数回にわたる米韓首脳会談（二〇一八年九月二四日にニューヨークなど）、三回の中朝首脳会談（二〇一八年三月、五月、六月一二日）が行われ、今後、米朝会談（第二回）と南北首脳会談（第四回：金正恩のソウル訪問）が行なわれる見通しである。

このような一連の努力が支障なく進められ、北朝鮮の核の解体と「終戦宣言、平和協定」につながればと思う。その結果、朝鮮半島と東北アジアに平和が定着し、私たち全員が平和の時代に生きられるようになることを望む。もちろん楽観は禁物である。残念ながらいまだに戦争とその脅威にもたれかかり、歴史の崇高な流れに逆らう勢力が存在するのが現実である。冷戦と確執、威嚇と対決に頼って既得権を拡大再生産しつつ体制に安住してきた勢力の反発が国内外においてすでに起こっている。長年の間に深まっていった確執と不信が一朝一夕に解消されると期待することは、複雑で冷酷な国際関係を知らないナイーブな考えであると言えるかもしれない。

これまで朝鮮半島をめぐって南北間や米朝間、六者協議において多くの合意がなされてきた。南北間では、「南北首脳間の合意」（二〇〇〇年六月一五日の共同宣言、二〇〇七年一〇月四日の共同宣言）をはじめ、「南北共同宣言」（一九七二年七月四日）、「南北間の和解と不可侵および交流・協力に関する合意書」（一九九二年二月一九日）、「南北非核化共同宣言」（一九九二年二月一九日）や、軍事や経済などさまざまな分野における合意書があった。米朝間では、「ジュネーブ合意」（一九九四年一〇月二一日）、六者協議のレベルでは、「九・一九合意」（二〇〇五年九月一九日）などがあった。しかしそれらは、さまざまな理由で守られてこなかった。その点は、南北首脳だけでなく、周辺の大国の指導者たちも認識していることであろう。

まったく新しい決意であるだけに、さまざまな挑戦や難関と出会うことになろうが、金正恩委員長と私には信頼と友情がある。相手の立場に立って考える心構えをもって互いに理解し配慮し合えばどのような困難も乗り越えられるであろう。金委員長と私は、仲の良い恋人のように一緒に力を合わせ、軍事境界線を越えて行き来した間柄である。軍事、経済、社会、文化などすべての分野で内実のある発展を実現し、南と北の間の軍事的緊張と戦争の恐怖を完全に解消する方法を真摯に論議したい。（文在寅）

もちろん、我々が進む道には依然として多くの難問が横たわっており、逆風も馬鹿にならないものとなろう。しかし、北と南が互いに手を取り合って志と力を合わせ、右往左往することなく今後進んでいけば道は開かれるであろうし、我々自らが主人となる新しい時代は、動揺することなく、より力強く前進することになるであろう。我々にとってこれは貴重な資産である。（金正恩）

右の発言は、二〇一八年九月一八日の午後に平壌の木蘭館で開かれた「南北首脳会談歓迎晩餐会」でなされた文在寅大統領と金正恩委員長の発言である。両指導者ともこれから直面する困難をよく認識しており、その困難をうまくかきわけて進みたいとの決意を表している。

私たちは、平壌における南北首脳会談のスローガンのように、「平和、新しい未来」がにわかに近づいてくるであろうとの希望をもっている。ろうそく革命によって不義の権力を倒し、民主的政権を樹立した我が国民がおり、その国民が熱望することを体全体で受け止める良き指導者たちが分断の障壁に穴をあけるために献身的に働く姿を見ることができるからである。

韓国では、ろうそく革命によって民主的な政権が成立し、「終戦宣言、平和協定の締結」を越えて「東北アジア鉄道共同体」の形成を唱えており、北朝鮮では、西欧式教育を受けた若い指導者が登場して改革開放政策を主導している。分断の確執を克服し、平和をつくろうとする強力なる意志が南北だけでなく、米国と日本の指導者の間にコンセンサスの輪を形成しているということが今日における私たちの希望の根拠である。

しかし平和と統一の問題は、政治家だけに任せてすませられるものではない。事実これまでの南北関係は、「敵対的共生関係」という言葉に表されているように、分断を政治的に利用する勢力によって浮き沈みを繰り返してきた。前述したように、これまでの南北間や米朝間における意味ある諸合意が政治家たちの善良な意志とはかかわりなく、諸々の国内外の政治的な理由によって守られてこなかったことは、私たち全員が経験してきたことである。特にここ一〇年間、韓国の李明博および朴槿恵政権下における経験は非常に厳しいものであった。李明博・朴槿恵政権は、平和統一問題においては金大中・盧武鉉政権の対北朝鮮包容政策を廃棄して対北朝鮮対決政策へと転換し、政権の安定化のために利用してきたのである。李・朴政権は、金・盧政権が苦労して築き上げてきた金剛山観光事業や開城公団事業を一方的に廃棄し、南北交流や最小限の人道的支援も禁止するなど、南北間における緊張と確執を増幅させてきたのであった。

北朝鮮との間で、また米朝間で平和を目指して形成されてきたせっかくの善良な意志は、これ以上後退させることなく前に進めるようにしなければならないであろう。このことを行なうには、平和を愛する市民らの積極的な取り組みと協力が必要である。

Ⅱ、平和統一のための韓国教会の取り組み

平和統一に向けた民間の役割と活動に関して、これまでの韓国教会（韓国基督教教会協議会（ＮＣＣＫ）を中心に）の取り組みを中心に見ておきたい。韓国教会は、長年の間、南北の分断克服と平和統一のために取り組んできた。韓国教会が統一問題に積極的に参与するようになったその契機は、一九八〇年五月の光州民主化運動であった。朝鮮半島の真っ只中で起こった新軍部による光州市民虐殺は、韓国教会に大きな衝撃をもたらした。当時、新軍部側は、光州市民の民主化運動は北朝鮮がけしかけ起こされたものであるとし、国家の安全保障のために不可避な措置をとったと自らを正当化した。新軍部は、政権奪取のために光州民主化運動を利用したのである。それまで韓国社会の民主化のために献身していた韓国教会にとってこれは大きな衝撃であった。当時は、朴正熙を中心に形成されていた権威

主義的政権の凋落により、韓国社会に民主主義が定着しうる可能性が高まっていた時期であったからである。

韓国教会は、民主化と平和統一はどちらが先かという問題ではなく、同時並行的に行われなければならない課題であると認識するようになる。一九八二年に韓国教会は、「統一問題研究院運営委員会」を設立して統一問題に本格的に参与するようになる。このことは、韓国社会においては統一運動を徹底的に弾圧していた権威主義的政権に対する韓国教会の挑戦となり、教会と政府との間に摩擦と緊張を生じさせた。

韓国教会は、一九八八年二月のNCCK総会において、「民族の統一と平和に対する韓国キリスト教会宣言」(以下、八八宣言)を発表し、それを統一運動の指針とするようになった。

一、韓国教会の平和統一運動

八八宣言は、韓国教会だけでなく韓国の市民による統一運動、さらには政府の統一政策にも大きな影響を及ぼすようになったものであるが、平和統一問題に関心をもつ人には一読をお勧めしたい。本稿では、八八宣言に示された重要な立場を抜粋し簡潔に説明することで紹介しておきたい。八八宣言は、全六章から構成されている。

(一) 正義と平和のための韓国教会の宣教的伝統
(二) 民族分断の現実
(三) 分断と憎悪に対する罪責告白(特に韓国のキリスト者は、反共イデオロギーを宗教的信念のように偶像化し、北朝鮮の共産政権を敵視するあまり、北朝鮮の同胞や自らと理念を異にする同胞を呪うことまでした罪を告白する。)
(四) 民族統一のための韓国教会の基本原則(自主、平和、思想・理念・制度を超越した民族的大団結、人道主義、民衆の参与)
(五) 南北の政府に対する韓国教会の建議(①分断の傷を癒すために：離散家族の再会と居住移転の自由、親戚や故郷の許容、連座制の廃止、②分断克服のための国民参与を実質的に増進させるために：言論の自由、信仰と良心の自由の保障、③思想・理念・制度を超越した民族的大団結のために：民族的同質性の確保のための諸般の措置、相互誹謗の禁止、訪問交流・通信の開放、学術分野の交流増進、経済交流の開放、④南北間の緊張緩和と平和増進のために：戦争状態の終息、平和協定の締結、駐韓米軍の撤収、軍備縮小、核兵器撤去)
(六) 平和と統一のための韓国教会の課題(①一九九五年を「平和と統一のヨベルの年」と宣布する。②教会刷新運動を活発に展開する。③平和と和解を決断する信仰共同体として平和教育と統一教育を幅広く実施する。④教会の真の和解と一致の実践：平和統一祈祷主日の設定、南北教会および世界の教会による「平和統一のための祈祷文」共同作成、離散家族生死確認などの運動、⑤平和と統一のための連帯運動の継続：平和統一運動におけるNCCK加盟教団および非加盟教団の連帯強化、朝鮮半島の周辺国である米国、ソ連、日本、中国などの世界の教会との協力と連帯強化、他宗教・運動との協力）

韓国教会は、八八宣言を基本原則として時代の変化にそった形で長・短期の課題を設定して平和統一運動を展開し、今日に至っている。

二、正義と平和

正義なくして平和は成立しない。平和という漢字は、「ひらたい」ということを表す「平」と「睦まじい」ということを表す「和」からなっている。「平」は均等という意味を内包している。「和」は、稲の「禾」と「口」から成る文字である。収穫した「禾」を皆で分けて食べる（口）ということから、「睦まじい」との意味をもつようになったという。誰かが多かったり、少なかったりすることなく均等に満遍なく分けもつのが平和の出発点である。聖書でもやはり、「正義の実は、平和を実現する人々が平和のためにその種を蒔いて取り入れる実である」（ヤコブ三・一八）と述べられている。

しかし、我が韓国社会では、いまだ正義が貫かれていない。遠くは日本の植民地時代を清算できなかったことに、近くは民族の分断にそのことを見ることができるであろう。日本の植民地時代を正しく清算することができなかった結果、この地に正義を根づかせる機会を逃し、朝鮮戦争の結果として政治的・経済的な不均衡と歪曲を生みだして今日に至っている。

今日の韓国社会の現実を如実に表す文章を紹介する。

マンションの価格の暴騰によって手綱が切れた人々の欲望は、これまで少しずつ形成されてきた社会的資本（信頼、遵法、礼儀、相互尊重、配慮）をすっかり破壊してしまった。自らの財産に否定的な影響を及ぼす場合には、マンションの所有者らが公共住宅や特殊学校の建設に必死になって反対する光景は珍しいものではない。家の価格を上げるために不法行為を行なうことにはためらいを感じないが、不労所得に付された合法的な税金に対しては不当であると抗ったりもする。（中略）マンションの異常な価格暴騰にため息をつく、住宅を所有していない人たちのことを無能な人々とレッテル貼りをしたり、もつ者たちを妬む不道徳な人々と罵倒したりもする。このように我々の社会では、住宅を所有する人々と所有することのできない人々の間に、そして高価なマンションを所有している人々と安価な住宅を所有する人々との間に強い軋みと不信が募っていっている。（中略）不法なことをしようと、便法を用いようと、ひたすら他人よりも多くのものを勝ち取れればそれで満足だとの誤った意識が澎湃している。ほんとうにこの社会が身を切るような寒さや強風をしのいでろうそくの火を灯した市民が生きる場所なのであろうか！（金飛煥教授のコラム「ろうそく精神、欲望の社会、そして政治」）

悪事を行なうことには熟達した人々である。皆、貪欲な役人、金銭に買収された裁判官、私利私欲を満たす権力者にすぎない。皆、互いに共謀し合う。（ミカ七・三）

その誠実だった町がいかにして遊女となったのか。そこでは正義が充満し、公平で満ちていたのに、いまや殺人者らがはびこっている。お前がつくった銀は不純物のかすだけであり、お前がつくった最も良い葡萄酒には水が混ざっている。（イザヤ一・二一〜二二）

お前の指導者らは、主に反逆する者らであり、盗人の仲間である。皆、賄賂だけを好み、報酬だけを計算しながら忙しそうに駆け回り、孤児の訴訟を弁護してあげることもなく、やもめの訴えはうわの空で流している。（イザヤ一・二三）

韓国社会は、徐々により強者中心の社会、賤民資本主義がはびこる社会となっていっている。韓国キリスト教もやはり無限大の責任を感じなければならない。韓国教会は、これまで正義を貫くことができず、かえって既得権勢力と組み、彼らが投げすてる残りかすを自分のものにしてきたと言っても過言ではない。不公平な社会、極端な両極化による確執が頂点に達した今日、私たちの社会を正す最初の第一歩は、正義を打ち立てることにある。それこそが平和をつくることである。そして平和をつくることは、教会の基本的な責務である。

三、和解をもたらす教会

朝鮮半島は、いまだ確執や分裂、不信に由来する病を患っている。六五年もの間、休戦状態に置かれる中で形成されてきた今日の現状を克服する最初の第一歩である終戦宣言（政治的宣言）を行なうにも困難を伴う時代を生きている。

　五〇〇〇年の民族の歴史においては七〇年の分断はそれほど長い歳月とは言えないとよく言われるが、そうではない。七〇年の歳月は、私たち全員の意識体系や考え方、行動様式を変えてしまうのに十分な歳月であった。私たちはこれまで、相手側を批判する自由は有していたが、賞賛する自由は剥奪されまま生きてきた。国家の安全保障との美名のもと、多くの人々に左傾化・親北・従北といったラベルを貼り、反共の名のもと、済州島民間人虐殺、居昌良民虐殺[1]、光州民間人虐殺などの国家暴力の前にこの地の多くの人々がその命を失った。

　反共を政権成立の目的とする浅はかな哲学を基にクーデターを起こして政権を簒奪し、国家を兵営体制化した軍人らとその後継者らが国家権力を掌握し、政治・経済・教育・宗教社会を甚だしく歪曲した。また、正義の秩序のために働かなければならない警察は、自国民を監視するのに忙しかった。多くの若者たちが牢獄に囚われ、セウォル号の沈没事故[2]の真相究明に向けた最小限の努力もすべて、国家の安全保障という威力を前にして息を殺さざるをえなかった。戦争の渦の中で、人権、民主、自由が徹底的に蹂躙されてきたのである。

　時が流れ、私たちの社会の至るところで既得権勢力が根を降ろし、とぐろを巻いているのが現状である。いまだ日本の「慰安婦」問題は解決される気配を見せていない。最近の南北首脳会談によって辛うじて扉が開かれているように思われるが、一〇〇〇万の離散家族の悲しみと恨（ハン）を晴らすには不十分である。私たちの社会の至るところで、「反共主義のサーキッドボード」が作動しており、皆自己検閲のメカニズムに閉じ込められている。

　野党と極右勢力は統一にかかる費用を口実にして、板門店宣言の国会批准にブレーキをかけている。分断の確執を助長し、その既得権を損なわないようにしているのである。

　いわゆる「太極旗部隊」と呼ばれる人たちが毎週土曜日に光化門で反共を叫びながら南北対話を主導する現政権の退陣を求めている。彼らは太極旗や米国の星条旗、イスラエル国旗をかかげてデモを行なっている。彼らのうちの多くがキリスト者であるとのことであり、同時代を生きるキリスト者として恥ずかしさすら感じる。しかし、無視するには彼らの姿勢はあまりにも真摯である。

　現在韓国社会で起こっているこのような状況は非常に深刻なものである。人間は去ってもその人間が追求していた文化は残ると言われるように、消え去っていくように見えた軍事文化はいまだに残っているのである。このことは、いまだに李承晩を建国の父と仰ぎ、朴正熙を懐かしむ文化が存在することからもわかることである。南北間の戦争は、朝鮮半島において起こった戦いであったが、国際戦であり、また隣人同士の戦争であり、人と人との間の戦争であった。朝鮮戦争は三年間戦われたが、いまだに私たちは戦争状態にある。今も韓国人は進歩・保守に分かれて互いに争い合っている。そして、朝鮮半島をめぐる周辺の大国の確執と紛争も持続しているのである。

　一日も早くこの戦争を終わらさなければならない。そして、すべての人々に治癒が必要である。特に韓国の市民に対してはより一層そうであると言える。この働きに韓国教会が取り組まなければならないであろう。かつて朴炯圭牧師は、その著書『自由のための闘い』の中で、「牧師の場は、休戦ラインの真ん中になければならない」と述べている。休戦ラインの真ん中に立つということは、ひどく難しいことであろう。特に韓国教会の性格を考えればそうである。韓国教会はこれまで、排除と抑圧、怒りと確執の場に立って和解をもたらすという自らの使命を忘却し続けてきた。休戦ラインの真ん中に立つということは、十字架を負うということである。

　今後韓国教会は、南と北、進歩と保守の只中に和解をもたらす者として立たねばならない。韓国教会はどのような環境や条件のもとでも、憎しみや争い、競争、確執ではなく、和合と協力関係を築き、ひいては平和をつくる働きの先頭に立たねばならないであろう。神の子女と自任するすべてのキリスト者には、平和を実現する、平和をつくる義務が与えられているのである。平和（*εἰρήνη*）は、平和を実現する人、平和をつくる人（*εἰρηνοποιός*）によって具体化され実現される。平和は、平和を実現する人たちが蒔く種と彼らの絶えざる努力と犠牲によって得られる果実であり、無償で得られるものではなく、決して容易く具現化されるものでもない。

四、教会の平和教育

　聖書は、キリストは私たちの平和であると証言している。

> キリストは、私たちの平和である。キリストはユダヤ人と異邦人が両側に分かれているのを一つにされる方である。その方は、ユダヤ人と異邦人の間を分かつ壁を自らの肉において崩され、敵意をなくし、諸々の条文からなる戒の律法を廃された。その方は、この二つを自分の中で一つの新しい人とし、平和を実現され、敵意を十字架によって消滅させ、この二つを一つの体

にされ、神と和解させられた。その方は、来られ、遠くに離れているあなた方に平和を伝え、近くにいる人々にも平和を伝えられた。（エフェソ二・一四～一七）

すべからく韓国教会は、朝鮮半島の平和を実現するために努力しなければならない。しかし不幸にも、それができずにいた。韓国の近現代史において韓国教会は、反共の名のもとに包容や歓待、協力、赦しではなく禁止や排除、嫌悪、抑圧の機能を担ってきたと言える。韓国教会は平和を曲解していたのである。米国の根本主義神学の影響下にあった韓国教会の初期指導者らは、反共がすなわち福音であるとの歪曲された信仰をもっていた。彼らは、共産主義者は反キリストであるので赦しの対象ではなく、処断しなければならない対象だとみなしていたのであり、「力の均衡による平和」という信念をもっていたのである。彼らの指導によって組織された「西北青年団」が済州島民虐殺（一九四九年四月三日）の先頭に立ったことはよく知られている。そのような間違った考え方が韓国教会内にかなり広まっている。このことは、いわゆる「太極旗部隊」がキリスト者を中心にして組織されているという点からもわかることである。最近の韓国教会が反セクシュアル・マイノリティおよび反イスラム運動の先頭に立っていることも、キリストは平和であるとのみ言葉に背く行為である。

無知は罪悪でありうる。この点は韓国教会だけでなく、周辺国の教会においても現れている。私たちは太平洋戦争時に日本の沖縄において起こった悲しい事件（金城牧師が子どもの頃、壕において自らの母親を殺害したことなど）にも注目する必要がある。韓国教会は、平和に対する間違った考え方を矯正する必要がある。韓国教会は、平和について再び学ばねばならない。「平和に至る道はない。平和が道である」。韓国教会は今後、平和教育に取り組まなければならない。

ヤコブ書は、地に属し、肉に属す知恵の姿は、猜疑心や競争心であり、このようなものが支配する場には混乱とあらゆる悪の行ないが存在すると指摘している。肉の欲が紛争を起こし、各種の悪しきことが展開されることを警告している。反対に天からの知恵は純真であり、平和であり、優しく温和であり、慈悲と良き実を豊かに結び、偏見と偽善がないという。それにとどまらず、平和を実現する人々は平和のためにその種を蒔いて取り入れ、正義の実を得るようになると述べている（ヤコブ三・一五～一八）。知的能力は、謙遜と献身の心によって正しく用いられるときには祝福となるが、自惚れと利己心によって間違った形で用いられる際には言葉では言い尽くせないほどの弊害を伴うことになる。韓国教会は、正しく知恵を用いながら、慈悲と良き実、正義の実を結ぶために努力しなければならないであろう。

五、韓国教会と世界の教会

最近行なわれた南北首脳会談における合意は、南北の平和に向け非常に励みとなる内容を含んでいる。特に軍事問題において、非武装地帯にある監視警戒所（ＧＰ）を除去し、西海岸に共同漁業区域を設置する一方、南北の上空に飛行禁止区域を設置するなど南北間の軍事衝突を防止するようにしたのである。かなりの進展が見られる。事実上の不可侵宣言であり、終戦宣言と見てもよいであろう。

しかし、南北間の鉄道敷設ための調査や非武装地帯からＧＰを撤去しようとの南北の合意に対して、駐韓米軍司令官に内定している人物が問題提起をしたとのことである。非武装地帯は、国連軍の管轄であるとの主張である。その消息は、私たちをひどく憂鬱にする。韓国は、軍事主権ももたない反植民地状態なのではないかとの疑念さえ生じるのである。

朝鮮半島の分断は、南北の選択ではなかった。日本の植民地支配から解放された後、ソ連と米国によって引かれた三八度線によって分断されたのである。韓国教会は、分断の責任を周辺の大国である米国やソ連、日本、中国に問うている。朝鮮戦争にも大国間の利害関係が働いていたと考えられている。米国の国務長官であったアチソンが宣言した、いわゆる「アチソン・ライン」は、今でもよく理解されていない部分である。さらに米国は、朝鮮戦争が起こる以前の一九五〇年一月から北朝鮮に対して経済封鎖措置をとっていた。その後米国は、北朝鮮の核兵器開発を口実に国連を動員して封鎖措置を強化し、今日に至っている。周辺の大国も積極的あるいは消極的にこれに参与している。極めて一部の人道的レベルのほかには、韓国教会が北に対して何かを行なうためのルートは根本的に遮断されているのが現状である。

ある国家に対する経済封鎖政策によって大きな苦しみを受けるのは、そこに住む民衆たちである。世界の教会は、南北分断によって苦しむ民衆に深い関心を傾けねばならない。苦しむ民衆が存在する限り、どのような論理や理由を掲げても封鎖政策を正当化することはできない。

韓国教会は、世界の教会が朝鮮半島の分断克服と平和のための取り組みを行なうことを要請する。それが朝鮮半島の平和だけでなく、東北アジア、さらには世界の平和のための道だからである。韓国教会は、朝鮮半島の平和は終戦宣言と平和協定から始まると認識し、NCCK統一委員会を中心に平和協定キャンペーンを以前から始めている。すでに二〇一三年の釜山におけるWCC総会の決議を経て、二〇一六年からはヨーロッパの教会や米国の教会、そして日本の教会を訪問し、平和協定締結運動に積極参与するよう訴えてきた。

折しも米韓朝の首脳をはじめとした政治指導者たちも終戦宣言と平和協定締結をその中心課題に置いて取り組みを行なっている。韓国教会は、終戦宣言や平和協定締結、南北非核化などを米韓朝の首脳らが朝鮮半島問題の解決のための主要課題としていることに大きく注目している。これは、長年の間、韓国教会や世界の教会が平和統一運動の課題としてきた点と一致する。米国をはじめとする周辺の諸大国もこれに快く加わることが望まれる。世界の教会の連帯と協力がさらに強化されなければならないであろう。

Ⅲ、おわりに

かつてイザヤは、平和の国について次のように歌った。

彼は主を畏れることに喜びをおぼえる。彼は、目に見えるものだけを頼りに裁判するのではなく、耳に聞こえるものだけを頼りに判決を下しはしない。貧しい人々を公平に裁き、この世で抑圧された人々を正しく裁く。彼が口にする言葉は棍棒となって残忍な者を打ち、彼が下す宣告は、邪悪な者を死罪に処す。彼は、正義をもって腰を締め、誠実をもってその体の帯とする。その時には、狼が子羊と一緒に生き、豹が子ヤギと一緒に横たわり、子牛と獅子の子と肥えた獣が一緒に草を食み、幼子がそれらを率いて歩き回る。雌牛と熊が互いに友となり、その子らが一緒に横たわり、獅子が牛のように草を食む。乳飲み子が毒蛇の穴の横で戯れ、乳離れした子どもがマムシの穴に手を入れる。私の聖なる山ではどこにおいても互いに害し合ったり、破壊し合ったりすることはない。（イザヤ一一・三以下）

イザヤが夢見た世界が速やかに到来することを期待したい。韓国教会は、イザヤの歌が朝鮮半島や東北アジア、さらには全世界に響き渡って広がることを祈っている。

平和を実現する人は幸いである。神は彼らを自らの子と呼ばれるであろう。（マタイ五・九）

1　訳注：済州島民間人虐殺は、一九四八年四月三日に三八度線の南側のみの単独選挙に反対して決行された武装蜂起の鎮圧過程で起こった民間人の虐殺。済州島では、軍・警察などによって三万人あまりの島民が殺害された。居昌良民虐殺は、一九五一年二月に慶尚南道居昌群で起こった虐殺事件。北朝鮮人民軍の遊撃隊の掃討作戦を展開していた韓国軍によって、居昌群の住民（老人や女性・子ども）約六〇〇名が虐殺された。

2　訳注：二〇一四年四月一六日に韓国の旅客船セウォル号が沈没し、三〇〇名以上の死者・行方不明者が出た。

金英周（キム・ヨンジュ）
NCCK人権委員会事務局長、同平和統一局局長、南北人間の帯大会事務局長、基督教大韓監理会教育局総務、NCCK総務を歴任。現在、南北平和財団理事長および韓国基督教社会問題研究院院長。

翻訳：**李相勳**（イ・サンフン）
本誌十二ページ参照。

特集 朝鮮半島の平和を現実に ―韓国キリスト教界の願い―

韓半島の「今」の情勢と「これから」の教会の役割

崔亨默

本稿では、最も一般的な呼称である「朝鮮半島」を、原文のニュアンスを尊重して、あえて「韓半島」と訳出した。

一・激変する韓半島

昨年、年末までだけをみても、韓半島は戦争の危機のただ中にあった。韓国の文在寅政府が出帆し、一貫して南北間の平和政策の意志を明らかにし、またアメリカのトランプ政府が出帆し、以前の「戦略的忍耐」とは異なる積極的対北政策が期待された状況であったが、継続された北朝鮮(原文は北韓)の核実験とミサイル発射などで、状況は好転することが難しいものと思われた。

しかし二〇一八年の新年の辞において北朝鮮の金正恩委員長が対話を受容する意志を明らかにしてから状況は反転していった。それは平昌(ピョンチャン)冬季オリンピックを基点とし膠着状態に陥っていた南北関係の転換の契機をつくっていこうとした文在寅大統領の努力に呼応する性格を帯びていた。ついに二〇一八年二月冬季オリンピックが開かれた時、南北間の関係は急転回を迎えたのであった。アメリカと日本が冷淡な反応を見せながらも、南北間の対話の雰囲気は熟していった。女子のアイスホッケーの単一チームがつくられ、北側の公演が実現された時、久しぶりに韓半島は感動の流れに包まれた。

そして四月二七日 板門店において第三回の南北頂上会談が実現した。二〇〇〇年六月第一回頂上会談、そして続いて二〇〇七年第二回頂上会談以後、一一年ぶりのことであった。南北の首脳はその日、「韓半島においてもう戦争はない」という意志を明らかにした。その間、北朝鮮の核能力強化、南北間の梗塞化、アメリカを中心とする国際社会の対北制裁という悪循環が続き、戦争の危機まで高まったということを考えれば驚くべきことであった。

その驚くべき事態はついに六月一二日シンガポールの北とアメリカの頂上会談へと続いた。その途中、会談は霧散するのではないかという危機におかれたりもしたが、韓国政府の積極的な仲裁の努力と北とアメリカの当局の責任をもった対応でその危機を乗り越え、会談を達成したのである。会談の結果をみて、特別にとりあげるような成果がないと評価を切り下げようとする意見もあるが、七〇年をこえて敵対的関係で対峙してきた北とアメリカの首脳が顔を合わせて非核化と平和体制を実現しようと合意したことは決して軽く評価することのできないものである。

二〇一八年上半期、このように急変する状況の中で、その変化を最も実感することは、やはり韓半島の当事者たち（南の国民、北の人民）であった。韓国では長い間おしつけられてきた冷戦意識が急激に弱まり、平和体制に対する期待が高まったのである。北とアメリカとの頂上会談の次の日行われた六．一三韓国地方選挙の結果は冷戦勢力に対する嫌悪と共に平和体制に対する期待を一目瞭然に示したのである。現在、与党である民主党の政策の中で、経済政策などで特別な可視的な成果がない条件下で、圧倒的な支持を得たのは、現政府の平和体制に向かう一貫した政策に対する支持を抜いては説明することができない。もちろん韓半島の当事者だけでなく周辺諸国も奔走することとなった。中国、ロシアはもちろんであり、ずっと否定的な見解を示してきた日本政府さえも、北朝鮮との対話の可能性を模索する状況にまで至った。少なくとも、現在の基調が持続していくならば、これは東北アジアの地殻変動をきたすほどの重大な変化となるものである。

二．四・二七　板門店南北頂上会談と六・一二シンガポール　アメリカ頂上会談の合意事項とその意義

＊資料　四・二七韓半島の平和と繁栄、統一のための板門店宣言

大韓民国　文在寅大統領と朝鮮民主主義人民共和国　金正恩国務委員長は平和と繁栄、統一を願うすべての同胞の終始変わらない意向をこめた韓半島で歴史的な転換が起こっている意味深い時期に二〇一八年四月二七日　板門店平和の家にて南北頂上会談を行った。

両首脳は韓半島にこれ以上の戦争はないのであり、新しい平和の時代が開かれることを八千万のわが同胞と全世界に厳粛に明らかにした。

両首脳は、冷戦の産物である長い分断と対決を一日も早く終息させ民族的和解と平和・繁栄の新しい時代を果敢に

開いていき、南北関係をより積極的に改善し、発展させていかなければならないという確固とした意志をこめ、歴史の地、板門店において次のように宣言した。

一．南と北は南北関係の発展的かつ画期的な改善と発展をなすことで、断ち切られた民族の血脈をつなぎ、共同の繁栄と自主統一の未来を引き寄せていくものである。

南北関係を改善し発展させることはすべての同胞の変わらない願いであり、これ以上先延ばしにできない、時代の切迫した要求である。
①南と北は、わが民族の運命は我々自らが決定するのだという民族自主の原則を確認したのであり、採択された南北宣言などすべての合意を徹底して履行することで関係改善と発展の転換的局面を開いていくこととした。
②南と北は高位級会談をはじめ各分野の対話と交渉を早い時期に開催し、頂上会談で合意された問題を実践するために積極的な対策を立てていくこととした。
③南と北は当局間の協議を緊密にし、民間交流と協力を円滑に保障するため双方の当局者が常駐する南北共同連絡事務所を開城地域に設置することとした。
④南と北は民族的和解と団結の雰囲気を高めて進んでいくために各界各層の多方面的な協力と交流、往来と接触を活性化させることとした。
案としては六・一五をはじめ南と北において共に意義のある日を契機に当局、国会、政党、地方自治団体、民間団体など各界各層が参加する民族共同行事を積極的に推進し、外に向かっては二〇一八年アジア協議大会をはじめ国際競技に共同で進出し民族の知恵と才能、団結した姿を全世界に誇示することとした。
⑤南と北は民族分断で発生した人道的問題を急いで解決するために努力し、南北赤十字会談を開催し離散家族・親戚相訪をはじめ、諸般の問題の協議、解決をしていくこととした。当面して来たる八・一五を契機に離散家族・親戚相訪を行うこととした。
⑥南と北は民族経済の均衡的発展と共同繁栄をなすために一〇・四宣言において合意された事業を積極推進し、一次的に東海線ならびに京畿線鉄道と道路を連結して現代化し活用するため実践的対策をとっていくこととした。
二．南と北は韓半島で先鋭的な軍事的緊張状態を緩和し、戦争の危険を実質的に解消するために共同で努力していくものである。
①南と北は、地上、海上、空中をはじめすべての空間で軍事的緊張と衝突の根源となる相手に対する一切の敵対行為を前面中止することとした。
当面して五月一日から軍事分界線一帯において拡声器放

送とチラシ散布をはじめすべての敵対行為を中止し、またその手段を撤廃し、今後非武装地帯を実質的な平和地帯をつくっていくこととした。

②南と北は西海の北方限界線一帯を平和水域とし偶発的な軍事的衝突を防止し、安全な漁業活動を保障するために実際的な対策を立てることとした。

③南と北は、相互協力と交流、往来と接触が活性化されるにあたり、他のいくつかの軍事的保障対策をとることとした。

南と北は双方の間に提起される軍事的問題を遅滞なく協議、解決するために、国防部長官会談をはじめ、軍事当局者会談をしばしば開催し、五月中に、まず将星級軍事会談を開くこととした。

三．南と北は、韓半島の恒久的で強固な平和体制構築のため、積極的に協力していくものである。韓半島において非正常的な停戦状態を終息させ、確固とした平和体制を樹立することは、これ以上引き伸ばすことができない歴史的課題である。

①南と北は、そのどんな形態の武力も使用しないということについて不可侵合意を再確認し、厳格に遵守していくこととした。

②南と北は、軍事的緊張が解消され、互いの軍事的信頼が実践的に構築されるに従い、段階的に軍縮を実現していくこととした。

③南と北は、停戦協定締結六五年となる今年、終戦を宣言し、停戦協定を平和協定と転換し、恒久的に強固な平和体制構築のため、南・北・米の三者、また南・北・米・中の四者会談開催を積極推進していくこととした。

④南と北は、完全な非核化を通して、核のない韓半島を実現するという共同の目標を確認した。南と北は、北側が取っている主導的措置が韓半島非核化のために大変意義のある重大な措置であることにおいて、認識を共にし今後、その時々において自らの責任と役割を果たすこととした。

南と北は、韓半島非核化のため、国際社会の支持と協力のため積極努力することとした。

両首脳は、定期的な会談と直通電話を通して、民族の重大事を随時、真摯に論議し、信頼を堅くし、南北関係の持続的な発展と韓半島の平和と繁栄、統一に向かってよい流れをいっそう拡大していくために努力することとした。

当面のこととして文在寅大統領は今年の秋、ピョンヤンを訪問することとした。

二〇一八年四月二七日　板門店

大韓民国大統領　文在寅　朝鮮民主主義人民共和国　国務委員長　金正恩

韓半島の南と北を分けている分界線を越えて両側の首脳が会い、和解と平和の時代を開こうと合意した。当事者たちだけでなく、東北アジア地域ならびに世界的次元においても、そのもつ歴史的意義は重にして且つ大である。ただ五センチのブロックでつくられた分界線が板門店にあるが、南北が分断されたとき（一九四五年）からすれば七三年、休戦（一九五三年）からすれば六五年南北を分け、事実上南北体制を維持させるとてつもない障壁の役割をしてきた、その分界線はこれを契機に分断の象徴ではなく、平和の象徴となった。

＊資料　六・一二米朝頂上会談共同宣言

トランプ大統領と金正恩委員長は、アメリカと朝鮮民主主義人民共和国の新しい関係の樹立と韓半島の持続的で強い平和体制構築と関連する事案を主題とし包括的で深層的、そして真摯なあり方で意見を交換した。トランプ大統領は朝鮮民主主義人民共和国の安全保障を提供することを約束し、金正恩委員長は韓半島の完全な非核化に向けてゆるぎない確固とした約束を再確認した。

新しい米朝関係を樹立することが韓半島と世界の平和、繁栄に貢献するものであることを確認し、相互の信頼を構築することが、韓半島の非核化を推進しうるということを認めつつトランプ大統領と金委員長は以下の合意事項を宣言した。

一．アメリカと朝鮮民主主義人民共和国は平和と繁栄のため両国国民の願いの通りアメリカと朝鮮民主主義人民共和国の新しい関係を樹立することを約束する。

二．両国は韓半島の持続的且つ安定的な平和体制を構築するために共に努力する。

三．二〇一八年四月二七日　板門店宣言を再確認し、朝鮮民主主義人民共和国は韓半島の完全な非核化に向かって努力することを約束する。

四．アメリカと朝鮮民主主義人民共和国は身元がすでに確認されている戦争捕虜、戦争失踪者の遺骨を即刻送還することを含め、戦争捕虜、戦争失踪者の遺骨収集を約束する。

歴史上初めて実現した米朝頂上会談が非常に大きな重要性を持つ画期的な事件だということを確認し、米朝間の数十年の緊張と敵対行為を克服しながら、新しい未来を開いていくためにトランプ大統領と金委員長は共同声明に示された事項を完全且つ迅速に履行することを約束する。アメリカと朝鮮民主主義人民共和国は米朝頂上会談の結果を履行するために、マイク・ポンペイオアメリカ国務長官、関連する朝鮮民主主義人民共和国高位級官吏が主導する後続の交渉を可能な限り早い次期に開催することを約束する。ドナルド・トランプアメリカ合衆国大統領と金正恩朝鮮民主主義人民共和国国務委員長は米朝関係の発展、韓半島と世界の平和、繁栄、安全のために協力することを約束した。
二〇一八年六月一二日　シンガポール　セントーサ島にて

曲折の末になされた米朝頂上会談以後、その成果をめぐり論難が続いている。別に具体的な中味がなく、特にアメリカが強調してきたＣＶＩＤ（Complete, Verifiable, Irreversible, Denuclearization：完全且つ検証可能な、不可逆的な非核化）という言葉も抜けたということのためである。それで北朝鮮が最大の勝者となり、アメリカは中味を取りまとめることができず横道にそれたという評価まで出てきている。

しかし果たしてそうであろうか？いわゆる一括妥結は言葉で言うような易しいことではない。ＣＶＩＤとは事実上人間の知的能力と技術的能力を除去しない限り可能ではない。事案を平和的に解決しようとする意志と環境組成が重要であり、非核化は漸進的な解決の方式をとるほかない。可能な限り短期間のうちに、その目標に到達するように努力することが重要であり、それを互いに約束したということが重要なのである。北朝鮮が何もせず、一方的にアメリカが譲歩したということも間違った話である。核実験場の廃棄をするなどまず北朝鮮がとった措置は、命令一つでとることができる軍事訓練集団の決定よりはるかに強度の高い措置であった。米朝間の合意はＣＶＩＤ対ＣＶＩＧ（Com-plete, Verifiable, Irreversible, Guarantee：完全且つ検証可能な、不可逆的な体制保障）の直接交換形態としてなされるものだという期待とは異なるが、両者の〝信頼構築〟という土台の上になされるものだということでいったん評価することができる。

短い期間のうちになされた二つのテーマにまたがる南北頂上会談、そして米朝頂上会談以後、当事者の間には信頼構築のための措置がとられてきている。南北間においては、相互の敵対行為を制御する一方、分野別の実務交渉を進めてきている。アメリカは挑発的な韓米連合軍事訓練の中断を発表し、北朝鮮は韓国戦争当時戦死した米軍の遺骨送還作業を開始した。

もちろんポンペイオアメリカ国務長官の三度にわたる北朝鮮の訪問以後、非核化と体制保障の手続と方法などの問題をめぐり見解の違いが露呈しており、これによって米朝間の信頼構築がやさしくないという心配が提起されていることも事実である。しかし、見解の違いが露呈している現象はむしろ両国間の交渉が本格的な段階に入っていく過程で発生する陣痛だということができるのである。

三．南北間の平和体制の確立と東アジアの平和

どのようにしてこうしたことが可能となるのだろうか？簡単に言えば、当事国の利害関係が、共に差し引かれ、そこに統治者たちのスタイルもあいまって、頂上会談と合意が可能だということで評価される。まず北朝鮮の事情を考えてみるならば、事実上核の完成をもって核と経済の併進路線が限界状況に至り、今は経済を優先しなければならない状況が対話の強力な動因になったということができる。アメリカの事情を考えれば、実利的な取引の能力があり、可視的な成果を誇りたがるトランプ大統領の個人的スタイルも重要な役を果したという点を否定することはできないが、この間のいわば〝戦力的忍耐〟政策が北朝鮮の核能力を強化させてきただけで、問題解決の助けにならなかったという現実に対する診断も看過することができないものである。

ここで最も決定的な動因は韓国の立場から考える時、やはり平和体制を実現しようとした韓国の文在寅政府の一貫した政策と意志があったことを数えないわけにはいかない。ところで重要な点は現在の韓国の文在寅政府がろうそく革命をもって誕生したということである。ろうそく革命をとおして現れた民意を基本土台として対北、対外政策を追求するところに、今日のような驚くべき変化を呼び起こしているという点に注目しなければならないのである。その事実は、韓国で保守政権が執権する期間、終始南北関係が梗塞されていたということと、比較してみればたやすく理解することができる。過去の民主政府が南北間対話を続ける一方、アメリカの対北関係を調律することができたように、今日の民主政府もやはりそのような役割を遂行しているということである。さらに現在の韓国の文在寅政府はそのどの時よりも高い国民的支持を受けており、いっそう平和体制に向かった対話の弾力を受けているということができる。この点は、韓半島の問題の解決はやはり当事者たちの解決の意志と環境組成が主導的な要因となるということを確認させてくれる。

しかし韓半島で南北間の対決状態を終息させ平和体制を実現することは、その当事者たちにだけ意味のあることではない。それは長い間、東北アジア、そしてそれだけでなく、世界的次元で不安な状況を誘発させてきた冷戦体制の完全な解体を意味するものであり、さらにさかのぼれば、帝国主義の時代の遺産を清算することを意味する。韓半島において過去の帝国主義の時代の遺産であると同時に最後

に残った冷戦体制の残滓を清算することは東北アジアにおける安定的な平和を実現し、さらに世界的次元での平和を実現することに寄与するものである。南北間そして東北アジアにおける平和体制を形成することは同時に、その影響圏の中にある各国の民主的力量を強化し、統治体制の性格を変化させうる点においても重要である。したがってそれは関連諸国家と各国の市民社会の共通の関心事となるほかない。

四．平和を実現するための教会の役割

最近、一連の南北関係ならびに米朝関係の変化を見守りながらあらためて考えうることは当事者間の〝信頼回復〟が重要だということである。さきに米朝間の合意がＣＶＩＤ対ＣＶＩＧの直接交換形式ではなく、〝信頼回復〟を土台としているという点に注目した。その点を無邪気に受け入れ、楽観することは危険なことかもしれない。相手を信じず疑うほかない冷酷な現実が厳存しているためである。特に政治的集団や国家集団の間にはよりいっそうそうだと言える。

しかし人間関係や集団間の関係が必ずそうなるということだけではない。個人的関係だけではなく、集団間の関係もやはり善意と信頼の関係で結ばれることもできる。善意と信頼を基調とした関係を結び、どんな制度を形成するのか、悪意と不信を基調としてどんな関係を結び、制度を形成するのかということは大きな違いを生む。もちろん意志だけの問題ではなく、条件と環境の問題でもあるといえばそうであるということであるが。まさにその点において原則的な水準に過ぎないかもしれないが、米朝間に〝信頼回復〟を土台とし互いを接近させている点はとても示唆的なところが多い。それは個人間の関係においてであれ、集団間の関係においてであれ、対話の出発点であるためである。信頼ははじめから完全に与えられたものなのではなく、お互いの努力によって形成されていく点を留意する必要がある。

まさにその点において（昨年一一月の講演においてもお話ししたことがあるように）アメリカの神学者ラインホルド・ニーバーの立場を再考しないわけにはいかない。ラインホルド・ニーバーは〈道徳的人間と非道徳的社会〉において個人間の関係は道徳的でありうるが、集団間の関係はそうなりえないために、政治が必要であると洞察したところがある。そして力の優位によるアメリカの対外政策を正当化した。彼がそこで洞察したことは冷酷な現実に対して真摯に考慮したという点においてはすばらしいが、彼はや

は り冷戦時代の限界を持つ神学者であり倫理学者であったと言わないわけにはいかない。今日、我々は彼とはちがう発想で東北アジアの平和のために教会の役割を模索しなければならない。

〝だから、人にしてもらいたいと思うことは何でも、あなたがたも人にしなさい〟（マタイ七・一二） 易地思之はイエスが我々に呼び覚ましてくれる昔からの知恵である。キリスト者と教会は、当然その教えに従い、今日の現実において大胆な想像力を広げ、平和を実現することができるように献身しなければならないのである。

韓国教会に関連して言えば、残念なことに韓国教会の大多数は依然として冷戦意識の虜の状態にとどまっている。他者を罪に定めることで自身の正当性を強弁するまちがった態度が強固に幅をきかせている。韓国教会は長い間、反共主義を媒介にその論理を正当化してきたが、最近、反共主義が弱化する状況で、性的少数者と移民に対する嫌悪の論理を展開し、その論理を持続させている。政治勢力は選挙を通しても審判を受けるが、教会は、そのような現実的審判を受ける機会もなく、自ら反省をすることもしないでいる。

韓国のキリスト者の立場から考えれば、教会内で、そのようなまちがった認識と論理を克服することが大きな課題となっている。キリスト者たちには変化する現実をありのまま洞察することのできる眼識を持つことと同時に聖書とキリスト教の伝統が続いてきた知恵をありのままに照らし、その意味を明確に受け入れる眼識をもつことが要請されている。平和のために共に協力するエキュメニカル精神と協力はそうした眼識を持つようにすることにおいて寄与するのである。

※本稿は、二〇一八年七月二二日（日）洛南教会で日本キリスト教団京都教区大田老會交流委員会緊急学習会において発表された内容である。

崔亨默（チェ・ヒョンムク）
韓国基督教長老會大田老會天安サルリム教会牧師。ハンシン大学客員教授（キリスト教倫理学）民衆神学會会長。韓国基督教協議會（ＮＣＣＫ）正義平和委員會副委員長。韓国基督教長老會教会と社会委員會委員長。

翻訳：**大山修司**（おおやま・しゅうじ）
日本基督教団膳所教会牧師、京都教区大田老會交流小委員会委員、「教会と社会」特設委員会委員。

特集　朝鮮半島の平和を現実に ―韓国キリスト教界の願い―

南北・東北アジア共同体の構築と宗教者の役割

―平和の使節として召された私たち―

朴庚緒

本日、このようにお招きくださった日本の同志の皆さんに心から感謝いたします。私が一九八二年から勤務していましたスイス・ジュネーブの世界教会協議会（ＷＣＣ）のお話から本日の講演を始めたいと思います。

すでにお亡くなりになりましたが、著名な神学者であったＷＣＣの第四代総幹事フィリップ・ポッター博士を皆さんもご存知のことかと思います。フィリップ・ポッター博士は、一九八二年三月一日の幹事・スタッフ全体会議において、朝鮮半島・東北アジアの平和と和解、そして正義の実現が優先順位の高い取り組みであることを明言し、国際局とＷＣＣアジア特別委員会（Asia Task Force）にその取り組みについての計画を立てるよう指示しました（私は当時、アジア局の責任者としてアジア特別委員会の総務を兼任していました）。

それから二年後の一九八四年の一〇月二九日から一一月二日までの五日間にわたり、国際会議がここ日本で開催されました。富士山の麓にある東山荘に全世界から六五名の宗教指導者が集りました。東北アジアの平和と正義（Peace & Justice in North East Asia）とのテーマのもと開かれたこの歴史的な会議は、成功裏に終わりました。日本からは、中嶋正昭先生や東海林勤先生らが参加しました。本日の講演も、この東山荘会議の延長線上にあるということを予めはっきりと述べておきたいと思います。

当時、北朝鮮のキリスト教連盟は参加しませんでしたが、電文にて全面的な支持を表明し、全世界、そしてアジアの教会が参与する中でこの会議は大きな成功を収めました。そこで出された有名なエキュメニカル宣言である「東山荘プロセス」は、現在に至るまでその伝統を生き生きと保っています。

二〇〇四年に東山荘会議二〇周年の会合が再び東山荘において開催され、南北や日本を含む世界の教会の代表たちが参加する中、ポッター元総幹事が主題講演をなさいました。二〇一四年七月には、東山荘会議三〇周年記念セミナーがWCC国際局の主催のもと、スイスのジュネーブで開かれました。

そして今年の六月二一日、皆さんもご存知のとおり、ローマ教皇フランシスコご自身がWCCの七〇周年記念行事にお越しになり、韓国と北朝鮮の教会代表と直接会って激励され、全世界に向けて朝鮮半島・東北アジア平和宣言を出されました。

再び遡りまして、一九八六年九月二日から五日まで、東山荘会議の勧告事項を履行した第一回グリオン会議がスイスのジュネーブで開催されました。それ以降、一九九二年に至るまでの二年毎に第二回、第三回、第四回のグリオン会議が実現しましたし、南北と世界の教会代表が日本の京都にある関西セミナーハウスで東北アジアの平和と和解について議論しました。美しい富士山の裾野に位置するYMCA東山荘は、三四年間という長い歳月の間、東北アジアの平和に大きく貢献しており、今年四月二七日の韓国の板門店宣言と九月一九日の平壌宣言も間違いなくそのような流れの延長線上にあるものであると考えられます。

一九八八年には、分断の固定化に加担した罪の告白を基調としたKNCC（韓国基督教教会協議会）の信仰告白が作成され、その翌年の一九八九年には、モスクワでのWCC中央委員会において当時の総幹事であったエミリオ・カストロ博士と南北の教会代表が朝鮮半島の平和宣言を発表しました。

これらすべての信仰告白を一つにまとめ、WCCは二〇一三年一〇月に韓国の釜山で開催された第一〇回総会において東北アジアの平和共存と共栄に関する共同宣言を満場一致で通過させました。全世界から参加した一万名を超える教会代表が熱狂につつまれる中、朝鮮半島と東北アジアを戦争と核の脅威から完全に自由な地域にしようと全世界に向けて誓った信仰告白の場でした。これこそが、もしかすると世界六億のWCCメンバーが事前に告白していた板門店宣言だったのかもしれません。

先ほども申しましたように、今年の六月にジュネーブにおいて開催されたＷＣＣの七〇周年記念礼拝にローマ教皇フランシスコご自身が参席されました。この日、南北の教会代表と別途に会見した教皇は、全世界の教会の前で朝鮮半島の平和と東北アジアの和解が宣教の第一の課題であるとのメッセージを宣布しました。また、今年一〇月一七日に韓国の文在寅大統領がローマにおいて教皇フランシスコと謁見した席で、北朝鮮の金正恩委員長が教皇を平壌に招待しているとのメッセージを伝えたのに対し、教皇は、公式の招待状が届けば平壌を公式訪問したいとの意思を明らかにしました。

これは、文大統領が構想する平和プロセス、すなわち「年内の終戦宣言―平和協定の締結―冷戦の解体」を通した東北アジアの平和安全保障体制の構築という計画に追い風となりました。ＷＣＣ釜山総会が代弁する六億のプロテスタント・正教会信者と世界一二億のカトリック信者を合わせた一八億の世界人口がこの平和プロセスに参加しているわけです。

世界平和の象徴である教皇フランシスコが示した平壌訪問への強い意志は、東北アジアに新しい平和が定着するであろうとの期待を抱かせるものです。教皇による平壌訪問は、日本訪問とリンクさせる中で推進されるのであればその実現の可能性は高まると思います。このように日本の役割が大きく浮上しています。私を含め世界平和を愛する多くの人々が信じるところでは、この歴史的な東北アジア平和共同体の構築において日本の力は欠かすことのできないものです。

日本は、世界の大国です。日本の責任内閣制が議会を通して標榜する自由民主主義の実践は、世界的にその真価を発揮しており、その経済的な底力は多くの人々や国家の羨望の的となっています。そのような日本が、これから東北アジア平和共同体の構築においても先頭に立とうとするのであれば、世界が歓迎することでしょう。

二〇〇二年九月一七日の小泉総理の日朝平壌宣言が安倍―金正恩宣言へと今後つながっていかなければなりませんし、日本と朝鮮民主主義人民共和国との修交問題なども解決されなければなりません。北朝鮮との外交の正常化は、中国との平和共存を同時に引き出すものであり、究極的には東北アジア平和共同体を誕生させることになるでしょう。

庭野平和財団が全世界に示しているように、日本の国力と平和を愛する日本の国民的伝統は世界の平和に大きな影響力を及ぼしうるものであると思います。日本の宗教者が先頭に立ち、東北アジアの宗教者・市民団体がそれに加わるなら、数段効果的なものとなることでしょう。日本の平和憲法九条は守られつづけなければなりませんし、平和を愛する全世界のすべての人々が共有しなければならないものであると思います。

私たちが歓迎する四月二七日の文在寅大統領と金正恩委員長による板門店宣言を検討しつつ、また、それを追認する米朝のシンガポール宣言も歓迎しつつ、この二つの宣言の核心的な意味を検討してみましょう。この二つの宣言の核心部分は、戦争と核のない朝鮮半島の構築にあります。すなわち、南北と東北アジアが信頼を基盤に平和共存する共生共同体の構築です。

私は昨年の八月一八日、大韓赤十字社の二九代目の責任者となった際の就任の辞において、このことを朝鮮半島・東北アジア人道主義共同体の構築と表現しました。皆同じ意味です。

一九六九年一〇月に第四代の西ドイツ首相に就任し、後にノーベル平和章の受賞者ともなったヴィリー・ブラントは、首相就任の翌年である一九七〇年、東西ドイツの平和共存と相互協力を骨子とした「東方政策」を世界に発表しました。そして、共産圏である東ヨーロッパと市場経済と自由民主主義の陣営である西ヨーロッパの平和共存についての模範解答を示すとのヴィジョンをもってこれに反対するフランスや英国といった国家を説得し、最終的にこの有名な政策は成功を収めました。

その際に彼は、「平和がすべてではない。しかし、平和なくしては何事も無駄である（Friede ist nicht Alles, aber ohne Friede Alles nichts）」との有名な自らの哲学をもって世界中に感動を引き起こします。そして、一九七〇年一二月七日には、ポーランド・ワルシャワ近郊のユダヤ人共同墓地において、ヒットラーが生み出した無辜のユダヤ人六〇〇〇万の犠牲に哀悼の意を表し、そのことをもってこれを自ら証明して見せました。

当時ブラントは、西ドイツの首相としてヒットラーの蛮行をどのように謝罪しうるのか、謝罪のための言葉には果たしてどのようなものがあるのか悩んだそうです。しかしながら、どの言葉にも物足りなさを感じていた彼は、結局、その身をもって、また沈黙をもって表現するほかないとの考えに至るようになります。彼の秘書室長であったエゴン・バールは、ブラントは首相としての地位や名声から自由になり、無意識のうちに一人の人間として跪くに至ったと伝えています。

その後、エゴン・バール博士は、自身が書いたヴィリー・ブラント評伝の翻訳を電話で私に依頼してきました。現在、世界における唯一の分断国家である韓国がドイツの経験を参考にすることを勧めてきたのであり、私がその提案を承諾することで、ベストセラー『ヴィリー・ブラントを記憶する』が誕生したのです。

跪いたヴィリー・ブラントの三分間の沈黙は、それから四八年を経た今日に至っても、国の首相をはじめ全世界の指導者たちが持つべき徳目として焼きつけられています。しかしながら、当時この出来事のあとにブラントが帰国した際には、四八％の西ドイツ国民が「間違っている。言葉で言い表せばいいものを、大国である西ドイツの首相が弱小国の前で行なうような行為ではない」と批判しました。

他方、四一％の西ドイツ国民は、「非常によくやった。真の謝罪を全世界に宣布した我らの首相が誇らしい」と言いました。この教訓は、私たちの預言者的な職分とも重なり合っています。私の知るところでは、新しい歴史をつくっていく際には、その時点ではたとえ多くの支持を得ることができなかったとしても、後後にはその真実性が必ず証明されるのです。人間の歴史は、常に少数の善き人々が新たに切り開いてきたものだからです。

人類の三〇〇〇年あまりの歴史を振り返って見れば、歴史とは結局、戦争を起こす人々と平和をつくる人々の間の対決であると言っても差し支えないでしょう。平和のための戦争が必要であるとする人々と、どのような場合でも戦争はいけないとする人々との間の対決です。私たちは、真の平和は決して核や戦争のような暴力からは訪れないということが、聖書が私たちに力強く語りかけるメッセージであるということを知っています。世界一九三カ国の加盟国と二つのオブザーバー国で構成された国連は、二〇一五年七月一八日をネルソン・マンデラの平和の日とし、マンデラ大統領を記念しています。「平和は最も偉大な武器である」とのマンデラの偉大な思想を常に胸に秘めて生きよとの意味です。

少し韓国の状況についてお話ししたいと思います。今年四月二七日の板門店宣言は、七三年間の対峙状況、互いに敵視し合い、互いに相手が悪者であると主張し合っていた過去のあり様を変えよとの時代的な命令です。すなわち、準戦時状態の正常でない状況にある朝鮮半島が戦争と核の脅威から抜け出して南北が平和共存の共生時代をつくっていかなければならないとの意味です。このためには、私たちの考えの枠組みを根本的に変えなければなりません。したがって私は、韓国の宗教者の宣教的な使命は極めて重いと、常に講義の中で語ってきました。

ドイツが東方政策を実践する過程においてドイツ教会がなしたことのように、韓国の宗教は平和と和解に向けてその先頭に立たなければなりません。南北七三〇〇万の我が民族の誰もが朝鮮半島には戦争と核があってはならないし、相互尊重に基づいた平和共存の共生時代を切り開かなければならないということに賛成することでしょう。そのことにおいては、進歩も保守もないのです。

私は今年の八月一九日から二六日まで約一〇〇〇名の大人数と共に金剛山に行き、そこで行なわれた二回にわたる離散家族の再会を無事に終了させることができました。一つご報告いたしたいことは、すべての我が国民の念願を盛り込んで離散家族の再会を定例化するための礎石を据えたのであり、今年度内に双方ともに各一〇〇名規模のビデオ通話による再会を追加することについても肯定的な協議を引き出せたという点です。

またこれとは別に、多彩で有意義な活動で構成された故郷訪問団プログラムを提案してきました。例えば、金剛山の面会所に望拝壇（祭祀を行なう場所）を設置して五〇〇名規模の故郷訪問団が先祖に対する祭礼や追悼礼拝をささげることができるようにしたり、仏教徒が金剛山の神渓寺で仏を拝むことができるようにしたりするといったものです。また、平壌においても、三泊四日間の日程で故郷訪問団プログラムを並行して推進しようとの提案も行ないました。そのほか、基礎的な健康問題の解決のために医療施設の改善方策についても協力を行なうことになるでしょう。

離散家族には八〇歳を超える人たちが多くおり、毎年三〇〇〇名から四〇〇〇名が亡くなっているといった緊迫した状況なので、このような諸事案に対しては、南北双方ともに肯定的な討論を実施しており、これからも積極的に協議・推進していく意志があることを互いに確認し合いました。

そろそろ私の話を終えなければなりません。私を含む私たちすべての宗教者、仏教、プロテスタント、カトリック、イスラムなどのすべての宗教指導者が地球上に平和共同体を構築することにより一層邁進していかなければなりません。特に日本と韓国の宗教者は、朝鮮半島、さらには東北アジア平和共同体の構築のために手を取り合って進んでいかなければなりません。これを行なう上で日本の役割が重要であることを今一度心に留めつつ、この講演を終えたいと思います。ご清聴ありがとうございました。

本稿は、二〇一八年一一月一六日に、大阪市北区の日本キリスト教団東梅田教会において開催された講演集会（共催・外国人との共生をめざす関西キリスト者代表者会議、世界宗教者平和会議日本委員会、エキュメニカル・ネットワーク）の講演原稿をまとめたものである。

朴庚緒（パク・キョンソ）
一九三九年韓国全羅南道順天生まれ。ソウル大学卒業後、ドイツ・ゲッティンゲン大学にて修士および博士学位を取得（社会学）。世界教会協議会アジア局長、韓国・初代人権大使、国家人権委員会創設メンバー・常任委員、警察庁人権委員会委員長、統一部政策委員会委員長などを歴任。現在、大韓赤十字社会長。

翻訳：李相勳（イ・サンフン）
本誌十二ページ参照。

特集

朝鮮半島の平和を現実に —韓国キリスト教界の願い—

見よ、新たな歴史が始まっている

李在禎

ソウル市中心を埋め尽くしたろうそくデモ

二〇一七年三月十日午前十一時二一分、憲法裁判所は満場一致で朴槿恵《パククネ》大統領を弾劾した。この裁判の主文は、次のようである。「被請求人大統領朴槿恵を罷免する」。二〇一六年十月から始められた市民のろうそくデモは、延べ人数が一六〇〇万名を超えていた。ろうそくの火が闇を打ち払ったのである。市民の声が不正な最高権力を引きずり下ろした。「国民の信任を裏切る権力」に対し、国民の力が審判するというものであった。新しい歴史が始まっている。二〇一七年五月に文在《ムンジェ》寅《イン》大統領が新しく選出された。国家や法律以前に人間を中心とする政治が始まったのである。過去の軍事独裁と保守政治が作ってきた歴史的弊害を清算する道のりを通して、政府機構が生まれ変わったのである。長い民主化運動が、ついに国家を根本的に変化させることになった。新たな歴史である。選挙を通して、民主化革命が起こったのだ。

ついに朝鮮半島に新しい変革が起こり始めている。この間、北朝鮮は核実験を継続し、ICBM（大陸間弾道ミサイル）などの開発を進めてきた。これは朝鮮半島を越え、アメリカへの脅威となることを世界は警告したのである。国連安全保障理事会を始め、アメリカ政府は、北朝鮮への制裁により一層の圧力をかけた。これにより朝鮮半島は、戦争の恐怖という脅威を感じていたのである。かつての金《キム》大中《デジュン》大統領（一九八七－二〇〇二）、盧武鉉《ノムヒョン》大統領（二〇〇

4月27日の南北正常会談に臨んだ金委員長と文大統領

○三－二○○八）の民主政府がなした南北の平和的な関係は、破壊され、消えてしまった。二○一七年ろうそくの火の力によって、文在寅大統領の新しい政府が出発したわけであるが、朝鮮半島は依然として戦争の脅威から逃れることはできなかったのである。

二○一八年二月平昌《ピョンチャン》において冬季オリンピックが予定されていた。世界平和の象徴であるオリンピックでさえ、脅威の中にあったのである。まさにそのような緊迫した状況において、北からの新しく驚くべき変化が起こった。北朝鮮の金正恩《キムジョンウン》国務委員長が二○一八年新年の挨拶において、平昌オリンピックに参加することを明らかにし、「本年を民族史における特筆すべき変革的な年」として光輝かしい年にすることを提議したのである。そして彼は続けて「凍結状態にある南北関係」の改善を主張し、「南北間の軍事的緊張を緩和し、平和的な環境を整えるために共に努力をする」と平和に対する意思を明らかにした。この新年の挨拶は、そのまま実践に移っている。去る九ヶ月の間に南北正常会談が二回に渡り開催された。朝米正常会談がシンガポールで開催され、これこそ歴史的な変化が起こっているのである。二○一六年ろうそくの力は、凍っていた世の中を溶かし、不可能であると考えられていた朝米間の障壁を崩し始めたのである。

しかし、朝米間に不信と疑惑が全く消えたわけではない。北朝鮮は、核実験場を破壊し、ミサイル発射台を破棄処分したが、アメリカは動かなかった。アメリカの世論は、冷ややかな反応であった。アメリカの世論とアメリカ国内の政治状況は、朝米関係改善の足を引っ張っていたのである。しかし、北朝鮮の平和に向けた立場は、断固なものであった。去る九月六日に北朝鮮を訪問した韓国の特使に金正恩委員長は、北朝鮮の核の完全な廃棄をトランプ大統領の任期中に完成させるという意向を初めて明らかにした。トランプ大統領に対する信頼と支持の意向を明確に表したのである。そして、三次南北正常会談を九月十八日から二○日に平壌において開催することになっている。この正常会談開催前に南北共同連絡事務所を開所することを約束している。

私たちは今回開催される南北正常会談において軍事的な

大韓聖公会ソウル主教座聖堂

緊張緩和のための具体的な議論、朝鮮半島の平和体制構築のための具体的な措置などが議論されることを期待している。私たちは北朝鮮の金正恩委員長が約束を守り、核兵器とミサイルを完全に廃棄するように働きかける役割を果たさなければならない。私たちはアメリカのトランプ大統領が朝鮮半島の平和のために対北朝鮮の制裁を解き、外交関係を正常化する責任を果たす役割を果たさなければならない。

事実、大韓聖公会は、一九七〇年代以後、韓国社会の民主化と社会正義、そして人権に関する活動を中心としていた。特に一九八七年六月の民主抗争は、民主化の歴史的転換点になったのである。一九八七年六月一〇日正午にソウル主教座聖堂〔聖公会〕から大きな鐘の音が鳴り響いた。これを一つの合図として全国の数多くの教会と寺院においても鐘を鳴らし、道を走っていた自動車もクラクションを響かせた。これが六月の民主抗争の大きな歴史の始まりであった。

朴ステパノ司祭

当時、ソウル主教座聖堂においてこのような市民運動を準備した核心勢力と聖堂の主任司祭であった朴ステパノ司祭が警察に連行されることになった。大韓聖公会は、KNCC〔韓国基督教教会協議会〕を中心に進歩的な民主化運動において常に先頭に立っていた。民主化運動によって聖公会の司祭と青年たちが苦難を受けるという事態にもなった。海外聖公会の支援も大きな力となり、米国聖公会、カナダ聖公会はもちろん、ACC〔Anglican Cousultative Council：全聖公会中央協議会〕などが韓国の民主化のためのネットワークを形成したのである。聖公会大学の教授と学生も民主化に大きな役割を果たした。特に南北和解と平和のための運動は、TOPIK〔Toward Peace in Korea：平和統一宣教特別委員会〕を通して国際社会との連帯を構築していった。それゆえ聖公会は、たとえ規模においては非常に小さな教会であっても、その社会的役割を通して、非常

TOPIKのロゴ

に大きな教会として認識されたのである。なぜなら、大韓聖公会は歴史の闇に閉ざされているとき、光の役割を担ってきたためである。今、私たちは民主主義の実践のため、そして南北の平和と統一のために国内外の聖公会が互いに連帯し、共に歩むことを願っている。

旧約聖書において、私たちは二つの重要な流れを知ることができる。その出発は、解放（Exodus）の歴史である。それはファラオの圧政に抗い、奴隷として生きることを拒否したイスラエルの民における出エジプトの歴史である。出エジプトは、単純にエジプトを脱出することにとどまらず、新しい世と新しい地を求め、神の「約束の地」に向かうことであった。「約束の地」は、王の統治と支配ではなく、神の平和と正義が生きる「人々の社会」を志ざしたと言える。しかし、イスラエルの民は絶え間ない戦争から抜け出すことができなかった。イスラエルの民の選民意識は、さらに彼らを孤立させた。彼らが苦難と苦痛の中で生きることで、彼らの信仰はさらに自己中心的な独善的な方向へと発展した。解放の歴史は、次第に光を失ったのである。結局、彼らは王国を建立し、強力な王権を志向することになった。

ここで聖書は、二つ目の流れを伝えている。王権の正当性を確立するためにイスラエルの民は、巨大な神殿を建立し、神の威厳を現し、人々を統治することに力を注いだ。他国の侵略を受け、神殿が崩壊すると、また神殿を建立し始めたのである。多くの人が強制的に労働させられ、神殿は栄光を放つことなく、王の権限を保障するものとなったのであった。このような過程において解放の動力も「約束の地」もすべてが消えてしまったのである。彼らが建てたイスラエル王国は、神の約束を実現することのできない巨大な虚像だったのである。しかし、そのような歴史の困難を経験すればするほど、神殿に対する執着はさらに強大化した。

結局、彼らは神も彼らのいのちも神殿に封じ込める結果となった。「神殿中心思想」は、解放の歴史の方向を変えてしまったのである。神殿が権力の実体となり、神の祝福は権力の権威を正当化させた。神殿は不道徳で、不正な王権は、当然のごとく不義な国家をそのまま守る城郭のようであった。したがって、神殿の伝統は、早い段階でイスラエルの民たちの信仰の根拠である解放の伝統を破壊するものだったのである。そして、イスラエルの民はまた「荒野」へと追い出されたのであった。

そして、イエス・キリストがついに新しい歴史を始めた。彼は「人の子」として「新しい世と新しい地」を宣言した。人と人、人と社会、そして人と権力、さらには人と神殿の間における障壁を取り壊したのである。すべての人間における差別と階級を認めず、イエス・キリストは、人々自らが立つことができるように導いたのである。目を開き、耳を聞こえるようにし、口で喋ることができるようにした。いかなる状況にある人であれ、それにとらわれることなく、彼の存在を尊重したのである。

イエスは、律法も、神殿も、安息日もすべての人のために存在しなければならないと教えた。闇が光に勝つことはできず、偽りが真実に勝ることがないという真理を宣布したのである。ローマの王権のもと、奴隷になってしまった人々に解放の道を開いたのである。人々を権力の前に跪かせるのではなく、堂々と立ち上がらせたのである。

イエスは、真理と自由、正義と平和を宣布した。世を変革させようと権力に立ち向かった。そして彼は、ついに新しい歴史である「神の国」が、まさにその場で始まることを力説したのである。

韓国は、植民統治と軍事独裁の経験を有している。その結果、貧しさと抑圧の中で生き過ごさなければならなかった。不義が平和を破壊し、権力は民衆の人権を蹂躙した。平等は消え、両極化が社会を裂いたのである。当然ここでは、世界の覇権主義が影響を与えた。資本主義体制は、さらに社会を競争の勝者と敗者に分離した。

今、真の解放の歴史を作り進まなければならない。これ以上、障壁が私たちを閉じ込め、不義が人間の尊厳性を破壊する歴史から脱しなければならない。搾取と差別から脱しなければならない。私たちが国境を越え、言語の違いを越え、共に生きる方法を学ばなければならない。互いに分かち合わなければならない。国際的な支援と財産を分かち合わなければならない。互いに理解しなければならない。極端な主義を捨てなければならない。暴力と貧しさから脱しなければならない。私たちの中に正義と平和、寛容と和解が起こらなければならない。私たちの国際的なネットワークを強化し、連帯がなされなければならない。その基盤として「神殿中心」ではなく、「解放の歴史」が中心にならなければならない。

今、私たちは新しい未来を望んでいる。朝鮮半島には、七〇年ぶりに奇跡のような平和の機会が訪れている。ヨベルの年の歴史が私たちの前に開いている。南北が再び出会っている。アメリカと北朝鮮が対話を始めている。中国と日本、ロシアなど周辺国家が朝鮮半島の平和を支援している。第二次世界大戦が残した悲劇的な冷戦体制を解消しなければならない。すべての者が武器を放棄しなければならない。これ以上、互いに敵対してはならない。今、共存と共生の価値を現実に実践しなければならない。そしてアジ

講演する李在禎司祭

アに解放の歴史と「神の国」を作り上げなければならない。教会がその先頭に立たなければならない。トランプ大統領のツイッターの一節を引用して、私の話を終えようと思う。「私たちは共に成し遂げることができるでしょう」（"We will get it done together"）

※〔　〕は訳注。

本稿は、東アジア聖公会協議会（ＣＣＥＡ）の主教会において九月十四日に行われた講演を翻訳したものである。

李在禎（イ・ジェジョン）
高麗大学卒、マニトバ大学大学院宗教学（MA）、トロント大学大学院トリニティ・カレッジ（Th.D）、盧武鉉政権の統一部長官（二〇〇六年十二月～二〇〇八年二月）、聖公会大学学長を経て、現在、京畿道教育監。大韓聖公会退職司祭。

翻訳：**松山健作**（まつやま・けんさく）
本誌編集部。

特集 朝鮮半島の平和を現実に ―韓国キリスト教界の願い―

平和体制以降の宣教のパラダイム転換

洪禎晧

朝鮮半島に平和の風が吹いている。二〇一八年は、南北分断の歴史に決定的な進展をなした一年として記憶されるであろう。米朝間の対立をめぐって一触即発の戦争の危機にまで悪化していた朝鮮半島情勢は、平昌冬季オリンピックを契機に対話ムードへと転換し、今年だけでも三回にわたる南北首脳会談と一回の米朝首脳会談（六・一二、シンガポール）が続き、朝鮮半島の平和と和解の実現に向けた意味ある進展が見られた。年内における金正恩委員長の韓国訪問と第二回米朝首脳会談が実現すれば、二〇一八年の一年間だけでも四回の南北首脳会談と二回の米朝首脳会談が開催されることとなり、分断史に類を見ない足跡を残した一年として記憶されることであろう。

朝鮮半島をめぐって米朝韓の間で現在起こっている一連の出来事は、韓国と北朝鮮、北朝鮮と米国の関係が対立と分裂、敵対へと進んでいた従来とは質的に異なる平和な状況へと転換されるであろうとの期待感を抱かせるものである。特に第二回米朝首脳会談の結実として北朝鮮に対する経済制裁が一部でも解かれ、北朝鮮との経済協力の道が開かれることになれば、経済を媒介に南北の軍事的な緊張が緩和されることはもちろん、中断されていた社会文化的レベルの交流が全面的に再開される中で、七〇年もの間続いてきた対立の歴史についに終止符が打たれることになるであろうとの期待を多くの国民が抱いている。昨年まででも北朝鮮の追加核実験に関する重苦しい予測と共に、米国のいわゆる「最大圧迫」(maximum pressure) 作戦が展開され、各種の大量殺戮兵器が朝鮮半島に総集結することで戦争の危機的状況が演出されていたが、戦争危機説が広がって半年も経たないうちに南北の首脳が会見して対話を行ない、長らく敵対関係にあった米朝の首脳が対話のテーブルについて終戦宣言や経済協力などをテーマに話し合ったことは、本当に大きな進展であると言える。

平和と共栄の時代へと差しかかったこの時に、韓国教会の宣教と宣教神学は新しい応答を求められている。特に分断冷戦時代を過ごす中で形成されていった北朝鮮を敵とみなす考え方を清算し、彼らを平和と共栄のパートナーと認識する必要に迫られている。これを行なうためには、韓国教会の北朝鮮宣教をめぐる言説に変化を至急もたらさなければならない。韓国教会にあっては他者化の対象としての「北朝鮮」と他者化メカニズムとしての「宣教」との遭遇が絶妙な結合をなしていると言わざるを得ない側面を有しているからである。言い換えれば、私たちは韓国教会がこれまで示してきた「北朝鮮」に対する「宣教」の内容を省察し、その方向を再設定しなければならないとの時代的な要請の前に立っている。分断冷戦時代に反共親米主義イデオロギーの温床となってきた教会の既得権は、いまも威を振るっているが、分断の克服と朝鮮半島の平和実現に向けた南北のキリスト者の努力は、いまその実を結びつつある。以下においては、韓国教会の北朝鮮宣教をめぐる言説に対する批判を中心に平和体制以降の宣教の方向を「宣教《ソンギョ》」から「先交《ソンギョ》」への主張をもって提示したい。

「北朝鮮」宣教と北朝鮮「宣教」の問題

韓国教会の北朝鮮宣教をめぐる言説は、いわゆる「表象の政治」（politics of representation）の脈絡において展開されている。根本的な問題は、その言説の中の「北朝鮮」と「北朝鮮の人」が他者としての他者性が消去された存在、すなわち「私たち」が理解するところのものへと還元された存在として扱われ、表象されているところにある。南北間の往来が断絶した状況において、北朝鮮宣教をめぐる言説の中に登場する北朝鮮の住民（人民）は、経済的には、みすぼらしく、飢えた状態で助けを待つ人々として、また政治的には、世襲独裁政権下において自由を抑圧される中で救いを求める受動的な存在として教会大衆の認識の中に刻印されている。たとえこのような認識が北朝鮮の現実とまったく関係のないことではないにしても、「北朝鮮」と「北朝鮮の人」がもつ他者としての無限性を、冷戦／分断体制下において形成されたアイデンティティの特定の表象の脈絡のうちに閉じ込めてしまうことは、他者に対する礼を失した振る舞いであり、「文化的な暴力」（J. Galtung）行為であるとの事実が指摘されなければならない。

特に北朝鮮住民を政治的に抑圧されている「難民」

(refugee)という単一のアイデンティティへと還元しようとする試みを警戒する必要がある。私たちは、「アイデンティティとは一度に完全な形で与えられはしない」(マアルーフ、二〇〇六:三四)という事実を知っている。それにもかかわらず、韓国教会の北朝鮮宣教は、独裁政権下にある北朝鮮住民のいわゆる「解放」がその名分として掲げられる中、敵対的な反共主義イデオロギーの伝播が福音的な宣教活動であるとの錯覚のもとに行われるという過ちを繰り返してきた。それゆえに韓国教会の北朝鮮に対する宣教活動は、民間レベルの政治的な活動を通してなされているのであるが、保守右派陣営の占有物であるとみなされてきた側面がある。特にさまざまな理由で故郷(北朝鮮)を離れなければならなかったという辛い過去を抱えたまま韓国に定着している脱北者を助け、仕えなければならない教会が、彼らを政治的な闘士として表象することで敵対的な反共イデオロギー拡散のための媒介役にしてしまうことは、これ以上、「宣教」という名のもとに正当化されてはならないことであろう。そのような北朝鮮に対する敵対行為は、市民の政治的な意思表現の自由に従った行動としては認められるかもしれないが、「敵への愛」を唱える教会が先頭に立って声を張り上げるべき働きではないからである。

北朝鮮に対する他者化と共に韓国教会の北朝鮮宣教を困難にしているもう一つの要因は、「宣教」に対する固定化した神学的認識である。韓国教会の北朝鮮宣教をめぐる言説は、「宣教」に対する時代的・地域的に偏った理解が前提とされている。それは、ヨーロッパが軸となって形成されてきた啓蒙主義的な近代性に対する肯定的な認識に基づき形成された啓蒙主義的な宣教観である。近代の宣教は、他者に向けた主体による啓蒙主義的な実践と集約することができる。啓蒙は、未熟な状態から脱すること(カント)を意味すると同時に、そのように「脱した」あるいは「脱したという自意識で満たされた」存在の優越性を前提とする。ミッション(mission)の韓国語の訳語が宣教、すなわち「教えを施す」という意味に解釈されていることは偶然ではない。

啓蒙主義的な観念に立脚した宣教は、優越した立場から他者のために教えを施す主体の活動を「献身」や「奉仕」の名のもとに賛美する一方、啓蒙主義的な実践の中に刻印された主体の自己中心性がもたらす暴力に対する省察を看過してきた。しかし、ヨーロッパの「近代性」がラテン・アメリカやアフリカの「植民地性」を意味する(E. Dussel)ということは、すでに常識となっている。それにもかかわらず、韓国教会の北朝鮮宣教をめぐる言説においては、啓蒙主義的な宣教観の影響が依然として支配的である。宣教は啓蒙と同一視されており、啓蒙的主体の暴力性に対する反省は「付随的」なものにすぎないとみなされている。このことは恐らく、韓国がこの半世紀の間になしとげた驚くべき経済発展と世界教会史上に類を見ない短期間における教会成長に対する自負心から来るものであろう。短期間に西欧的な近代化を成功裏に実現したという「神話」を共有する韓国教会は、それを可能にした他の社会的な諸条件（植民地主義、反共主義、独裁主義、発展至上主義など）に対する省察を無化している。宣教を啓蒙と同一の活動として受け入れることは、ヨーロッパ中心的近代性の植民地主義的な受容以外のなにものでもない。そうであるとすれば、宣教とは何であろうか。

啓蒙と修業

啓蒙以降の宣教に関する議論を行なう前に、内田樹について紹介したい。韓国を数回訪問したことのある日本の「総合的知性人」とも言える内田は、二〇一一年に神戸市にある自宅の一階に凱風館という合気道の道場を開き、約一五〇名の門下生と共に武道と哲学を練磨し、弟子たちと共に共同体をなして生活するといったユニークな経歴をもつ人物である。内田は、フランスのユダヤ系哲学者であるレヴィナス（E. Levinas）の著作を数冊翻訳し、日本に紹介しているレヴィナス研究者でもある。宣教が啓蒙ではないとすれば何であるのか、との質問を受けるたびに私は、内田の修業論を例に挙げて答えている。内田は次のように述べる。

「修業」という言葉は、「自分がこれから何を学ぶのかよく理解できない時点で、何を教えてくれるのかよくわからない人のもとで、何なのかわからないことを学ぶ」変わった構造をもっている。これを「開放的で力動的」と取るのか、それとも「非合理で非論理的」と取るのかで、人は「修業する人」とそうでない人とに分かれるのです。（우치다 二〇一五：六）

内田が述べる「修業」とは、主に武道と関連した一連の探求と実践のことである。ここでいう武道とは、スポーツと対比される学習と実践の様式である。スポーツは目的形成が可能であり、客観的な数値によって計測可能な実践の体系であるとすれば、武道は学び覚えた後になってはじめてその意味を体感することになる「事後的」で「回顧的」な性格をもつ実践であるという違いがある。武道の修業においては、ある目標を事前に設定すること自体が不可能である。修業を通して、それ以前には知ることのできなかった自分の体の特定の機能と役割を（自ら）発見した後になってはじめて自らが「何をなしたのか」知るようになるからである。それゆえに「何をいつまでにどのようになす」との目標設定自体が武道の世界においては不可能なのである。

これは、科学的（近代的）方法論が全般的に適用されるスポーツが身体の動きを特定の方式によって規格化し、勝負を競う体系へと定型化するのとは対照的である。スポーツは、身体の稼働方式を標準化された規律に従って分割し、公定の原則に従って競争させることで勝負のために自己の体と精神を特的の方式で鍛錬するよう啓導する西洋近代精神の文化的な装置である。したがって、スポーツ活動に親しむということは、単に特定の種目に対する身体活動の技術を学習すること以上のことを意味する。それは、身体がそのような方式で稼働するよう統制するある規律体系を習得するということを意味する。すなわち、自由な身体活動を厳格な規則に従う特定の諸条件に従属させることによって肉体がもつ衝動と欲望を調整し、近代的な生産方式に適合する身体へと主体を再生させる文化的な装置としてスポーツが活用されているのである。それゆえに、スポーツに代弁される身体の稼働方式は、啓蒙主義的な近代性の体系に適合した精神を具現化する。反面、内田が述べる武道は、そのような規格化された身体の動きが不可能な地点において開始される学びの新しい道である。

レヴィナスから霊感を得た内田の武道論を宣教論に適用することで私たちは、啓蒙主義以降の宣教がどのような可能性を探求していかなければならないのかについての糸口を得ることができる。内田が述べるように、自分が何を教えなければならないのかについて学生・聴衆に出会う以前には予め知ることができない存在こそ、したがって、主体の自己完結性あるいは自己完結的主体という神話から脱して他者との力動的な関係の中で自己の言うべきこととすべきことを同時的に構成していくような存在こそ、先生（あるいは宣教師）という名に相応しい役割をなすことができる。言い換えれば、啓蒙の教師であることを放棄したまま、他者と出会う以前には何を教え学ばなければならないのか予め知り得ない存在こそ、「修業」を行なう「先生」、すなわち「福音」を伝える「宣教師」となることができるということである。北朝鮮について、あるいは宣教についてこれまで自分が知っていた、あるいは知っていると信じていたすべての知が取り下げられた場から真の意味での「先《ソン》交《ギョ》」は始まる。これが啓蒙以降の宣教《ソンギョ》の一つの道である。

宣教から先交へ、啓蒙から交わりへ

南北の平和と共栄の時代には、冷戦／分断体制において形成された北朝鮮宣教をめぐる言説の解体および全面的な再構成が必要とされる。それは一言で、「宣教《ソンギョ》から先交《ソンギョ》へ、啓蒙から交わりへ」という主張によって要約しうるものである。北朝鮮宣教は、「北朝鮮」という他者の無限性を特定の表象の脈絡に還元するアイデンティティの暴力の宗教的な実践ではなく、また、西欧式近代化の先行経験を特権化し、啓蒙の主体として立つとする「宣教」的な誓約の継続でもない。宣教は、教えを施す行為ではなく、隣人と先ず交わることである。他者である隣人と先ず交わりをもつことに進み出ることは、決してロマンチックなことではない。それは、他者がもつ他者性の重みを耐え忍ばなければならないことだからである。イエスが先ず出会って癒された人々、すなわちイエスが「先交」された人々は、その社会において立つ場を失っていた人々であった。彼らとの親交をひけらかすことのできないその当時の罪人たち、彼らと親しくしているとの噂が立てばそれが名分となって自らが罪と定められることになる危険な存在である者たちとの交わりがイエスの「宣教」であったという事実をこの時代において改めて記憶しなければならない。

南北の平和と共栄の時代は、これまで南と北が夢見てきた平和と繁栄の価値がより大きな試験の舞台へと立たされることになる時代であろう。宣教とは、壁を壊し、境界を越えて隣人と出会う実践である。したがって私たちの時代の北朝鮮宣教は、反共主義と分断体制の壁を壊す解放の実践とならなければならない。それは、啓蒙的な主体の優越性を前提にした支配ではなく、「自己」の変化を前提にした相互変化と成熟に至る道でなければならないであろう。宣教は、教会の使命であり、存在理由である。南北の平和と共栄の時代を迎え、主体中心の宣教《ソンギョ》を他者との先交《ソンギョ》へと変化させていくことが私たちの時代にあって福音の証を任された者たちの任務（mission）であろう。

参考文献

아민 말루프 『사람 잡는 정체성』 박창호 옮김、이론과 실천、二〇〇六年。
엔리케 두셀 『一四九二년 타자의 은폐』 박병규 옮김、그린비、二〇一一年。
우치다 타츠루 『배움은 어리석을수록 좋다』 박재현 옮김、샘터、二〇一五年。

홍정호「개신교 스포츠 선교의 어제와 오늘」、『금강』第二七〇号（二〇一八年）。

홍정호「타자로서의 난민과 환대의 선교」、『민중신학、고통의 시대를 읽다』분도、二〇一八年。

1 第三回南北首脳会談は二〇一八年四月二七日に板門店の韓国側にある「平和の家」において、実務的な性格をもった第四回南北首脳会談は同年五月二六日に板門店の北朝鮮側にある「統一閣」において、そして第五回南北首脳会談は九月一八日から二〇日まで平壌においてそれぞれ開催された。

洪禎晧（ホン・ジョンホ）

延世大学連合神学大学院兼任教授。監理教神学大学を卒業した後、延世大学大学院および連合神学大学院において学ぶ。延世大学神学科・連合神学大学院客員教授、韓国基督教教会協議会神学委員会委員、延世大学韓国キリスト教文化研究所専門研究員などを歴任し、現在、新盤浦監理教会牧師。『종교개혁 五〇〇년、이후 신학』、『촛불 민주화 시대의 그리스도인』、『민중신학、고통의 시대를 읽다』などに共著者として参与したほか、数編の論文がある。

翻訳：**李相勲（イ・サンフン）**

本誌十二ページ参照。

特集 朝鮮半島の平和を現実に —韓国キリスト教界の願い—

停戦から終戦へ

—朝鮮半島の統一時計は動きはじめた—

柳 時京

祈祷①

主よ、「別れがあまりにも長く、私たちは再会すべきです。」という、街を埋め尽くしていた一〇年ほど前の歌声と喚声を覚えます。離散家族の言葉にできない内面に心を寄せます。国家保安法の足枷を恐れず、止まってしまった平和と統一の時計を動かすため身を捨てた数多くの統一の働き人を記憶します。

これから、私たちもその時計を一緒に動かします。韓国と北朝鮮とで、一緒に同じ方向に時計を進めます。さらに、南と北のみならず、東アジアと全世界の歴史の時計をも共にするため、時計のぜんまいを十分に巻きます。同じ民族間の殺戮による反目の歴史に対する懺悔の涙と反省をぜんまいとして、神から与えられた平和の希望を力にして立派に歩む平和統一の時計を私たちにお許しください。

ぜんまいを巻くことを防ぐすべての勢力を退き、過去の時間に逆回転させせないように、私たちも時針、分針、秒針となり、先を競り合いながら歴史の順理に従う者とならせてください。平和の王であるイエス・キリストのみ名を通してお祈りいたします。

〜「平和を作る人々」の毎日連続祈祷文より〜

はじめに

筆者は、中国を五回ほど訪ねたことがある。しかし、一般にいう中国旅行の経験者という枠には、当てはまらないだろう。なぜならば、私はまだ中国の首都である北京や上海などには、訪れたことがないからである。観光という観点からいえば、時間と金さえ得ることができれば、すぐ訪問できる場所であろう。世界遺産の万里の長城や紫禁城などに興味がないわけではない。

一方、私が訪ねた中国は、いわゆる延辺朝鮮族自治区として知られている東北地方の延吉と、その近隣の町のみである。しかも、同じ場所を五回も訪問している。この地域は、去る九月韓国の文在寅大統領と北朝鮮の金正恩国務委員長が両者の三度目の首脳会談を終え、共に登ったことで一躍世界中に知られるようになった将軍峰や山上の天池を有する白頭山のある場所である。中国と北朝鮮は、この山を境に国境線を合わせもつ。私も延辺を訪ねた際に三回ほどこの山に登ったことがある。山上の天池は、生前に善行を積んだ人だけに姿を見せると言われるが、私は天気に恵まれ三度とも天池を見ることが出来た。最後に訪れたのは、昨年大晦日と今年の元日で、二日連続で天池を目にし、一行と共に南北統一のため手を合わせた。

さて私にとって、この地域を訪問しているのには、それ相応の理由がある。それは、冒頭の「毎日連続祈祷文」を共に祈り合っている私が以前から携わっている「トピック(TOPIK、Towards Peace In Korea)」という社団法人を通じた北朝鮮への人道的支援事業と関連している。

本稿では、「トピック」という団体の設立母体である大韓聖公会が所属している韓国キリスト教会の平和統一宣教への理解や、その延長線上における取り組みを紹介したい。また、その活動の前提、もしくは背景になるいわゆる「南北問題」についても、その歴史などを垣間見ながら論じることにしたい。

解放と分断の始まり

一九五〇年六月に勃発した朝鮮戦争の結果、日本の植民地支配からの解放という喜びと独立国家樹立への朝鮮人の熱意は、夢にも思わなかった分断という悲劇の幕開けであった。言うまでもなく、これは米ソを代表とする資本主義国家と社会主義国家といった両陣営の覇権争いの板挟みとなり、朝鮮半島は世界史的な分断の現場になってしまったのである。

この分断の背景には、外勢国家や国際秩序による外因に加え、解放後に国家樹立のビジョンや方法を巡って争われた朝鮮内における分裂や葛藤が要因であると考えられている。

しかし、外因の内訳を見てみると、アメリカと敗戦国である日本との妥協や国益優先の有り様が浮き彫りになる。まず日本国天皇の終戦の詔書は、残念ながらアジアへの侵略については一切触れず、太平洋戦争について触れているのみである。つまり、アメリカとの関係だけを意識している。人類史上未曾有の原爆投下が日本の敗北を早めたなどの戦争被害の最小化を図った次善の策であるという従来の主張は、今日になって説得力を欠ける説明となっている。

終戦翌年の年頭の詔書で出された天皇の「人間宣言」と戦犯裁判の一連の流れは、ソ連との対決や共産党政権中国の台頭による共産主義拡大への懸念をもとに冷戦体制を維持するアメリカの世界支配戦略、それに日本の軍事基地化に繋がった。

朝鮮の独立国家への道は、ソ連とアメリカの信託統治によって先送りとなり、分断政権樹立勢力（主に韓国）と統一独立国家樹立勢力（主に北朝鮮）に分かれ、分断体制の形成へと流れていったのである。

分断体制の世界史的意味

一九四八年、米ソによる南北への信託統治を終えて、八月十五日には大韓民国の政府樹立が宣布され、続いて同年九月九日には朝鮮民主主義人民共和国が樹立する。これは、南北の分断のみならず、世界冷戦体制への編入を意味した。つまり、第一次、第二次世界大戦という大量殺傷によって造られた人類初の分断体制への編入であり、ヨーロッパでスタートした冷戦体制の確立という結果となった。

体制競争時代へ

以降南北は、相手を否定し、理念、政治などすべてにおいて体制優位も競争を繰り広げていった。また、軍事的な対峙は、真っ先に軍備競争へと発展していった。一方の体制の優越性を掲げて統一至上主義（吸収統一論）が全面に打ち出され、自由と人権、民主主義は後回しとされがちになった。統一論や民族問題の論議では、長らく政権がそれを独占してきたわけである。

戦争と分断体制の固着

中国からは「抗米援朝戦争」と呼ばれる朝鮮戦争は、このような分断体制の固着に決定的なきっかけを与えることになった。戦死者は二〇〇万人を超え、死亡・負傷・行方不明になった一般人の数は南で一九〇万、北は三三〇万にのぼる。軍人より一般人の莫大な犠牲を被った実に知られざる世界的規模の戦争であった。

銃声なき戦争

朝鮮戦争は、一九五三年七月に停戦協定で一旦幕を下ろしたものの、その爪痕は以降半世紀以上に尾を引くものであった。結局勝者なき戦争であり、当時南北朝鮮の総人口の二〇％に達する約五〇〇万～六〇〇〇万の離散家族を生み出す結果となった。人民軍の捕虜八万名、韓国軍の捕虜は一万九千名、また一九五一年から一九九六年の間、スパイの数も北から四四九五名が検挙され、南からも一一二七三名を送っているのである。（生還者含む）

もう一つの戦争と分断

南北間の直接対決という形ではなくとも、分断体制はさまざまな歪みを生んだ。四三事件で知られる在日韓国朝鮮人の存在もその一例で、他にも一九五五年から四〇年間で拉北者が四四二名、北からの亡命者が約八〇〇〇名、新型離散家族とも言うべき脱北者も二〇一六年三月時点で公式記録だけでも二万九千名を超えている。

ことに政権樹立時期に生じた理念葛藤や北朝鮮の土地改革などにより、北朝鮮居住の多くのキリスト者が南に移住したことも特筆に値する。戦争中の約一〇〇万人に加え、分断体制形成期に約三五〇万～四〇〇〇万人が南に越境している。これは政治的分断をさらに深める国民の分断にも繫がった。この歴史的経験は、最近和解を模索する南北関係の進展を好まない最大世論がキリスト教教会から形成される元になっている。

分断停戦体制の克服

行動面での軍事主義や意識面での軍事主義を乗り越えなければならない。軍事文化の日常化や社会化は、従来の男尊女卑や家父長制の強化にも影響する。北朝鮮は核開発を憲法に明記し、いわゆる核危機に追い込まれてきた。韓国と米国による合同軍事演習や駐韓米軍の存在と新武器導入など、分断体制は常時戦争の恐れを帯びつつある。

これは意識面においても影を落としており、政治的自由と市民の権利制限、民主主義や人権が抑圧され、全体主義へ陥りやすい空気が作られる。また構造的軍事主義においては、国の予算・人力・政策における優先権問題から、国際レベルでは同盟国軍事統合や軍備標準化など、戦争に備えた国の社会の営みという、根本的な困難を抱えている。

韓国キリスト教教会の統一運動

このような分団体制を乗り越えるために、韓国の市民団体やキリスト教教会は八〇年代から、統一運動から平和運動へと変化してきた。特に二〇〇八年の核危機という、南北分断以来最大の危機を迎え、戦争勃発の恐れに直面して、平和を呼びかけながら実現を模索するより具体的な預言者的取り組みを繰り広げ始めた。これには、中断されていた南北の対話や協力を求めること、韓米軍事演習中止、THAAD反対、休戦線でのクリスマスツリー点灯中止、開城公団再稼働、対北制裁緩和解除要請、日米防衛協力指針廃止要請なども含まれる。

八八宣言の原則確認

韓国のキリスト教は、一九八八年に発表された「民族の平和と統一に対する韓国キリスト教会宣言」の三〇周年を迎えた今年の初めに再び関係諸国のキリスト教代表者も共に集められた場で、当時宣言された五つの原則に基づいて以降の統一平和運動を継承していくことを確認した。

これはまさに一九七四年に南北政府による「七・四共同声明」の三大原則である「自主統一」、「平和統一」、「民族大団結」というものに、「人道主義」、「民の統一論議参加」を加えたものだった。そして、この原則を実現するための最優先の課題として平和条約締結が最重要であることも確認した。つまり、現在の停戦体制という不安定な状況を平和体制へと変えることで、持続可能な平和体制を保障するためである。実際一九五三年の停戦協定第四条六〇項には、次のようになっている。「コリア問題の平和的解決のため双方軍司令官は双方の関係各国政府へ停戦協定調印 効力発生後三ヶ月以内にそれぞれの代表を派遣した。」

祈祷②

主よ、七〇年に渡る分断と対立、憎悪と誹謗を乗り越え、朝鮮半島の新しい平和の道を開いてくださることを感謝します。願わくは、主のみ旨と計画の中で周辺列強の指導者や南北の指導者が貴く用いられますように。彼らが、イスラエルの帰郷を通じて新しい歴史を開いたクロス王のように、神のご計画に参加する指導者とならせてください。そして、この地のクリスチャンが十字架を拒んで神を歪曲する誤った道に陥らず、解放者イエスの歩みに従いますよう、涙と鞭でお導きください。主のみ名によって、アーメン。

「平和を作る人々」

大韓聖公会は、このような韓国キリスト教の平和統一への宣教的理解や取り組に参加しながら、敵対的な共生依存関係から脱し、北朝鮮の世襲独裁や全体主義、武力統一論、韓国の軍事独裁、吸収統一論を払拭するための議論を続けている。またこれは南北とも共通している監視処罰の政治や分断暴力をなくすための努力でもある。軍や警察に依存する物理的暴力、国民動員体制で維持される構造的、「反動」、「親北」、「従北」などの言葉で見られる文化的暴力からの解放こそ、韓国キリスト教の平和統一宣教の目標である。

「平和を作る人々」創立理事会

そして、韓国キリスト教会と連帯して間接的に参加した活動の枠を超えて、独自の活動を決意して、「平和を作る人々」という組織を立ち上げることにした。

こうして生まれた社団法人「平和を造る人々」は、二〇〇七年に大韓聖公会の呼びかけに応じて、世界聖公会の諸国の代表らが参加して韓国ソウルと坡州市、そして金剛山で開かれた「世界聖公会第一回平和大会・平和巡礼」に端を発している。当時、今は閉じられている北朝鮮所在の特別観光地区としてオープンされていた金剛山を訪ね、近隣の温井里へセメントや練炭、農業用のビニル巻きなどを人道支援物資として手渡した。平和巡礼や人道支援活動を終えた参加者たちは、坡州市の出版団地の施設で平和フォーラムを開き、トピックコミュニケを採択した。

その第三項目では、大韓民国と朝鮮民主主義人民共和国宛に「平和と非核化への努力継続、首脳会談継続開催、子供や青少年共同教育プログラムの立ち上げなどを要請した。第四項目では、東アジアの各国やアメリカに緊張緩和を促している。(日本聖公会のホームページでこの大会のコミュニケや続く二〇一三年度に沖縄で開かれた平和協議会のコミュニケの詳細を見ることが出来る。http://nskk.org/)

トピックは、設立以来南北関係の解決のため必要とされる次の大まかな課題に貢献出来る取り組みを模索してきた。

一、民族同質性回復
二、北朝鮮住民の生存権支援
三、南北の共存
四、韓国経済の新成長動力確保
五、東北アジアの平和繁栄への基礎作り

以上のような全体統一運動の課題と教会の平和統一宣教の課題とを関連させながら、上掲の課題に役立つための取り組みちして三つの活動目標を掲げている。

一、平和教育
二、人道的支援
三、東アジア平和ネットワーク形成

そして、トピックは、世界聖公会に次のように呼びかけている。

二〇〇五年全世界聖公会中央協議会決意四九号。コリア（提出は世界聖公会正義平和ネットワーク経由）
概要：核兵器と武力使用禁止、対話と折衷調整を強力に勧める、朝鮮半島の危機の原因は分断に由来、大韓聖公会の統一宣教を支持支援する。

上記の平和大会は、まさにこの決意をもとに組織され、大会の実りとして大韓聖公会はトピックという常設組織を立ち上げたのである。この大会には大韓聖公会を中心として、アメリカ聖公会、英国聖公会、日本聖公会などが共催する形で進められ、一七カ国から参加者を得ている。これに基づいて、トピックは二〇〇八年度の全世界聖公会主教会議（ランベスカンファランス Lambeth Conference）にも平和アピールを出している。

これを受けて、二〇〇九年度の第一四回世界聖公会中央協議会はトピック活動への継続的な支持を表明した。

第一三回世界聖公会中央協議会の決意により開かれた〈世界聖公会平和大会 TOPIK in 2017〉の要請に、世界聖公会が応答するよう呼びかける。朝鮮半島の永続的な平和を実現するまでＴＯＰＩＫの持続的活動を促す

また二〇一二年度にインディアナポリスで開かれたアメリカ聖公会の総会でも、次のような決議案が採択される成果も報告しておきたい。

朝鮮半島の究極的統一を指向、ＤＭＺ（非武装地帯）周辺軍事行動抑止、離散家族再会への努力拡大、韓国北朝鮮米国の人的交流拡大、駐韓米軍の撤収促す

中国訪問の理由

このトピックの活動の一環として、私は実務担当者として北朝鮮の北端に位置する羅先市郊外にある保育園や技術学校、社回里所在人民病院への人道支援に携わってきた。特に人民病院にたいしては建物の建築、医療物資の調達などを毎年行なっている。

羅先病院への医薬品支援

この支援活動は、二〇一〇年に南の政権交代後、西海での軍事的衝突を機に出された、北朝鮮への一切の支援活動を断ち切ったいわゆる「五・二四処置」以降も続けられたことに意味がある。統一省の関係者の暗黙の承認を得たものの、実は法律違反にされる恐れのある活動だが、世界聖公会のネットワークを通じて助けられ、民間レベルで北朝鮮住民の信頼回復に向けた活動が継続されていることに、諸関係者に感謝したい。

この他に、トピックは、毎月休戦線の最前線を歩きながら平和への希望をかける徒歩巡礼や、平和講演会、平和だより発行、ＳＮＳを利用した毎日連続祈祷文の分かち合い、国内や海外の諸団体との連携による平和統一宣教活動を幅広く取り組んでいる。

羅先人民病院に支援した救急車

祈祷③

〈トピックの祈り〉

主よ、私たちに平和を成し遂げていくための勇気と知恵をお与えください。私たちの中に居座っている憎しみと偏見を気づかせ、今までお互いに分け隔てて、寸断してしまった言葉と行いとが、私たちを自らを縛り付ける結果であったことを省みさせてください。「平和

を作る人々」のすべての事業が、将来私たちが迎えるであろう平和に耐える勇気と知恵とを鍛錬する実践となりますように。また、主がそのため悩み祈るすべての「平和を作る人々」と共にいてください。ことに「平和を作る人々」を営んでいるリーダーの一人ひとりを逞しい平和の使徒に召し出し、この大韓聖公会が主の平和実現の活動を担っていく勇気と智慧に満たされた教会となりますようにお導きください。主イエス・キリストのみ名によって、アーメン。

おわりに

今年に入って、南北関係は新たな方向へと舵をきっている。今から一年前を思い出してみると、戦争寸前という凄まじい状況であった。日本の世論は、まだ北朝鮮の真意を疑う声が高いのも否定できない現状である。韓国の文在寅政権は、後戻りの出来ない手順を着実に踏みながら、北朝鮮との緊密な協議を重ねつつ、また国連をはじめとして、世界各国の理解と協力を得ようと奮闘している。四月の南北首脳会談以降、三回に渡る会談は、いよいよ少しずつ実を結ぼうとしている。予定している第二次米朝会談次第で、七〇年以上続いてきた休戦体制は、急転換を迎えうる。日本も、東アジアの共存繁栄や将来を視野に入れながら、韓国政府の呼びかけに慎重に応じるだ段階に来ている。私たちの祈りとさらなる取り組みも必要であろう。

北朝鮮のキリスト教代表者が立会い、人民病院支援の協定書に著名（左側筆者）

「人類が戦争を終わらせなければ、戦争が人類を終わらせるだろう。」ジョンF・ケネディー

〈資料〉

第二回世界聖公会平和協議会 in Okinawa 声明（コミュニケ）

「平和を尋ね求め、追い求めよ」（詩編 三四・一五）「主は国々の争いを裁き、多くの民を戒められる。彼らは剣を打ち直して鋤とし、槍を打ち直して鎌とする。国は国に向か

って剣を上げず、もはや戦うことを学ばない。」（イザヤ書二：四）

二〇一三年四月一六日（火）～二二日（月）にかけ、沖縄で「第二回世界聖公会平和協議会」が開かれ、韓国、日本、フィリピン、オーストラリア、カナダ、アメリカ合衆国、イギリス、アイルランドの聖公会から約八十名が参加しました。そのテーマ「東アジアにおける平和と和解に向けて」は、参加者すべての祈りであり、ビジョンでありました。このビジョンは、二〇〇七年に開かれた第一回世界聖公会平和大会（ＴＯＰＩＫ）において合意された宣言に基づいています。そしてまた、復活したキリストの福音に基づいています。キリストは弟子たちのもとに現れ、「あなたがたに平和があるように」（ヨハネ二〇・一九）と言われ、彼らを派遣して（ヨハネ二〇・二一）主イエスの模範に従わせ、「遠く離れているあなたがたにも、また近くにいる人々にも、平和の福音を告げ知らせる」（エフェソ二・一七）ように命じました。私たちは「すべての命と尊厳を守る」という召命に応えるように、また世界聖公会（アングリカン・コミュニオン）の宣教の五つの指標、特に「社会の不公正な構造の変革」と「被造物の保全」という課題へと召されています。

この協議会は日本聖公会と大韓聖公会による共同開催でした。開会礼拝の説教において、日本聖公会首座主教ナタナエル植松誠師は「私たちが、自分の権利を放棄し、他者の権利、或いは権利さえ持たされていない人々を守ろうとするところに平和の種が蒔かれる」と説きました。米国聖公会総裁主教キャサリン・ジェファーツ・ショーリ師の主題講演では、「世界のどこにおいても平和と調和の実現は、私たちが共通する人間性を持っていること、誰もが自らの存在を尊ばれたいと願っていること、子どもたちと私たちを取り巻く世界について様々な希望を持っていることへの気づきにかかっています。」という言葉で締めくくり、私たちは大きな励ましを受けました。また、カンタベリー大主教ジャスティン・ウェルビー師から送られたメッセージにも大きな感銘を受けました。大主教は「危機感が高まっている時期にこのような機会が持たれることを感謝し、南北の敵対感情を和らげ、朝鮮半島の恒久平和に貢献できること」への期待を語り、「放射線被曝に対する止むことのない不安に直面し、原子力政策および軍事産業を巡る諸問題に取り組んでいる」日本聖公会に対する連帯を表明しました。

私たちは様々な話に耳を傾けました。沖縄の人々の声を聞き、講演者の話に学び、朝鮮半島の平和統一に向けた取り組みと北朝鮮の人々に対する人道支援（TOPIK）、およひ各国から報告を 聞きました。それらは、東アジアが未だ「産みの苦しみ」（ローマ八・二二）の中にあり、軍事力拡 張および核兵器拡散の迫り来る脅威と、原子力発電の恐ろしい結果に脅かされており、更に私たちの国々が、戦争への足取りを辿っているという危険な兆候を示しています。特に日本の平和憲 法改定の動きは、東アジアの安定を更に脅かす恐れがあります。私たちは幾多の人々の苦しみと、母なる地球の破壊を思い、紛争の解決手段としての戦争に対する明白な反対を宣言します。戦争 を許してはなりません。私たちは、「血肉を相手にするものではなく、支配と権威、暗闇の世界 の支配者、天にいる悪の諸霊を相手に」（エフェソ 六・一二）闘っているのです。

私たちはまた、この地域において平和と和解に対する強い願いがあることを、改めて知りました。私たちは、朝鮮半島の平和統一に向けた取り組みと北朝鮮の人々に対する人道支援を行っている大韓聖公会の働き、また東日本大震災の被災者の必要に応えようとする日本聖公会の働きが、日韓両聖公会の協働によって支えられていることを高く評価します。私たちは正義と恒久平和のために闘っている沖縄の人々の揺るぎない信仰と不屈の精神を学びました。こうした働きに世界聖公会の諸管区が連帯し、祈りと協働・物質的支援によって苦しむ人々を支えようとしていることについて神さまに感謝します。

行動への呼びかけ

私たちはこの協議会を通して、様々な言語と考え方に出会い、キリストの体における多様性と一致を強く認識しました。キリストの名において結ばれている世界聖公会に対して、次のように呼びかけます。

一、平和と和解への取り組みと情報の共有のため、聖公会東アジア平和ネットワークを構築し、世界聖公会既存のネットワークを強化すること。また本協議会の報告を広く共有すること。

二、大韓聖公会の朝鮮半島の平和統一に向けた対話を促す取り組みと北朝鮮の人々に対する人道支援（ＴＯＰＩＫ）の活動を引き続き支援し、積極的に参与すること。

三、周縁化され、植民地的状況のなかで小さくされている人々、ことに沖縄の人々、東日本大震災と原発事故による被災者、フィリピンやその他の国々の先住民のために祈り、共に歩み続けること。

四、一九五二年のサンフランシスコ講和条約によって、沖縄が本土から切り離された日である四月二八日を、日本政府が新たに「主権回復の日」として祝おうとしていることに反対し、「不当な負担」を強いる軍事基地からの解放を求める沖縄の人々と共に声をあげること。

五、「互いに重荷を担う」(ガラテヤ六・二)精神でこのような協議会を継続し、青年や女性の参加を保障し、その声が反映されるようにすること。

六、軍事拡張と核兵器のさらなる開発を阻止し、国家間の緊張を高めるあらゆる企てに反対し、交戦権の放棄を表明している日本国憲法第九条の精神を広めること。

七、東アジアおよび世界のすべての地域における戦争の犠牲者のために祈り、「剣を打ち直して鋤とし、槍を打ち直して鎌とする」方法を見出すこと。

閉会礼拝の説教において大韓聖公会議長主教パウロ金根祥師は「いま私たちは、平和に向けての険しい道の前に立っています。主は私たちに『さあ立て、ここから出かけよう。』(ヨハネ一四:三一)と招いておられます」と語りました。私たちは、互いの愛に結ばれて、正義と平和の共同体を造り上げるために努力しようではありませんか。平和の神が恵みによってそれを成し遂げてくださいますように。アーメン。

二〇一三年四月二二日 第二回世界聖公会平和協議会 in Okinawa 参加者一同

〈追記〉

原稿を書き下ろした後の二〇一八年一〇月一九日、フランチェスコ法王はバチカンを国賓訪問中の韓国文在寅大統領との会談中に北朝鮮訪問依頼を受け、間も無くこれを快く受諾した。第二次米朝首脳会談に続いて法王の訪問が実現されれば、朝鮮半島の和解や平和統一への動きは弾力を増すことになる。南北鉄道の再開通も今年度中にできる見込みで、今後の行方から目を離せない。

柳時京(ユ・シギョン)
聖公会司祭、大韓聖公会から日本聖公会へ出向、宣教協働者として川口基督教会協働牧師。「(社)平和を作る人々」前常任理事、現国際分科委員長、韓国平和統一キリスト者連帯実行委員、KNCC宗教間対話委員長、キリスト教人権センター副理事長を歴任。

特別掲載

詩人尹東柱への旅

—日本における尹東柱研究を回顧しながら—

宇治郷毅

一、はじめに—尹東柱との出会い

（一）私はなぜ尹東柱に関心をもったか

これから私は、詩人尹東柱について研究者というよりは尹東柱の詩を愛する一ファンとしてささやかな経験を話したい。

古い話で恐縮であるが、私が尹東柱を知ったのは五〇年ほど前、京都にある同志社大学の学生の時であった。ある日偶然町の本屋で『朝鮮詩選』（許南麒編、一九五五年刊）という本が目につき、手にとってみた。この本には日本統治期の朝鮮で活躍した〝朝鮮民族の心を代表する〟九人の詩人がとりあげられ、そのうちの一人が尹東柱であった。私が尹東柱を知った最初である。その本には、尹東柱の一編の詩「悲しい同族」と、短い略歴が載っていた。それによると、この詩人は中国東北部の間島に生まれ、ソウルの延禧専門学校を経て、京都の同志社大学に在学中に逮捕され、福岡刑務所で服役中の一九四五年に獄死した、ということであった。私は、この詩人の不思議な経歴に心惹かれるとともに、同時に自分の通う大学の先輩であることにさらに驚いた。この詩人は、日本で何をしていたのか、なぜ遠い中国東北部から京都まで来たのか、どのような理由で逮捕されたのか、何で若いのに獄中で死んだのか、他にどんな詩を書いていたのか、多くの疑問が湧くように出てきた。しかし一九七〇年代の日本ではこれ以上のことは何もわからなかった。尹東柱を知っている人も、書かれた資料も見つからなかった。しかしどうしてもあきらめきれなかった。そこから私の尹東柱探しが始まったのである。

（二）ソウルで尹東柱の存在を実感する

私は韓国での調査を思いたった。一九七七年九月、二度目の訪韓の時のことであった。私はソウルの国立中央図書館で調査をしている時、当時閲覧課長をしていた鄭炳浣先生（尹東柱の親友であった鄭炳昱ソウル大学校教授の実弟）に偶然出会った。私が尹東柱のことを調べていることを知ると、すぐに尹東柱の実弟である尹一柱成均館大学校教授に連絡してくれた。思いがけない展開であった。こんな近くに尹東柱に近い人がいたとは！急に尹東柱の存在が身近に感じられた。

私にとってこの二人の先生との出会いはたいへん幸運であった。これにより、尹一柱先生から詳しく韓国での尹東柱研究の実情を聞くことができた。同時にわかったのは、当時は日韓国交回復後日がまだ浅く、韓国側からすると、尹東柱の日本における足跡を知りたいと思いながらも手掛かりもなく、歯がゆい思いをしていたということであった。そのような時、突然尹東柱をさがす日本人が現れたので、尹一柱先生はたいへん驚くと同時に、泣いて喜ばれたのであった。

二、日本人にとっての尹東柱理解の前提

（一）歴史的事実を「心に刻む」

日本人にとって尹東柱に接することは、他の国の人が尹東柱に接する時と違って、特別の意味をもってくる。つまり尹東柱は日本人に詩の喜びや慰めをもたらすだけでなく、痛みをもたらす存在でもあるからだ。尹東柱は次の二つのことを日本人に鋭くつきつけてくる。一つは歴史認識（歴史再考）の問題であり、今一つは「加害者」としての自覚の問題である。

今、日本では、都合の悪い歴史的事実を矮小化し、隠蔽（いんぺい）し、抹殺したりする動きが年々強くなっている。またそれを批判する人を「自虐」という名で排除しようとする動きもある。私はこのことを大変憂慮している。そしてその時いつも思い出すのは、ヴァイツゼッカー西ドイツ大統領がドイツ敗戦四〇周年にあたって行った有名な連邦議会演説（一九八五年五月八日）の中の次の言葉である。

「過去に目を閉ざす者は結局のところ現在にも盲目となります。非人間的な行為を心に刻もうとしない者は、またそうした危険に陥りやすいのです。」（『荒れ野の四〇年』岩波ブックレット、一九八六．二）

私は、すべての日本人は過去に目を閉ざしてはならず、歴史的事実をたえず「心に刻む」努力をすべきだと思っている。

（二）記憶し、記録し、保存し、伝達し、共有する

「非人間的行為を心に 刻む」とは、たんに歴史的事実を記憶するだけではなく、それを記録し、保存し、伝達し、最後は他者と共有することである。そして互いに協力し、新しい文化的価値を創り出していくことである。尹東柱についてもその生涯の事績をできるだけ正確に調査し、記録し、最後は皆で尹東柱がもたらす恵みを共有する必要がある。

（三）加害者であることの自覚

現在日本で使用されている高校国語教科書『精選 現代文B』（筑摩書房、二〇一三年検定）には、有名な詩人である茨木のり子によるエッセイ「空と風と星と詩」が載っている。その中に、編集者の注として次の言葉が一度載ったことがある。（現在は削除されている）

「優れた抒情詩人がその純粋さゆえに、政治のわなに陥って殺された例は、珍しくない。だが、加害者がかつての日本であったことが、私たちに痛苦を与え続ける。」

尹東柱こそ「政治のわなに陥って殺された」典型であるが、尹東柱の詩を読み、その生涯を学ぶことは、たとえ痛みを伴うものであっても、より良い未来をつくることにつながると思う。そのためにも、「加害者がかつての日本であった」ということを忘れてはならない、と私は思っている。

三、日本における尹東柱研究と尹東柱詩普及の歴史

日本において、尹東柱とその詩の研究と普及には小さいながらも約五〇年の歴史があり、多くの人によってさまざまな活動がなされてきた。その活動は、韓国における尹東柱研究が文学論中心であるのに比べ、二、三の特徴がある。

日本においては、これまで尹東柱の足跡を明らかにすることと、尹東柱詩の鑑賞とその普及が中心となってきた。またそれを担った者は、少数の朝鮮文学の研究者を除くと、大部分が尹東柱の生涯とその詩に感銘を受けた有名、無名の一般市民であった。そして、これら市民の活動は、詩碑建立などの顕彰活動と結びついている場合があった。またそこには、前途ある青年の命を奪った過去への反省と、その「償い」となること、そしてできうれば日韓の「和解」につながってほしい、という平和運動の要素も加わっている。

次に述べるように、日本においては、これまで尹東柱の足跡調査、翻訳詩集の刊行、国語教科書への採択、詩碑の建立、そして研究論文の発表など多くの活動があった。こ

のうち足跡調査には多くの成果が見られ、尹東柱研究における日本人の功績として評価されてよいと思われる。

(二) 尹東柱の日本での足跡を明らかにする活動

イ、「特高」による調書、裁判記録などの発掘

まず一九七四年に、尹東柱、宋夢奎などが逮捕された時の日本の特高（特別高等警察）による取り調べ調書が載った『特高月報』（内務省警保局保安課発行、一九四三年一二月分）が発見され、雑誌に発表された（宇治郷毅「抵抗の詩人尹東柱」『季刊　まだん』二号、一九七四年二月）。これが日本における尹東柱などの具体的活動が明らかになった最初である。調書は「在京都朝鮮人学生民族主義グループ事件策動概要」といい、逮捕理由は「治安維持法」違反である「朝鮮独立運動」であった。この『特高月報』は、尹一柱先生によって、韓国の月刊誌『文学思想』（一九七七年一二月号）に翻訳、紹介され、韓国で大きな話題になった。

同時に、宋夢奎に対する判決文も発掘（司法省刑事局発行『思想月報』一九四四年四～六月分）された。

この二つの資料の発掘によって、韓国および日本における尹東柱研究が本格的に始まったと言える。

ついで一九八二年四月、伊吹郷氏によって尹東柱に対する判決文（京都地方裁判所）が入手された。それは尹一柱氏によって翻訳され、『文学思想』（八二年一〇月号）に載った。

それによると、尹東柱の罪名は「治安維持法」第五条違反による「朝鮮独立運動」で、懲役二年（未決拘留日一二〇日を本刑に算入）であった。具体的な活動は、宋夢奎ら数人の朝鮮人学生と会合をもち、祖国と民族のおかれた状況について議論したにすぎないが、判決の中では、日本の朝鮮支配や民族差別への批判、朝鮮独立や民族文化の発揚の主張など一〇の〝罪状〟があげられている。

ロ、東京、京都、福岡における足跡

①学籍簿

尹東柱の立教大学および同志社大学における学籍簿と成績表は、尹一柱先生が一九七七年一〇月来日時に両大学より入手した。これにより両大学における受講科目と成績が判明した。この資料は、すぐ『文学思想』（一九七七・一二）に発表された。

②同志社大学留学時期の日本人学友の判明

一九九五年三月、NHKとKBSによる日韓共同制作のテレビドラマ「空と風と星と詩―尹東柱・日本統治下の青春と死」が製作された。この時、多胡吉郎NHKディレク

ターの取材により、尹東柱の同志社大学時期の学友が健在であることが判明した。日本人学友で実際の名前が判明したのは初めてであったので、貴重な出来事であったと言える。学友の名は、文学部文化学科英語英文学専攻の北島萬里子、森田ハル、森田善夫の三人であった。学友たちは尹東柱を「平沼東柱〈ひらぬま・とうちゅう〉」として記憶し、授業で同席したことなどを証言した。しかし尹東柱の本名（朝鮮名）と詩人であることは知らなかった。ここに当時の日朝の間の悲しい断絶があった。

③同志社大学の学友とのハイキング

一九四三年初夏（五月ごろか）、尹東柱は同志社大学の学友一〇人（そのうち女学生は二人）と宇治川「天ケ瀬吊橋」近辺にハイキングした。尹東柱の帰省の慰労を兼ねたもので、天ケ瀬吊橋で記念撮影し、河原で飯盒炊さんをして楽しんだ。尹東柱は「アリラン」を歌ったという。

その時の集合写真が北島萬里子氏によって提供された。これは、判明している限り尹東柱の日本留学時の唯一の貴重な写真である。この写真により、尹東柱にもひと時の安らぎの時があったことがわかった。

④福岡刑務所における尹東柱の死因の究明

尹東柱の福岡刑務所における死因については、これまで多くの人によりさまざまな調査がなされたが、現在のところ不明である。虐待による衰弱死、病死、餓死、毒殺など諸説があるが、死因を特定できる証拠は未発見である。いずれにしても尹東柱が死んだのは、日本官憲による不当な逮捕と警察署・刑務所内での過酷な処遇の結果であることは間違いない。

⑤残された課題―遺稿など

京都府警察下鴨署が尹東柱を逮捕した時の押収物には、日記、ノート、詩などの原稿、図書、手紙類、その他の所持品があったと推察されているが、現在に至るもすべて行方不明である。とくに日本滞在時に書いていたと推測される作品が未発見なのはまことに残念である。

ハ、尹東柱の故郷、中国（「旧満州・北間島」）での足跡を明らかにする活動

尹東柱の故郷（中国吉林省延辺朝鮮族自治州（旧満州・北間島）龍井市）での多くの事績が明らかになったのは、大村益夫（元早稲田大学教授、現名誉教授）氏の功績である。尹東柱の墓が、龍井市郊外にあることは分かっていたが、解放後は長い間放置され、未確認であった。その墓を、大村益夫氏は、「延辺大学」の教員たちの協力を得て、一九八五年五月一四日に発見した。この経緯は、大村益夫「尹東柱の事績について」（『朝鮮学報』一九八六．一〇）

に発表された。

以下の事項も、大村益夫氏の調査により発見された。

尹東柱墓碑銘の発見。

「光明中学校」学籍簿の発見。

尹東柱生家跡の発見。（建物は無くなっていたが、現在は復元されている）

尹東柱が通った学校である「和龍県立第一小学校」、「明東学校」、「恩真中学校」、「光明中学校」の跡地及び学校の写真発見。

龍井の家の跡地の発見。

尹東柱が通った教会である「明東教会」「東山キリスト教会」の現存を確認。

尹東柱の実弟尹光柱の事績を明らかにした。（光柱は、詩人であったこと、不遇な人生を送ったことなど判明した。）

（二）日本における尹東柱翻訳詩集の刊行

イ、尹東柱には一二四編の詩や散文があるが、そのうち日本で翻訳された最初のものは、許南麒訳編『朝鮮詩選』（青木書店、一九五五年八月）中の「悲しい同族」の一編であった。日本人の目に触れた記念すべき最初の尹東柱の作品である。

ロ、その後、尹東柱詩集の翻訳が多くの人によって試みられた。最初に出たのは、磯林和満・鄭昌憲共訳『尹東柱詩集　空と風と星と詩』（大阪文学学校、一九八一年四月、部分訳（二四編）である。これは記念すべきものであったが、あまり普及することはなかった。

ハ、次に出たのは、完訳として刊行された尹一柱篇、伊吹郷訳『空と風と星と詩　尹東柱全詩集』（記録社、一九八四年）である。これは画期的なもので、日本における尹東柱研究と普及に大きく貢献した。しかし、一九九五年に伊吹郷訳「序詩」に誤訳があるという指摘がまず日本で、続いて韓国で起こった。伊吹郷訳に対する批判は刊行直後からあったが、一九九五年に同志社大学の詩碑建立の際、伊吹郷訳「序詩」が刻まれたことが契機になって批判が表面化した。この事件は、翻訳のための語彙などの翻訳表現の違いを越えて、尹東柱詩の内容理解に関わるものとして、現在まで深刻な論争が続いている。

二、以後、二〇一五年に上野都による完訳が出ている。部分訳としては、森田進訳（二八編、一九九五年、二〇〇八年）、尹東柱詩碑建立委員会訳（一七編、一九九七年）、上野潤訳（三五篇、一九九八年）、金時鐘訳（三七編、二〇〇四年）が刊行されている。これだけ多くの翻訳が試みられたのは日本だけの特殊な現象と思われる。その理由は、伊吹郷訳に満足できない者が多いということが一因であるが、同時にそれだけ尹東柱が日本で関心をもたれ、尹東柱の真の心に近づきたいという日本人が多くいることの証明でもある。

（三）尹東柱詩の日本の国語教科書への掲載

有名な詩人である茨木のり子の随想「空と風と星と詩」が、一九九〇年に日本の高校国語教科書『新編現代文』（筑摩書房、一九九〇年）に初めて掲載された。韓国の文学作品が日本の教科書に載った最初であり、日本の教育事情を考えると画期的な出来事であった。文部省の教科書検定の合格に当たっては、筑摩書房の国語編集長・野上龍彦氏の努力が大きかった。この教科書は、一九九〇年代当初では全国の高校一四六校、約四万六千人の生徒が使用、一〇年前の調査では、全国の高校一六〇校、約六万人の生徒が使用している。この随想「空と風と星と詩」については、実際の授業の実践報告もある。

筑摩書房版の高校国語教科書は、日本の全高校数四，九〇〇校中の三％が使用しているに過ぎないが、長い時間の経過で見ると大きな教育的影響をもつであろう。日本には、「戦争は教室から始まる」という言葉がある。とすれば、尹東柱を学ぶことによって、「教室は平和を生み出す場所」ともなりえるであろう。

（四）日本における尹東柱詩碑の建立

現在日本には、京都に三つの尹東柱詩碑が建てられている。尹東柱にとっての京都での学びの場（同志社大学）、住居した場（京都造形芸術大学）、学友と遊んだ場（宇治市）の三ヶ所である。

それぞれの碑には、〝反省と国際親善〟（同志社大学）、〝留魂〟（京都造形芸術大学）、〝記憶と和解〟（宇治市）の意味がこめられている。

イ、同志社大学の尹東柱詩碑〝反省と国際親善の碑〟

一九九五年二月一六日、日本における最初の尹東柱詩碑が同志社大学今出川校地に建立された。除幕式には、金錫得延世大学校副総長、遺族代表尹仁石成均館大学校教授ら多数が参列した。詩碑には、詩「序詩」がハングルと日本語（伊吹郷訳）で刻まれた。

この詩碑建立は、同志社校友会コリアクラブが中心となって結成された「尹東柱詩碑建立委員会」（私もその代表世話人の一人）によって推進された。その目的は、尹東柱没後五〇周忌のための追悼、鎮魂、顕彰にあった。その特徴は、第一は国籍、民族、宗教、信条の違いを越えて、同志社大学卒業の在日のコリアン（韓国籍・北朝鮮籍の人々）および日本人有志による幅広い賛同者が参加したこと、第二は日韓・日朝および世界の国際平和、親善友好、人間の尊重を目指している点にある。

大学側は、戦前軍国主義と植民地主義を推進した政府と軍部の統制と干渉に妥協したことの反省に立って、尹東柱の生き方と詩精神が大学の建学精神（キリスト教主義、自由主義、国際主義）に合致するものと認め、建立を決意した。

ロ、京都造形芸術大学の尹東柱詩碑　〝留魂の碑〟

二〇〇六年六月二三日、京都造形芸術大学高原校舎に、尹東柱詩碑が建立された。ここは尹東柱が下宿生活をしていたアパートの跡である（京都市左京区田中高原町二七、「武田アパート」）。ここで尹東柱は思索と読書と詩作に没頭し、また友人と語らった思い出深いところである。除幕式には、韓国から鄭暢泳延世大学校総長、朴彦坤弘益大学校教授、オーストラリア・シドニーから尹東柱の実妹尹恵媛氏など多数が参列した。

碑は「留魂の碑」と「詩碑」の二つから成る。「留魂の碑」は、祖国の独立と世界の平和を願った尹東柱の詩魂を顕彰し、下宿跡地を尹東柱の魂が留まる場として記念したものである。「詩碑」には、伊吹郷訳「序詩」が刻まれている。

ハ、宇治市の尹東柱詩碑　〝記憶と和解の碑〟

二〇一七年一〇月二八日、宇治市志津川仙郷谷地先の宇治川河畔に、京都在住の有志で組織された「詩人尹東柱記念碑建立委員会」により詩碑が建立された。尹東柱が一九四三年初夏、同志社大学の学友とハイキングした「天ケ瀬吊橋」の近くである。二〇〇四年一一月、国連総会で五月八日、九日を「第二次大戦中に命を失った人々への追悼と和解の日」とすることが宣言された。「詩人尹東柱記念碑建立委員会」は、「この決議を尊重し、自己実現の道を閉ざされた詩人尹東柱が生きた証を未来に伝えるため」詩碑を建立したのである。この意味で詩碑を〝記憶と和解の碑〟と名付け、尹東柱の詩「新しい道」をハングルと日本語で刻んでいる。

（五）尹東柱について書かれたもの

イ、図書に収録された尹東柱論

尹東柱についての最初の翻訳論文は、金允植著『傷痕と克服』（大村益夫訳、朝日新聞社、一九七五年七月）中の「暗闇のなかにはぐくむ思想―尹東柱」である。以後、私が確認できた研究論文・エッセイは、翻訳を含め日本人、在日韓国・朝鮮人による論文が三四冊の図書に収録されている。

ロ、小冊子に収録された尹東柱論

主に日本各地で活動している尹東柱の研究会などにより発行された小冊子（パンフット）が現在まで約二〇冊発行され、多くのエッセイが収録されている。

ハ、尹東柱についての論文・エッセイ

尹東柱についての在日韓国人による最初のエッセイは、張宰誠「韓国民族詩人尹東柱―その資料を求めつつ」（『教育と医学』一七巻六号、一九六九年六月）である。また、日本人による最初のエッセイは、宇治郷毅「抵抗の詩人尹東柱」（『季刊まだん』第二号、一九七四年二月）である。以後、約六三編の論文、エッセイが発表されている。

二、尹東柱についての新聞記事

一九七〇年以降、約七〇編の記事が全国各地の新聞に掲載されている。

四、私の尹東柱論

（一）日本における尹東柱理解の流れ

一九七〇年代以降現在まで、尹東柱については、大きく分けて「抵抗詩人」、「民族詩人」、「抒情詩人」、「キリスト教詩人」という四つの理解がなされてきた。また、「抵抗の民族詩人」「キリスト教精神の抒情詩人」というような複合的な理解もある。そして、すべての論者に共通しているのは、尹東柱詩の特徴として「抒情性」を認めていることである。またこの他に、「抗日詩人」「国民詩人」「青春の詩人」、「魂の詩人」、「悲劇の詩人」、「予言の詩人」「空と風と星の詩人」、「よみがえる詩人」「闇の時代を耐えた詩人」などさまざまな呼ばれ方をしている。このことは、尹東柱とその詩が多様な要素を持っていることを示していて、どれも詩人の一面を捉えたもので、誤りではない。

しかし、最近尹東柱理解の上で新しい動きが起こっている。それは、少数ではあるが、尹東柱を歴史状況（日本帝国主義支配など）、社会状況（植民地支配からくる差別や貧困など）、個人状況（政治活動、死因など）から切り離して理解すべきだという主張である。この論者は、尹東柱の詩はあくまで詩それ自体として純粋に理解すべきでもので、植民地主義や民族主義などという政治的・道徳的立場とは別次元のものだ、という主張である。私は、このような理解の仕方は誤りであると思っている。

（二）私の見た尹東柱

イ、尹東柱は、「清冽な抒情精神をもった殉節の民族詩人」である

私は、長年尹東柱の詩の魅力にとりつかれ、この詩人の

本質は何かと考えてきた。尹東柱ほど韓国を始め多くの国で愛されている詩人もめずらしく、また多くの研究成果のある詩人もまれである。しかもその見方は人によりかなり異なっている。私のみるところ、尹東柱は一言でいうと、「清冽な抒情精神をもった殉節の民族詩人」である。

その理由は、まず尹東柱は自らを「詩人」であるという強い自覚をもっていたことだ。彼は、詩人として祖国と民族の運命に参与しようとしたのだ。次に尹東柱は民族詩人でありたいと願っていた。この場合の「民族」は、朝鮮民族全体（韓国・北朝鮮の朝鮮族、中国の朝鮮族、世界各国の朝鮮族）を意味している。彼は死の直前まで、日本帝国主義下の朝鮮と日本で、民族精神の根源である朝鮮語とハングルを守護しようとした。尹東柱の生涯は短かったが、それは殉節（抵抗）の生涯であった。この殉節には、朝鮮民族と運命をともにすることと、キリスト者として神の前で最後まで恥ずかしくない生き方をしたい、という意味を含んでいた。

日本統治末期（「暗黒期」とよばれる）に大部分の朝鮮人文学者が変節し、日本語による「親日文学」「皇道派文学（日本と天皇をあがめる文学）」になびいていく時、尹東柱は日本統治に服従することなく、祖国と民族の運命に心を寄せながら、良心をつらぬいた民族詩人であり、最後までハングルで民族の心を歌った抵抗詩人であった。その詩は、現実からくる苦悩に深く彩られているが、同胞や小さなものへの愛情、清冽な詩情、高い倫理感に満ちた抒情詩である。

ロ、尹東柱の詩は「抵抗詩」である

私は、四〇年前「抵抗の詩人　尹東柱」（一九七四年）という文章を書いたことがある。その時、ある人から「尹東柱は抒情詩人であって、抵抗詩人ではない」という批判を受けた。これはその人と「抵抗」の意味理解が違っていたためであった。尹東柱の詩が「抵抗詩」であるかどうかについては韓国でも日本でも論争があるが、私は今でも尹東柱はすぐれた抵抗詩人であると思っている。

「抵抗」には、二つの型がある。第一は、対象である敵に対し政治的、社会的活動などの社会参与を通じて反抗する「直接的抵抗」である。一般に言われる抵抗はこの意味である。第二は、その敵に社会的参与による反抗はしないが、その敵の要求を拒否して、さらにその敵がもっとも憎む思想を堅持し、なんらかの形で表現する「間接的抵抗」の形である。日本統治期の詩人で言えば、前者には韓龍雲、李陸史、李相和などがいた。尹東柱は後者であるが、韓国文学史では稀有なケースであると思える。

尹東柱の詩は、内省的で一見軟弱に見える。詩の中に直接的な時局批判や反日的表現も皆無である。それゆえ一般的意味での「抵抗詩」と認めない人がいる。一方、尹東柱の詩が抵抗詩であるという人の多くは、尹東柱が民族意識を強くもっていたこと、またハングルで詩を書いたことにその根拠をもとめている。しかしこれは尹東柱の詩が抵抗詩であることの副次的な理由であって、尹東柱の詩が抵抗詩であることの本質は詩精神そのものの抵抗性にある。

尹東柱の詩精神は、強靭であり、権力に束縛されない自由と人間愛に満ちている。これは人間の尊厳性を蹂躙（じゅうりん）し、「非人間性」を強要する日本帝国主義からもっとも遠い存在である。尹東柱はあの暗黒期に、純粋の魂を維持して日本帝国主義と対峙した。これは、日本帝国主義にとっては直接的な反抗以上に恐ろしいことであった。尹東柱は延禧専門学校卒業時に自選詩集「空と風と星と詩」を出版しようとしたが、内容上問題があるとして恩師に止められ断念した経緯がある。また、官憲は尹東柱を逮捕した時、「英雄主義」と言って批判、侮蔑したという。官憲にとっては、尹東柱の純粋で孤高の精神はもっとも憎むべき存在であり、許すことのできない存在であったのだ。以上の意味で、尹東柱は抵抗詩人であり、その詩は抵抗詩であるといえる。

ハ、私が見た尹東柱詩の世界

韓国と同じく日本でも、さまざまな尹東柱論がある。またその分析の仕方も、尹東柱詩の内容の変遷を時期的に区分して論じるものと、尹東柱の詩の中にキリスト教精神や西欧の文学・思想などの影響を見出してそれを中心に論ずる人もいる。しかし尹東柱の詩には、どの時期にもさまざまな「詩情」が複雑に混ざっているので明確な区分や特徴づけは難しい。

また尹東柱の詩は、初期の童詩を除くと「暗喩（隠喩）」が多いのが特徴である。これは尹東柱が自分の思想を官憲の目から隠すためにとった方法ではない。そうではなく、暗喩は尹東柱詩にとってはもっとも重要な表現形式で、これがあるために尹東柱詩は抒情詩となっている。尹東柱詩は、初期の童詩では自然や弱小な動物などへの情感を直接的に吐露したものが多いが、延禧専門学校入学以降の詩には情感が直接的に表現されるよりは、その情感を近代的な物事に仮託し、抒情として表出された詩が大部分である。ここに尹東柱の詩が現代的抒情詩となった根拠がある。また尹東柱の詩は、ほとんどが時代状況との葛藤の中から生まれ、以下のようなさまざまな詩情が複雑に内在しているのも特徴である。

①喪失感、不在感、閉塞感からくる孤独感、悲哀感

これは尹東柱における亡国と故郷喪失のディアスポラ（放浪者）という意識に起因している。

その詩情は、詩「悲哀」（一九三七．一八）、詩「道」（一九四一．九．三一）、詩「明日はない」（一九三四．一二．二四）、詩「恐ろしい時間」（一九四一．二．七）、詩「雪降る地図」（一九四一．三．一二）などに強く表出している。

②被害者意識、被差別意識からくる自己憐憫、贖罪意識

この詩情は、祖国と自民族が抑圧されているという意識に起因している

それは、詩「病院」（一九四〇．一二）、詩「帰ってみる夜」（一九四一．六）、詩「街で」（一九三五．一．一八）、詩「流れる街」（一九四二．五．一二）、詩「いとしい追憶」（一九四二．五．一三）などに強く表出している。

③恥意識

尹東柱の恥意識は、日帝下に呻吟する祖国の現実の中で自分が良心的な人生を十分に生ききれていないという意識に起因している

それは、詩「懺悔録」（一九四一．一．二四）、詩「序詩」（一九四一．一一．二〇）、詩「たやすく書かれた詩」（一九四二．六．三）、詩「星を数える夜」（一九四一．一一．五）などに強く表出している。

④復活（再生）願望、解放願望、救済願望、平和願望

尹東柱の詩精神には、祖国の光復、民衆の解放の願いとともに、自己の救済への願望が強く内在している。それは祖国の平和、世界の平和そして自分の心の平安への願いにつながっている。

それは、詩「星を数える夜」（一九四一．一一．五）、詩「たやすく書かれた詩」（一九四二．六．三）、詩「日を閉じて行く」（一九四一．五．三一）、詩「流れる街」（一九四二．五．一二）などに強く表出している。

⑤自然への憧憬と弱小なものへの人間愛

尹東柱の詩には、自然への憧憬とキリスト教信仰からくる隣人愛、同胞愛がある。とくに初期の童謡（三二編）には童心があふれ、子ども、動物、草花などへの愛があふれている。延禧専門学校入学以後の詩には、空、星、風などの天体に関する言葉が頻出する。また苦境にある同胞や社会的に虐げられている者への愛が表出している。

それは、詩「夜」（一九三七．三）、散文「花園に花が咲く」（年不明）、詩「弟の印象画」（一九三八．一〇．一七）、詩「市」（一九三七春）、詩「悲しい同族」（一九三八．九）、詩「序詞」（一九四一．一一．二〇）などに強く表出している。

⑥求道精神、殉教精神

尹東柱の詩には、神の前では純潔でありたい、また祖国と民族の救済のために一身をささげたいという強い求道精神がある。それは殉教精神にも通じている。それは、詩「十字架」（一九四一．五．三一）、詩「序詩」（一九四一．一一．二〇）、詩「新しい道」（一九三八．五．一〇）、詩「道」（一九四一．九．三〇）などに強く表出している。

五、おわりに―多文化共生の時代を生きる―

（一）私が敬愛する雨森芳洲、魯迅そして尹東柱―

現在世界は、グローバルの時代であり、さまざまな国の人々が国境を越えて行きかい、それにともない多様な文化が交流しあっている。そのために求められるのは、「多文化共生」の思想であり、実践である。

しかし一方で、世界には、異文化を排除し、社会的弱者を切り捨てて自己の利益のみを追求する偏狭な思想と行動が蔓延している。これは人類が多大な犠牲をはらって獲得した自由、平等、博愛、人権、平和、民主主義といった普遍的価値を毀損（きそん）するものである。

このような情況を憂慮するとき、私がいつも思い出すのは敬愛する雨森芳洲（あめのもり・ほうしゅう、一六六八～一七五五）、魯迅（ろじん、一八八一～一九三六）そして尹東柱の三人である。これらの人物は、生きた時代、果たした役割はそれぞれ違うけれども、生き方において共通しているものがある。それは、彼らはそれぞれのやり方で、自己の文化と同じほど異文化を尊重し、共生の道を探求した生涯であった点だ。彼らは、今日の世界でもっとも求められている「多文化共生」の先駆者であったと言えよう。

雨森芳洲は、朝鮮王朝時代（日本では徳川時代）に日本の対朝鮮外交を担った儒学者であり、外交官であった。彼は、一七〇〇年代はじめ二度にわたり「朝鮮通信使」を日本に迎え、たんなる応接をこえて、朝鮮側の使節と深い厚誼を結んでいる。またプサンにあった日本側の外交施設「草梁倭館」（現在の龍頭山公園の一角）に住み、朝鮮語を学び、外交にもたずさわった。ここでも朝鮮側役人と深い交流をしている。彼は有名な著書『交隣提醒』（こうりんていせい）（一七二八）の中で、「相手をよく知り、互いに違いを認め合う」ことの重要性を強調している。これは、相手の国の歴史・風土・考え方・習慣・人情・作法をよく理解し、お互いに尊重し合って、交際すべきだということである。また彼のもっとも有名な言葉に「誠信（せいしん）の交わり」というのがある。これは国同士の交際の仕方について述べたもので、〝互いに欺（あざむ）かず、争わず、真実をもって交わる〟という意味である。この言葉は、国と国との間だけでなく、個人的な交際においてもあてはまるものであろう。

魯迅は、近代中國で最も有名な小説家であるが、尹東柱とは四〇年ほど世代が違っている。しかしともに日本への留学体験があること、文学者であること、民族の精神的復興のために生涯を捧げた点が共通している。魯迅は、祖国の独立のためには自国の文化の復興と民衆の心の啓蒙がまず必要と考えた。そのことを自ら厳しい自己洞察と自己鍛錬を通じて文学の形で民衆の前に提示した。魯迅の小説「故郷」は、現在日本の中学校国語教科書にも採用されている。その中で私が一番感銘を受けた言葉は次のものだ。

「思うに、希望とは、もともとあるものだともいえぬし、ないものだともいえない。それは地上の道のようなものである。もともと地上には道はない。歩く人が多くなれば、それが道になるのだ。」

魯迅の言う「道」は、他者と共有しながら未来を切り開くことを意味している。私は、多文化共生を実践した雨森芳洲、魯迅、尹東柱に学び、彼らが歩んだ道の後を歩いていきたいと思っている。

(二) 尹東柱につながる人びと

現在日本には、尹東柱を研究し、詩を愛読するグループが各地に存在している。中でも、「京都・尹東柱を偲ぶ会」(一九九一年四月~)「福岡・尹東柱の詩を読む会」(一九九四年一二月~)、「尹東柱の故郷をたずねる会」(一九九九年四月~)、「詩人尹東柱を偲ぶ京都の会(詩人尹東柱記念碑建立委員会に改名)」(二〇〇二年五月~)、「詩人尹東柱を記念する立教の会」(二〇〇八~)が、長期にわたり活発な活動を展開している。主な活動は、定期的に行う尹東柱詩の朗読会、研究会、公開講演会、尹東柱の命日に合わせた追悼記念会、尹東柱に関する寸劇・音楽祭、国内関係地の見学、韓国・中国の尹東柱関係地を巡る旅、機関誌の発行などである。

各地の研究会では、自ら活動するだけでなく、韓国から多くの市民、学生、文学関係者などを招き、交流を深めている。文学関係者では、これまで金宇鐘氏、高銀氏、宋友恵氏などが招かれている。これらは地道で小さな活動ではあるが、尹東柱を通じて、日韓の交流が少しずつ深まっていることを示している。

また交流について特筆すべきは、京都にある三つの詩碑の訪問者が大変多いことである。とくに韓国からの訪問者が多い。なかでも同志社大学の詩碑はもっとも有名で、訪

問者は年間一万人に達するほどである。私は同志社大学に在籍していた時、韓国からの多くの訪問者に出会った。そしてこの方たちの尹東柱を敬慕する姿を見て深い感銘を受けたものである。

これまで尹東柱の詩集は多くの国で翻訳され、その詩精神は国境、民族、思想の違いを越えて、世界の人々の和解と共生を生み出す力となっている。私は、尹東柱がさらに世界中の人々から愛され、その詩集が世界文学の一つとなることを願っている。

これでつたない報告を終わります。ご清聴有難うございました。

本稿は、第七回「プサン国際文学祭」（韓国釜山市プサン芸術会館）において、二〇一八年六月二一日に発表した内容に若干の修正を加えたものである。

〈参考文献〉

許南麒編訳『朝鮮詩選』青木書店、一九五五
金允植著、大村益夫訳『傷痕と克服』朝日新聞社、一九七五
尹一柱編、伊吹郷訳『空と風と星と詩』影書房、一九八四（第二版二〇〇二）
『荒れ野の四〇年　ヴァイツゼッカー大統領演説』岩波書店、一九八六
尹東柱詩碑建立委員会編『星うたう詩人　尹東柱の詩と研究』三五館、一九九七
大村益夫『朝鮮近代文学と日本』緑陰書房、二〇〇三
金時鐘『わが生と詩』岩波書店、二〇〇四
日本キリスト教団出版局編『新版　死ぬまで天を仰ぎ　キリスト者詩人・尹東柱』二〇〇八
宋友恵著、愛沢革訳『空と風と星の詩人　尹東柱評伝』藤原書店、二〇〇九
権寧珉編著、田尻浩幸訳『韓国近現代文学事典』明石書店、二〇一二
徐勝、小倉紀蔵編『言葉のなかの日韓関係　教育・翻訳通訳・生活』明石書店、二〇一三

宇治郷毅（うじごう・つよし）

一九四三年岡山県倉敷市生まれ。同志社大学法学部卒。元国立国会図書館副館長、元同志社大学社会学部教授。専門は図書館情報学及び韓国、台湾の教育、文学。韓国文学では近現代の詩人、とくに尹東柱研究を専攻した。著書に、『詩人尹東柱への旅』緑蔭書房二〇〇二年、『石坂荘作の教育事業』晃洋書房、二〇一三年がある。

特別掲載

リデル司教(Mgr Ridel)の釈放問題について

宮崎善信

はじめに

朝鮮カトリック教会第六代教区長リデル(Félix-Clair Ridel)司教(司教在位一八六九年~一八八四年)の釈放は、朝鮮カトリック教会史上、フランス人宣教師が処刑されることなく解放された最初の事例でありながら、どのような経緯で釈放されたのか詳細が明らかにされているとは言えない。[1]

本稿では、朝鮮のカトリック宣教を担ったパリ外国宣教会の宣教師たちの書簡類のほか、自国民であるフランス人宣教師の救済のために動いた駐清フランス公使や駐日フランス公使らの記録等を援用しながらリデル司教の釈放をめぐる経緯を解明する。この過程で清仏、朝清、日仏、日朝間で行われた外交折衝が明らかになるだろう。また、当時、フランスと国交のなかった朝鮮でフランス人宣教師が活動することをめぐってフランス国家と教会との間に生じた葛藤、対立関係も合わせて論じたい。

一．リデル司教の逮捕・収監と釈放

(一)リデル司教の朝鮮再入国

朝鮮カトリック教会は一八六六年(高宗三年)、興宣大院君が始めた大々的な弾圧(丙寅迫害)により壊滅的な打撃を被り、当時、朝鮮教区を担っていたパリ外国宣教会(Société des Missions Étrangères de Paris)の宣教師十二名のうち九名(司教二名)が殉教し、リデル神父ら残る三名は中国へ逃れた。その後、朝鮮教会は一八六八年一二月、満州(Mandchourie)教区のベロール(Emmanuel Verrolles)司教より遼東半島の岔溝聖堂の管理を任され、当地の中国人信者の司牧にあたりながら本来の布教地である朝鮮へ海路を通じて入国の試みを続けた。[2] リデル神父は、一八六九年四月二七日、教皇庁によって司教に任命され、それまで空位となっていた朝鮮教区長に就任して朝鮮教会を主導していくことになった。

そうした中、朝鮮国内では大きな政治的変動が起こっていた。それまで天主教に対して厳しい姿勢で臨んできた大院君が下野し、高宗が親政するにいたったのである。この動きにリデルは大きな期待を寄せ、この機会に高宗に対して朝鮮での信教の自由を求める陳情書を伝達する計画を立てた。そこで、朝貢使として北京にやって来る朝鮮使節団に陳情書を託そうと考え、これを駐清フランス公使ジョフロワ（Louis de Geofroy）に相談したところ、公使も賛同した。[3] ところが、ジョフロワ公使やリデル司教の期待通りにはいかなかった。ジョフロワ公使によれば、総理各国事務衙門（以下、「総理衙門」）が公使に対し、禮部が引き受けなかったと伝えた。禮部は一八七一年にもアメリカ公使館から似たような要請があったが、応じなかったという。それでその前例に従ったということだった。[4]

さて、岔溝に滞在しながら朝鮮への再入国の機会をうかがっていたリデル司教は、一八七五年九月にブラン（Marie-Jean-Gustave Blanc）神父と決行したが果たせず、[5] あらためて朝鮮再入国に乗り出そうとしていた時、日朝修好条規締結を知った。それからほどなく、一八七六年五月、リデル司教は、ブラン神父、ドゥゲット（Victor-Marie Deguette）神父と共に海路を通じて朝鮮密入国に成功した。丙寅迫害で国内から宣教師がいなくなって十年後のことである。

丙寅迫害のため朝鮮を脱出したリデル神父と朝鮮人信者たち（一八六六年八月）。上海で撮影。（韓国教会史研究所提供）

ところが、三人の宣教師を迎えた朝鮮人信者たちはリデル司教に対し、「江華島条約の締結によって、いずれ日本を通じても再入国できるだろうから、中国に残って朝鮮における信教の自由獲得のために努力してほしい」と要請した。ブラン、ドゥゲット両神父とも協議した結果、ブラン、ドゥゲットは朝鮮に留まり、リデル司教は岔溝に戻ることになった。[6]

岔溝に戻ったリデル司教は、早速日本を通じた入国方法の模索に着手したが、実際に日本人以外の外国人、特に欧米人が開港場に入ることは不可能であった。とりわけ朝鮮側は欧米人が日本船に乗って開港場に入ってくることを警戒し、日朝条約締結交渉の最終段階で日本側に強く提起していた[7]。このことから朝鮮政府はキリスト教の浸透に極めて強い危機感をもっており、外国人宣教師が開港場に入り込むことに神経をとがらせていたことがうかがえる。これは、それまでフランス人宣教師が過去四十年近くにわたって中朝国境の陸路や海路を通じて密入国を行ってきた事実や、リデルらのように当時まさに潜入を試みていたことを踏まえれば当然の対応といえよう。

開港場を通じての朝鮮入国が不可能であることを悟ったリデル司教は、あらためて朝鮮入国計画を立て、一八七七年九月、パリから新たに派遣されてきた二名の宣教師、ドゥセ（Camille Eugène Doucet）神父とロベール（Achille Paul Robert）神父と共に再び海路で朝鮮に入国することができた。朝鮮国内では、ブラン神父とドゥゲット神父が弾圧によって打撃を被った教会の再建に取り組んでいた。丙寅迫害直前までは信者数が二万五千を数えていたが、約八千人が殉教や逃亡に伴う飢餓や病気などで命を落としたと推定される。ブラン神父は迫害を逃れるために四方に散り散りになった信者たちと連絡をとり、信者の共同体を築いていこうと努めた。

ところで、リデルが一八七七年九月に朝鮮に再入国するまで、中国におけるフランス政府代表である駐清フランス公使モンモラン（Brenier de Montmorand）との間でフランス人宣教師の朝鮮入国や滞在をめぐって意見の対立があった。モンモラン公使は朝鮮再入国を目指すリデル司教に対し、フランスと国交のない朝鮮でフランス人宣教師が捕えられるなどの問題が発生したらフランス政府として対処が難しいと指摘し、朝鮮行きを慎むよう忠告していた。また、同時に、既に朝鮮に入国しているブラン、ドゥゲット両神父を朝鮮から中国に戻すよう要請した。これに対してリデルは朝鮮宣教の責任者としての使命を果たすとして、モンモランの要請を拒み、そのうえで朝鮮に入ったのである。以上の経緯については次章で詳しく言及することとする。

さて、モンモラン公使の再三にわたる要請を押し切って朝鮮入国を果たしたリデル司教であったが、不幸にもモンモラン公使の懸念が的中してしまった。リデルは翌一八七八年一月二八日、官憲に捕えられ収監されてしまう。入国してからわずか数ヶ月後のことであった。朝鮮国内の宣教師たちの書簡などを届けるために岔溝に向かっていた朝鮮人密使が中朝国境で官憲に不審に思われ訊問された結果、リデルら宣教師の存在を自白してしまったのである。リデル司教逮捕、収監の報を受け、朝鮮国外にいた宣教師たちは司教釈放のため奔走することになるが、ここで注目すべきは情報の伝達ルートが少なくとも二つあったと考えられることである。ひとつは、朝鮮国内の宣教師から岔溝の宣教師に伝わったルートで、これは従来の中朝国境を通る邊門ルートである。情報を受け取った岔溝のリシャール（Pierre-Eugène Richard）は急ぎ駐清フランス公使モンモランに連絡し、リデルの釈放のために協力を要請することになる。もうひとつの情報伝達ルートは、釜山の日本公館が何らかのかたちで情報を入手し、本省に伝えたルートである。釜山から情報を入手した寺島宗則外務卿は駐日フランス公使ジョフロワに直接伝え、自らリデル釈放のため朝鮮政府に働きかけることになった。以下に、リデルの釈放をめぐる清国ならびに日本における動きの概略を記す。

（二）釈放をめぐる清国における取り組み

リデルの逮捕・収監はブラン神父の知るところとなり、岔溝のリシャール神父に告げている。[8]ブランは書簡で、邊門で密使らが捕まって朝鮮国内に五人の宣教師がいることが当局に知られたこと、リデル司教が一月二八日に逮捕され、投獄されたことを伝えるとともに、北京のドゥラプラス（Louis Gabriel Delaplace）司教とモンモラン公使に伝えるように指示した。また、同書簡に約一か月後に追加した内容として、リデルは獄中にあるものの、ひどい扱いは受けておらず、他の四人の宣教師に対する逮捕令も出されていないと告げている。リシャールはこれらの情報を四月二一日に受け取っている。リシャールはすぐさま各方面に書簡を送り、リデル司教の釈放のため行動するよう呼びかけた。北京のフランス公使館モンモラン公使にもリデル司教の逮捕・収監を知らせ、釈放のための外交的働きかけを要請した。[9]

一方、モンモラン公使はリシャール神父の書簡を遅くとも五月九日までには受けとり、パリ本省にリデル司教が朝鮮で逮捕・収監されたこと、その救命のためにリシャールから協力要請を受けていることを報告している。[10]モンモランは五月一一日、総理衙門を訪れてリデル司教の釈放のため協力を要請した。総理衙門はモンモランの予想に反してリデル司教の解放のために可能なあらゆる働きかけを朝鮮王に対して行うと約束してくれた。[11]そこでモンモランは総理衙門に正式に文書を提出し協力を要請したが、[12]その中で、朝鮮にいる全ての宣教師が中国に戻ってくるのに必要な旅費を全額支払うつもりでいること、そして朝鮮にいる全ての宣教師が無事に戻ってきたら直ちにフランスへ送り返すだろうと記している。つまり、リデルだけでなく、朝鮮にいる全ての宣教師をフランス本国に送り返すと明言しているのである。

モンモラン公使の文書での要請を受け、総理衙門は五月一六日、宮廷でモンモランの要望、すなわちリデルの釈放のために禮部から公式に朝鮮国王（高宗）宛てに書簡を送っていただきたい旨を上奏したところ、皇帝から了承を得ることができた。そこで総理衙門は禮部に対して措置を取るよう依頼したが、禮部からは、リデル問題を解決するために朝鮮王宛ての書簡を携えた急使がすでに出発したとの回答があったという。[13] 高宗は清国政府の介入の正当性を認めてリデル司教を釈放した。[14] リデルは六月一一日にソウルの監獄から出て清国に向かった。モンモランは、岔溝のリシャールに書簡を送り、リシャールからリデルの救済を要請する書簡を受け取ってから総理衙門と折衝し、その結果清国政府が朝鮮政府に働きかけてリデルが釈放されることになった経緯を伝えた。[15] リデルは岔溝でこれを読んで初めて事件の解決過程を知り、モンモランに感謝の意を伝えたが、同時に、再び朝鮮に行かないようにとの要請には賛同しないと明確に伝えた。[16]

遼東半島南側海岸の岔溝にあった聖堂。聖母雪地殿（Notre-Dame des Neiges）とも呼ばれた。（韓国教会史研究所提供）

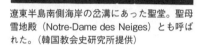

リデル釈放については、ブランが、朝鮮における信教の自由を実現する第一歩であり、未来のための担保になると[17]評しているように、朝鮮カトリック教会にとっては将来への大きな期待をいだかせるものとなった。同時に、清の朝鮮に対する影響力の大きさを認識させられた。リデルらはその後も朝鮮における信教の自由のために、また、朝鮮における信教の自由の獲得につながるとの期待からフランスをはじめとする欧米諸国の朝鮮との国交樹立のために、清の朝鮮に対する影響力行使に期待を持ち続けるのである。

(三) 釈放をめぐる日本における取り組み

前節ではリデルの釈放をめぐる清国での動きを概観したが、同じ時期に日本においても駐日フランス公使館や日本政府の取り組みが見られた。

まず、リデル司教の逮捕の発端となった朝鮮人密使の逮捕につき、当時、岔溝にいたコスト（Eugène-Jean-Georges

Coste）神父は日本北緯代牧区のオズーフ（Pierre Osouf）司教に書簡を送り、リデル司教の逮捕がさし迫っていることを伝えた[18]。

また、オズーフ司教は釜山の日本公館から入った情報についても記している。

今夜（筆者註：四月一五日）、エブラール（Félix Evrard）（筆者註：日本派遣のパリ外国宣教会宣教師。当時、駐日フランス公使館で通訳官として勤務）が私に教えてくれたのですが、エブラールが今日、公使館で、「日本政府が朝鮮で複数のフランス人宣教師が殺害されたとの情報を得た」という話を聞いたそうです。それでエブラールは事の真偽を確認するために日本外務省を訪ねました。先方の答えは、「確かに釜山の公館から入手したもので、二人、あるいは全てのフランス人宣教師が首都で処刑された」というものでした[19]。

オズーフ司教は、コスト神父からの情報とエブラール神父からの情報、つまり岔溝の同僚たちに朝鮮人信者の連絡員が伝えた情報と釜山の日本公館からの情報とによって、朝鮮教会に悲劇が起こっていることはほとんど疑いの余地がないと確信した[20]。

ところで、日本公館が入手した情報はかなり不正確で、特に宣教師が殺害されたというのは誤りである。したがって日本公館の情報源が何だったのかが問題になるが、今のところ特定できない。想像の域を出ないが、朝鮮人の信者で、日本公館関係者とつながりがある者が、自分が伝え聞いた情報をそのまま伝えた可能性が考えられる。しかし、当時のオズーフにとっては真偽の程を確認するすべがなかったのはいうまでもなく、ましてや先にコストからリデル司教の逮捕の危険性につき情報を得ていたので、これら二つの情報が矛盾なく結びついたのである。

ところで、オズーフがエブラールから入手した情報は、そもそも寺島宗則外務卿が駐日フランス公使ジョフロワ[21]に伝えたものだった。ジョフロワはパリの本省にその時のことを次のように報告している。

二週間前に寺島外務卿が私に告げた。それは、寺島が朝鮮から情報を得たというもので、その内容は、人数は確かではないが朝鮮で二人の宣教師が確実に死亡したという[22]。

ジョフロワがこの公信を発信した日付が四月二九日となっているので、寺島がジョフロワに情報提供した日付は四月十五日となる。したがって、オズーフはその日の夜にエブラールを通じて情報を入手したことがわかる。そして、オズーフはその二週間後にジョフロワを訪ねていることが、同じ公信記録からうかがえる。

日本北緯代牧区オズーフ司教が次のことを知らせに来たところだ。オズーフ司教によれば、昨年一二月か今年一月、朝鮮当局が宣教師たちの密使をしていた信徒を逮捕し、リデルの逃亡先を自供させるために拷問を加えた。そうしてオズーフ司教は朝鮮において不幸な事態が起こったと悟ったのだ。以上の情報は、寺島外務卿が提供してくれたものとあまりにも良く一致した[23]。

つまり、オズーフ司教が岔溝のコスト神父から入手した情報をジョフロワ公使に伝えたのであり、これによってジョフロワとオズーフは日本外務省からの情報と岔溝からの情報を共有したのである。

さて、その後、オズーフは岔溝のリシャールから新たな情報を得ることができた[24]。五月二〇日付けでパリ外国宣教会香港代表部のルモニエ（Eugène Lemonnier）神父に送った書簡[25]には、朝鮮に関連して比較的良い情報を入手したこと、それによれば朝鮮の教会に起っていることは不幸というレベルではないと考えられると記されている。オズーフはまた、五月二〇日にジョフロワを訪ね、リシャールから入手した情報を伝えている[26]。ここに至って初めて邊門ルートを通じた情報が日本のオズーフ司教、ならびに駐日フランス公使に伝わったのである。ジョフロワはオズーフから得た情報をもとに、次のようにパリ本省に報告している。

三月二五日の時点で、三名の宣教師は潜伏しており、書簡を書き送ることができた。しかし、もうひとりの司祭ロベールについては何もわからない。ロベールは潜伏しているのか、あるいは亡くなったのか。リデル司教に関しては、一月二八日に逮捕されてソウルで収監されたが、王妃が介入しているので死刑は免れているという。ソウルの宮廷は二つの派閥に分かれているようで、ひとつは大院君路線の流れをくみ残虐政策を続けようとしており、もうひとつは外国人は殺害せずに追放するに止めておこうとしている[27]。

ところで、ジョフロワはオズーフに対し、リデルら朝鮮の宣教師たちのために日本外務省に影響力を行使すると約束した[28]。このジョフロワによる日本政府への働きかけと日本側の対応につき、ジョフロワの公信には次のように記されている。

当初の情報では期待すらできなかった状況よりも良い状況であることがわかったので、私は、日本政府が我が同胞のために介入する意思があるかどうかを尋ねようと考え、まず公使館の通訳官を寺島宗則外務卿のもとに派遣した。すると寺島は即座に仕事に着手した。自発的に非常に親身になって職務を遂行した。そして、二日後、朝鮮政府に書簡を送る計画を伝えてきた。その書簡を通じて、朝鮮政府に一八六六年の虐殺（筆者註：丙寅洋擾）の時と同じような重大な結果（筆者註：フランス海軍による報復）をもたらすことになると注意喚起するのである。寺島は宣教師たちを寛大に扱い、日本政府に引き渡すよう要請している。その書簡は明日朝鮮に送られる。寺島は交渉がうまくいくと期待しているようだ。あとはソウルに届くのを望むばかりである。[29]

こうして寺島はリデル司教の釈放を要請する書簡[30]を作成して朝鮮政府に送ったが、これに対する朝鮮政府側の回答[31]は、朝鮮は国法を犯した者は厳しく処罰するのだが、今回は駐清フランス公使の働きかけを受けた清政府から釈放するようにとの指示があったので釈放したとのことだった。日本政府による働きかけは失敗に終わった。ところが、日本政府は働きかけの失敗よりも、朝鮮側が回答の文書の中で清国を「上國」、清国による指示を「上國指揮」と表記したほか擡頭書法を用いたことを問題視し、朝鮮国が日朝修好条規で明記した「自主之邦」でありながら「上國」を奉ずることなどありえないと抗議し、外交紛争に発展した。[32]

結局、リデルの釈放には清国政府の働きかけが決定的となった。同時に宣教師たちは駐清ならびに駐日フランス公使が努力したことが功を奏したと評価した。[33]日本政府による働きかけは失敗したが、コスト神父は仲裁にあたった清国政府と日本政府に感謝し、過去に迫害を行った彼らが今回はカトリック教会の立場を代弁してくれたと述懐し、[34]日本政府の協力を好意的に受けとめた。宣教師ばかりでなく、実際に寺島外務卿と折衝したジョフロワも、寺島がリデルの釈放のために協力してくれたことに対して感謝の意を表明した。[35]

ところで、寺島外務卿はなぜ積極的に協力したのであろうか。当時、寺島は欧米諸国との間で不平等条約の改正、特に関税自主権の問題に取り組んでいたこともあり、少しでも欧米諸国との関係を良好に維持しておきたかったということが考えられよう。ここでそのことを裏付けるフランス外交官の見解をあげてみたい。翌年、朝鮮にいたドゥゲット神父が捕えられた際、リデルの件と同じように清政府が朝鮮政府に働きかけて釈放させたのだが、日本側でも花房義質代理公使が朝鮮出張中にドゥゲットの釈放につき朝鮮政府に働きかけたという[36]。こうした日本政府関係者の言動について、当時の駐日フランス臨時代理公使バロワ（R. de Balloy）は次のように評している。

日本政府は、自国が文明化していると見られようとして逮捕された宣教師に関心があるように思われたかったのである。ところが、日本政府は文明化の原因によって引き起こされる困難さを恐れていたのだ。しかし、それにもかかわらず私は寺島や花房の善意に感謝するのにやぶさかではなかった[37]。

バロワが言及している文明化の原因とはキリスト教のことであろう。日本の要路にある多くの者にとって、キリスト教が日本社会に浸透していくことは脅威であったことは容易に想像できる。しかし、それでも敢えて欧米諸国から文明国と見られたい、対等な国家として認めてもらいたいと寺島らは考えていたというのだ。

最後に、日本政府による外交努力は実を結ばなかったものの、結果的に日本滞在中のコスト神父、オズーフ司教ら日本教会の宣教師、駐日フランス公館、そして日本外務省の間で連携が行われことは、朝鮮カトリック教会ならびに日本カトリック教会の宣教師たちにとっては喜ばしいことと受けとめられたと考えられる。

二、朝鮮宣教をめぐる駐清フランス公館との葛藤

（一）リデル司教の朝鮮入国前と逮捕・収監期

すでに言及したように、リデル司教は一八七六年五月、ブラン、ドゥゲット両神父と共に朝鮮への入国を果たしたが、すぐに岔溝に戻り、朝鮮における信教の自由獲得のために活動を開始した。ちょうどその頃、ブルニエール・ド・モンモラン（Brenier de Montmorand）氏が新任の駐清フランス公使として赴任してきた。リデルはこの機をとらえ、上海に到着したモンモラン公使を訪問した。ところが、結果はリデルの期待に反し、モンモランはリデルの朝鮮行きに反対したばかりか、すでに朝鮮に入ったブラン、ドゥゲット両神父を朝鮮から呼び戻すよう要請した[38]。その後、リデルとモンモランの間では朝鮮宣教をめぐって葛藤が続くことになるが、この時の面会がその始まりとなった。

モンモランはリデルに対し、朝鮮行きは慎むべきで、既に入国している宣教師は呼び戻すことが望ましいと伝えたが、[39]リデルはモンモランに対し、ブラン、ドゥゲットはそのまま朝鮮に留め置き、自分も朝鮮に入国するつもりで公使の要請には応じない旨、回答した。[40]モンモランは、あらためてリデルに朝鮮に行かないよう要請したうえで、この件について自分は何ら責任を負わないとまで言及した。[41]モンモランとしては、自分はフランス公使としてフランス国民であるリデルに対して果たすべきことは行ったということを上司に伝えたのである。モンモランはまた、リデルとのやり取りにつき駐ローマのフランス大使バンド（Bande）を通じて教皇庁布教聖省長官フランキ（Franchi）枢機卿にも伝達した。バンド大使はフランキ枢機卿に対し、モンモランが、リデルが国交のない朝鮮に行ってしまえば保護することができなくなるので朝鮮行きを思いとどまるよう説得している旨、伝えた。フランキ枢機卿はバンド大使に対し、リデル司教には過去に何度かその使徒的熱意を冷ますよう、またむやみに殉教へと突き進まないよう説得したことがあると話した。これは、バンド大使が本国の外務大臣に送った公信[42]であるが、このようにリデル案件は教皇庁にも波及していたのである。

こうしてリデル司教はモンモラン公使の再三の要請にもかかわらず、朝鮮入国を果たした。しかし、それからわずか数か月で朝鮮官憲に捕えられ収監されてしまう。その後のリデル釈放をめぐる動きについては前章で言及した通りである。

さて、モンモランはリデル釈放のために総理衙門に協力を要請する際、リデルのみならず他の四人の宣教師が無事に戻ってきたら直ちにフランスに送還させようと考えていた。[43]リデル司教が無事に釈放された後、恭親王（筆者註：道光帝の第六子、愛新覚羅奕訢。総理衙門首班）はモンモランに対し、高宗が清側に回答した内容の一部を伝えた。それは、「フランス政府が宣教師たちをよく監督して、これ以上朝鮮国内で活動をしないようにしていただきたい。そうすれば問題を起こさずに済み、平和を維持できて、互いにとって利益となるだろう」[44]というものだった。したがって、フランス人宣教師の朝鮮滞在については、清、フランス、朝鮮が一致して反対しているのである。丙寅迫害から一〇年にして朝鮮再入国を果たした朝鮮カトリック教会であったが、朝鮮宣教は依然として厳しい現実に直面していた。

（二）リデル司教釈放後

リデル司教は、釈放後、岔溝でモンモラン公使がリシャール神父宛てに送った書簡[45]を読んで事の顛末を知り、モンモランに謝意を伝えたが、同時にモンモランがかねてより要求している件、つまりリデルが朝鮮行きを断念することについては明確に拒否した[46]。これに対してモンモランは、司教としての義務ならびにフランス国民としての義務を守るよう強く要求した。要するに、現時点において朝鮮で布教すれば朝鮮の信者たちを苦境に陥れてしまうこと、そして今回の逮捕から釈放までの一連の推移からわかるように同じようなことが起こればフランス国家に迷惑をかけることになることを喚起したのである。また、モンモランは、パリの外務本省に仏・朝条約締結の方法を提案していることを明かし、朝鮮に残っている四名の宣教師、つまりブラン、ドゥゲット、ドゥセ、ロベールの救命について清政府と協議していると伝えた。モンモランとしては朝鮮との条約締結を目指すにあたって、自国民が相手国に密入国している状況は解消しておきたかったのだろう。リデルに対しても、教皇庁や宣教会上層部からの指示があるまでは朝鮮に入国しないようにと念を押している[47]。しかし、リデル司教はじっとパリの宣教会本部からの指示を待っているわけにはいかなかった。宣教会総長に対して、朝鮮にいる四人の宣教師は引き続き朝鮮に留まると伝えた[48]。

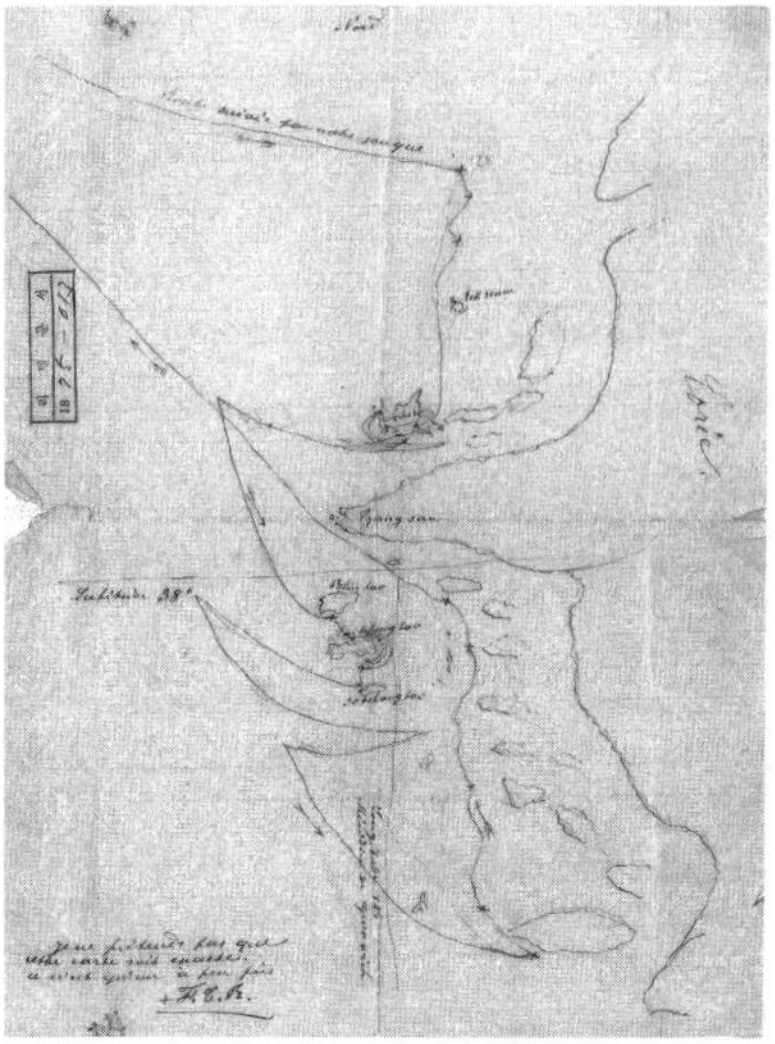

朝鮮教区長に任命されたリデル司教が一八七五年九月、ブラン神父とともに海路を通じて朝鮮入国を試みた際に作成した航路図。（韓国教会史研究所提供）

　リデル釈放から約一年後、朝鮮で活動していたドゥゲット神父が逮捕された。当時の駐清フランス代理公使パテノトル（Jules Patenôtre）はリシャールに書簡を送り、朝鮮で逮捕されたドゥゲット神父の釈放のためにリデルの逮捕の際と同様に総理衙門に働きかけたこと、そして総理衙門としては今後、こうした協力要請には応じないと表明したことを告げた[49]。この時、恭親王がパテノトルにドゥゲットと共に他の三名の宣教師も清に連れて来ることを提案したという。

　リデルはパテノトルに対し、ドゥゲットの釈放に努力してくれたことに謝意を伝え、清政府を通じて朝鮮において信教の自由が得られるよう依頼している。また、朝鮮に残っている宣教師を全て朝鮮から出国させようとの清政府の提案に、パテノトルが慎重な姿勢を取っていることにつき感謝の意を伝えている。[50] これに対してパテノトルは、今後朝鮮の宣教師が危険に遭っても清政府による仲裁はないこと、そして行動を自制するようにと忠告した。[51]

こうして駐清フランス公使館からは問題視され、リデルは行き詰まったかのような状況に直面することになった。これはひとり朝鮮カトリック教会にとっての危機に留まらず、中国のカトリック教会にとっても危機的な状況だったのである。北京司教のドゥラプラス司教はパリ外国宣教会上海代表部マルティネ（Jean-Baptiste Martinet）に対し、当時の緊迫した状況を次のように伝えている。

総理衙門は朝鮮にいる四名の全ての宣教師を中国に送還することを望み、要求していました。私はパテノトル氏に急いでドゥゲットを救出するように言いましたが、宣教師全員を中国に連れて来るようにとは言っていません。恭親王はドゥゲットを釈放させるため、リデル司教の時と同じように行動するでしょう。しかし、その後はどうなるでしょうか。パテノトル氏がパリ本省に報告するのは確実ですが、おそらくローマのフランス大使にも朝鮮から宣教師たちを出すように伝えるでしょう。これが外交というものです。…私に以下のことができるのなら幸いに思います。それは、わがフランス公館が中国官憲のお気に入りの方法（朝鮮にいる宣教師たちを中国に連れ戻すこと）に応じないようにすること、そして過去にデフレッシュ（Desflèches）司教が中国から追放されたように、現在中国にいる宣教師たちに早晩同じようなことが降りかからないようにすることです。[52]

この書簡から、ドゥラプラス司教が、今後駐清フランス公使館と総理衙門が共同で中国内のカトリック教会に厳しく臨んでくるのではないかと強く憂慮していることがうかがえる。リデル司教ら朝鮮教会にとっての危機は、中国のカトリック教会全体にとっても危機と受け止められていたのである。

結論

最後に、リデル司教釈放の経緯やリデル司教と駐清フランス公使との葛藤についての考察を通じて明らかになった点を整理し、結論にかえたい。

まず、朝鮮カトリック教会にとって、リデル司教の釈放はフランス人宣教師が処刑されずに解放された初めて事例で、朝鮮において信教の自由を実現する第一歩と受けとめられた。また、清の朝鮮に対する影響力の大きさを認識し、朝鮮での信教の自由獲得のために清の影響力に期待をかけることになった。その一方で、リデル司教と駐清フランス公使との葛藤が激化したため、朝鮮教会のみならず中国教会全体をも危機に直面させることになった。

次に、朝鮮においてはそもそも国王（高宗）自身がリデル司教を極刑に処すことを望んでいないうえに、政権内で対外強硬派と穏健派間の対立が続いていたことから、リデル司教の扱いには苦慮していたといえる。そうした中での清からの釈放要請は好都合であった。清国にとってもただでさえ対外問題を多くかかえる中、リデル司教に害が及ぶことになればフランスと朝鮮との間で紛争が起こる危険性があり、それは何としてでも回避したかったので、朝鮮に対するリデルの釈放要請は国益にかなったことであった。

そして、日本にとっては、積極的にリデル釈放に動いたものの成功しなかったばかりか、清国と朝鮮の特殊な関係、つまり宗属関係の強固さをあらためて認識させられることとなった。

注

1 当時は朝鮮王朝時代（一三九二〜一九一〇年）だったことから、〝朝鮮カトリック教会〟とした。朝鮮におけるカトリックの受容については、姜在彦『朝鮮の西学史』（姜在彦著作選 第四巻）、明石書店、一九九六年を参照のこと。

2 岔溝は、現在の行政区域では遼寧省荘河市蓉花山鎮にあたる。

3 リデル司教がパリ外国宣教会上海代表部ルモニエ神父（Lemonnier）に宛てた一八七四年三月二四日付け書簡。パリ外国宣教会文書館（A—MEP）所蔵の第五七九巻 朝鮮（Corée）に収録。以下、「A—MEP Vol.579.Corée」と表記する。なお、本稿で引用するパリ外国宣教会文書館（A—MEP）所蔵の朝鮮関係史料、すなわち第五七九巻 朝鮮（Corée）ならびに第五八〇巻 朝鮮（Corée）に収録されている史料は、韓国カトリック司教協議会文化委員会編『筆写文書判読資料集 Vol.579（A）Corée 1797—1874』、『筆写文書判読資料集 Vol.579（B）Corée 1797—1874』（ともに二〇一〇年七月発行）、『筆写文書判読資料集 Vol.580（A）Corée 1875—1886』、『筆写文書判読資料集 Vol.580（B）Corée 1875—1886』（ともに二〇一一年八月発行）を参照した。

4 『Correspondance Politique Vol.53 Chine』一八七四年四月六日付け北京ジョフロワ公使発本省政治局長宛て公信。フランス外務省外交史料館（Archives Diplomatiques, La Courneuve）所蔵。以下、「Correspondance Politique」は「CP」と表記する。

5 リデル司教がパリ外国宣教会本部の指導者たち（Directeurs）に宛てた一八七五年九月一六日付け書簡（A—MEP Vol.580. Corée）。リデル司教が上海代表部ルモニエ神父に宛てた一八七五年九月一七日付け書簡（A—MEP Vol.580.Corée）。リデル司教が上海代表部コスト神父（Coste）に宛てた一八七五年十月二一日付け書簡（A—MEP Vol.580.Corée）。

6 リデル司教がフランスの兄弟（Louis Ridel）に宛てた一八七六年五月一四日付け書簡（A—MEP Vol.580.Corée）。

7 『日本外交文書』第九巻「事項一 江華島事件の解決並に日鮮修好条規締結一件」一三一〜一三三頁。

8 ブラン神父が岔溝のリシャール神父に宛てた一八七八年二月五日付け書簡（A—MEP Vol.580.Corée）。

9 リシャール神父がパリ本部のアルムブリュステル神父

（Armbruster）に宛てた一八七八年四月二一日、二九日付け書簡（A—MEP Vol.580.Corée)。

『CP Vol.57 Chine』一八七八年五月九日付け北京モンモラン公使発本省政治局長宛て公信に、リシャールがモンモラン公使宛てに送った一八七八年四月二九日付けの書簡の写しが添付（Annexe No.1）されている。

10 『CP Vol.57 Chine』一八七八年五月九日付け北京モンモラン公使発本省政治局長宛て公信。

11 『CP Vol.57 Chine』一八七八年五月一五日付け北京モンモラン公使発本省政治局長宛て公信。
清国としては、朝鮮でリデル司教に害が及べば朝鮮とフランスとの間で紛争が起こることを憂慮していた。清国は、当時、中央アジアのイリ地方をめぐってロシアと対立していた（イリ危機）ほか、フランスや日本ともそれぞれベトナム、琉球をめぐって緊張関係にあったので、これ以上対外的な問題をかかえたくなかったと考えられる。イリ危機については、吉田金一『近代露清関係史』、近藤出版社、一九七四年、二四一～二四五頁を参照のこと。

12 『CP Vol.57 Chine』一八七八年五月一五日付け北京モンモラン公使発本省政治局長宛て公信に添付されている（Annexe No.1）。

13 『CP Vol.57 Chine』一八七八年五月二七日付け北京モンモラン公使発本省政治局長宛て公信に添付されている総理衙門がモンモラン公使に宛てた一八七八年五月二一日付け書簡の写し（Annexe No.1）。

14 モンモラン公使がリシャール神父に宛てた一八七八年七月二六日付け書簡（A—MEP Vol.580.Corée)。ところで、原田環は朝鮮政府によるリデル司教の釈放について、「旧来の清との宗属関係を堅持し、これを巧みに利用してウェスタン・インパクトに対応しようとする」実例と指摘している。原田環「中朝「両截体制」成立前史 —李裕元と李鴻章の書簡を通して—」、飯沼二郎・姜在彦編『近代朝鮮の社会と思想』、未来社、一九八一年、七八～七九頁。

15 モンモラン公使がリシャール神父に宛てた一八七八年七月二六日付け書簡（A—MEP Vol.580.Corée)。

16 リデル司教がモンモラン公使に宛てた一八七八年八月一二日付け書簡（A—MEP Vol.580.Corée)。

17 ブラン神父がリデル司教に宛てた一八七八年七月七日付け書簡（A—MEP Vol.580.Corée)。

18 オズーフ司教がパリ本部の指導者たちに宛てた一八七八年四月一五日付け書簡（パリ外国宣教会文書館（A—MEP）所蔵の第五七三巻 日本北緯代牧区ならびに東京（Japon Septentrional et Tokyo）に収録）。この書簡については、同文書館で原本を確認した。
ちなみに、オズーフ司教はかつて香港代表部の責任者を務めたが、コスト神父はそのもとで一時期働いたことがあった。その後、コスト神父は朝鮮教会の所属となった。

19 同上。

20 同上。

21 一八七四年まで駐清フランス公使を務めた後、一八七七年六月から駐日公使の職にあった。

22 『CP Vol.26 Japon』一八七八年四月二九日付け東京ジョフロワ公使発本省政治局長宛て公信。

23 同上。

24 おそらくリシャール神父が四月二一日付けでコスト神父に宛てた書簡をコスト神父が受け取り、その内容をオズーフ司教に伝えたのだろう。リシャール神父が書簡を発送した頃、コスト神父は『韓仏字典』と朝鮮語文法書の印刷事業のため日本に向かっており、リシャールは同書簡でコストに対し、日本でリデル司教の救援のため有力者に働きかけるよう要請している。コストが横浜に到着したのは四月二五日なので、それからおよそ一ヶ月後にリシャールの書簡を受け取ったことになる。コスト神父がパリ本部の指導者たちに宛てた一八七八年五月二〇日付け書簡（A—MEP VOL.580.Corée）に、リシャールが自分宛てに送った書簡を受け取ったことが記されている。その後、コスト神父は横浜に滞在しながら印刷作業に従事することになる。そして、『韓佛字典』は一八八〇年一二月に、『La Grammaire Coréenne』（朝鮮語文法書）は翌一八八一年五月に横浜居留地の印刷所「L'ECHO DU JAPON」から刊行された。同印刷所が発行するフランス語日刊紙『L'ECHO DU JAPON』一八八〇年一一月一三日付け（一面）に『韓佛字典』の刊行を知らせる短い記事が掲載され、その日以降、広告欄に毎号のように広告が載せられている。また、一八八〇年一二月一八日付け（一面）には、詳細な紹介記事がある。『La Grammaire Coréenne』（朝鮮語文法書）については、同紙一八八一年五月二四日付け（一面）に詳細な紹介記事を載せている。

25 オズーフ司教が香港代表部ルモニエ神父に宛てた一八七八年五月二〇日付け書簡（A—MEP Vol.573. Japon Septentrional et Tokyo）。

26 コスト神父がパリ本部の指導者たちに宛てた一八七八年五月二〇日付け書簡（A—MEP Vol.580.Corée）。コスト神父は印刷事業のため来日しており（四月二五日に横浜到着）、オズーフ司教と共にリデル司教の救援のために活動していた。コスト神父が四月二五日に横浜に到着したことについては、コスト神父が香港代表部ルモニエ神父に宛てた一八七八年四月三〇日付け書簡（A—MEP Vol.580.Corée）に記載されている。

27 『CP Vol.26 Japon』一八七八年五月二八日付け東京ジョフロワ公使発本省政治局長宛て公信。

28 コスト神父がパリ本部の指導者たちに宛てた一八七八年五月二〇日付け書簡（A—MEP Vol.580.Corée）。オズーフ司教が香港代表部ルモニエ神父に宛てた一八七八年五月二〇日付け書簡（A—MEP Vol.573. Japon Septentrional et Tokyo）。

29 『CP Vol.26 Japon』一八七八年五月二八日付け東京ジョフロワ公使発本省政治局長宛て公信。

30 【日本外務省未分類記録】明治十一年五月『朝鮮政府公文中ノ「上國」及「上國指揮」ノ語字并擡頭書法ニ對スル我政府ノ抗議一件』（日本外務省外交史料館所蔵）に、寺島外務卿が禮曹判書趙寧夏に宛てた明治一一年（一八七八年）五月二九日付け書簡が収録されている。また、『舊韓国外交文書』第一巻：日案（一）三〇～三二頁にも収録。

31 『承政院日記』高宗十五年、光緒四年戊寅六月初六日の条

32 岡本隆司『属国と自主の間—近代清韓関係と東アジアの命運—』、名古屋大学出版会、二〇〇四年、三六～三八頁。

33 ブラン神父がリデル司教に宛てた一八七八年七月七日付け書簡（A—MEP Vol.580.Corée）。コスト神父がパリ本部の指導者たちに宛てた一八七八年七月一三日付け書簡（A—MEP Vol.580. Corée）。

34 コスト神父がパリ本部の指導者たちに宛てた一八七八年七月一三日付け書簡（A—MEP Vol.580.Corée）。

35 【日本外務省未分類記録】『外務省報告　第廿三号　明治十一年第十二月上半ヶ月分』（日本外務省外交史料館所蔵）に、ジョフロワ公使が寺島外務卿に宛てた一八七八年一二月二日付け文書（日本文）が掲載されている。

36 『CP Vol.26 Japon』一八七九年一一月一九日付け東京バロワ臨時代理公使発本省政治局長宛て公信。

37 同上。

38 『CP Vol.55 Chine』一八七六年八月三日付け上海モンモラン公使発本省政治局長宛て公信。

39 モンモラン公使がリデル司教に宛てた一八七六年一二月三日付け書簡（A—MEP Vol.580.Corée）。

40 リデル司教がモンモラン公使に宛てた一八七七年三月一日付け書簡（A—MEP Vol.580.Corée）。

41 『CP Vol.56 Chine』一八七七年三月二九日付け北京モンモラン公使発本省政治局長宛て公信に、モンモラン公使がリデル司教に宛てた一八七七年三月一五日付け書簡（リデルが朝鮮に入国するなら自分は責任は負わないという趣旨の書簡）が添付されている（Annexe No.2）。

42 『CP Vol.56 Chine』一八七七年六月六日付けローマ駐在フランス大使バンド（Bande）発外務大臣宛て公信。

43 モンモラン公使が総理衙門に手交した一八七八年五月十一日付け文書。同文書は、『CP Vol.57 Chine』一八七八年五月一五日付

け北京モンモラン公使発本省政治局長宛て公信に添付されている（Annexe No.1）。
44 『CP Vol.57 Chine』一八七八年七月三〇日付け芝罘モンモラン公使発本省政治局長宛て公信。
45 モンモラン公使がリシャール神父に宛てた一八七八年七月二六日付け書簡（A—MEP Vol.580.Corée）。
46 リデル司教がモンモラン公使に宛てた一八七八年八月一二日付け書簡（A—MEP Vol.580.Corée）。
47 モンモラン公使がリデル司教に宛てた一八七八年九月二五日付け書簡（A—MEP Vol.580.Corée）。
48 リデル司教がパリ外国宣教会本部デルペシュ総長に宛てた一八七八年一〇月二〇日付け書簡（A—MEP Vol.580.Corée）。
49 同上。
50 リデル司教がパテノトル代理公使に宛てた一八七九年一〇月九日付け書簡（A—MEP Vol.580.Corée）。
51 パテノトル代理公使がリデル司教に宛てた一八七九年一〇月二八日付け書簡（A—MEP Vol.580.Corée）。
52 ドゥラプラス司教が香港代表部マルティネ神父に宛てた一八七九年八月一一日付け書簡。この箇所は、リデル司教がパリ本部指導者たちに宛てた一八七九年八月三〇日付け書簡（A—MEP Vol.580.Corée）に転写されている。

本稿は、東アジアキリスト教交流史研究会第一二回ワークショップ（二〇一八年八月四日）における発表内容に加筆修正したものです。

宮崎善信（みやざき・よしのぶ）
上智大学外国語学部英語学科を卒業後、西江（ソガン）大学文学部史学科を経て、高麗大学大学院韓国史学科修士課程修了。専攻は、韓国カトリック教会史、近代日韓カトリック教会関係史。東アジアキリスト教交流史研究会の他、朝鮮史研究会、日本仏学史学会、キリシタン文化研究会に所属し活動を行っている。現在、長崎外国語大学非常勤講師（韓国語講読、時事韓国語）。

特別掲載

ヨハネの「ロゴス」(logos)は道か、言か？

—日中韓聖書のヨハネ福音書一章一節における「ロゴス」の訳語

李桓珍

はじめに

新約聖書のヨハネ福音書一章一節に出てくるギリシャ語の「ロゴス」(logos)は、東アジアの聖書においてどのように訳されてきたのであろうか。「言」と「道」である。中国のキリスト者は「言」と「道」として受け入れ、日本と韓国のキリスト者は「言」として受け入れた。中国では「言」や「道」と書き、それぞれ「イェン」(yán)、「ダオ」(dào)と読む。日本では「ことば」と読み、「道」や「言」と記してきた。韓国では「말씀」(「말ᄉᆞᆷ」または「말삼」：「御言葉」の意)や「도」(道)と書く。本稿では、ヨハネ福音書一章一節のギリシャ語「ロゴス」[1]が中国と日本、韓国の各聖書でどのように翻訳されてきたのかについて翻訳ごとに具体的に考察する。

一．韓国語のヨハネ福音書における「ロゴス」の訳語

二〇一八年現在、韓国のプロテスタントにおいて礼拝用として用いられている聖書のヨハネ福音書一章は、次のように始まる。

태초에 말씀이 계시니라 이 말씀이 하나님과 함께 계셨으니 이 말씀은 곧 하나님이시니라（改訳改訂版）

ここでの我々の関心は、「말씀」(御言葉)という単語である。ギリシャ語では「ロゴス」である。「改訳改訂版」(二〇〇五年)[2]では、その註において「ヘル、ロゴス」との表記がなされている。「ギリシャ語のロゴス」という意味である。このように、「ロゴス」を「말씀」と訳す伝統は、それ以前に刊行された「改訳ハングル版」(一九六一

年）[3]にも見いだすことができる。本文の内容は一つも変わるところがない。しかしながら、註に「または、도（道）が」と記されている。「도」（改訳ハングル版）が「ロゴス」（改訳改訂版）とされているのである。韓国語の聖書は「ロゴス」を「말씀」と訳してきたが、同時に「도」とも訳してきた。改訳ハングル版のヨハネ福音書一章一節の註がそのことを証明している。このように、この伝統は少なくとも二〇〇五年までは存在していた。韓国のプロテスタントにおいては、二〇〇五年に改訳改訂版が出されるまで、改訳ハングル版を礼拝用として用いてきたからである。ところで、韓国のプロテスタントにおいて最も読まれている改訳聖書のこのような伝統は、『聖経 改訳』（一九三八年）[4]に遡ることができる。ヨハネ福音書一章一節を見ておく。

태초에 말삼이 계시니라 이 말삼이 하나님과 함끠 계셧스니 이 말삼은 곳 하나님이시니라 （『聖経 改訳』）

綴り方だけが違い、翻訳自体は同じである。「ロゴス」を「말삼」（御言葉）と訳したのである。同様に註では「または、도（道）が」と記されている。一方、『簡易 鮮漢文 新約』（一九四〇年）[5]のヨハネ福音書は、次のように始まっている。

太初에 말삼이 계시니라 이 말삼이 하나님과 함끠 계셧스니 이 말삼은 곳 하나님이시니라 （『簡易 鮮漢文 新約』）

「태초」（太初）という言葉だけが漢字に変えられている。「말삼」はそのままである。同様に韓国のカトリックから出された『四史聖経』（一九一〇年）[6]も綴り方が違うだけで、ラテン語の「ウェルブム」（verbum）を「말숨」（御言葉）と訳している。当時のカトリック教会では、ラテン語のヴルガータ訳（三―四世紀）[7]が礼拝用として用いられており、そこから翻訳されたものであった。

비로솜에말숨이계시고
말숨이또텬쥬씌계시니
말숨이곳텬쥬시러라 （四史聖経）

この聖書は、四福音書だけで構成されていたので、『四史聖経』と名づけられた。この聖書は、「비로솜」（비롯음）という言葉で始まっている。[8]韓国プロテスタント聖書の「太初에」という漢語とは異なり、朝鮮固有の単語で訳

されているのである。「말ᄉᆞᆷ」は、下の「・」を「아」に代えた「말삼」の昔の表記法である。一九世紀末から二〇世紀初めにかけての時期は、韓国語の綴り方が定着していなかった時期であった。

一九世紀末当時の朝鮮で活動していたカトリックの宣教師たちが刊行した『한불ᄌᆞ뎐 韓仏字典』(Dictionnaire Coréen-Français 一八八〇)は、この「말ᄉᆞᆷ」と「도」をそれぞれどのように解説していたのであろうか。

말ᄉᆞᆷ, MAL-SĂM, -I. 言辭. Parole, mot, langage. (Honorif.)(『韓仏字典』二二五頁)

도, To. 道. Route. // Doctrine, dogme. // Providence.(『韓仏字典』四八三頁)

この『韓仏字典』では、「말ᄉᆞᆷ」は「말」の敬語であると説明されている。また、「도」(道)は、「みち」(route)という意味以外にも「教え」(doctrine)や「教理」(dogme)、そして「摂理」(providence)といった意味があると記している。しかしながら、「도」に「言」といった意味があるとは述べられていない。多分、当時のカトリックは、「ウェルブム」をこのように敬意を込めて、「말ᄉᆞᆷ」(御言葉)と訳していたのであろう。この聖書は、「풀님」という用語の解説も一緒に載せているが、それは、「御言葉」が降生(降誕)する前のイエスの呼称であるとされている。[9]

韓国カトリックの宣教二〇〇周年を記念して『二〇〇周年新約聖書』(二〇〇一年)[10]が分道出版社から出版されている。一九八〇年代に刊行する予定で計画されていたが、解説付の聖書だったので時間を要し、刊行されるのが遅れたのである。

맨 처음에 말씀이 계셨다. 말씀이 하느님과 함께 계셨으니 그 말씀은 하느님이셨다.(『二〇〇周年 新約聖書』)

この聖書から韓国のカトリックは、ラテン語のヴルガータ訳ではなくギリシャ語聖書から直接翻訳を行なっている。ここでは、ギリシャ語の「ロゴス」を「말씀」と訳している。その「말씀」に敬意を示す意味で「계셨다」(おられた)や「이셨다」(であられた)と訳している。この聖書は新約のみのものであったが、その後、韓国のカトリックは独自に原典聖書を翻訳して『聖経』(二〇〇五年)[11]という名の公認訳聖書を刊行した。名前が非常に一般的なので、

ここでは「韓国カトリック聖書」と呼ぶこととする。

한처음에 말씀이 계셨다. 말씀은 하느님과 함께 하셨는데 말씀은 하느님이셨다.（韓国カトリック聖書）

この聖書は、「비로숨」（비롯음、『四史聖経』）や「맨처음」（『二〇〇周年 新約聖書』）から「한처음」と変えている。[12] 他の部分はほぼ同じである。また、ギリシャ語の「ロゴス」は、「말씀」と訳している。韓国のカトリックから出された聖書は、「말씀」に「계셨다」や「이셨다」という形の敬語を使用している点が特徴的である。

ところで、韓国のカトリックには、一九〇六年に『新約全書』が公認訳として刊行されたときから「ロゴス」を「말숨」と訳す伝統があった。

태초에 말숨이（혹은 도가）잇스니 말숨이 하ᄂᆞ님과 ᄀᆞᆺ치 계시매 말숨은 곳 하ᄂᆞ님이시라（『新約全書』一九〇六年）

プロテスタントの『聖経 改訳』（一九三八年）と異なる点は、本文中に「または、도（道）が」という註を括弧内に入れて表記している点である。訳文自体はほぼ同じである。但し、前半部と後半部の敬語は一致しない。「잇ᄉᆞ니」と「계시매」がそれである。ところで、『新約全書 国漢文』の一九〇六年版[13]と一九二二年版[14]は、異なる形で翻訳されている。

太初에道가（或은言이라）有ᄒᆞ니道가上帝와同在ᄒᆞ매道ᄂᆞᆫ即上帝시라（『新約全書 国漢文』一九〇六年、一九二二年）

「国漢文」という文体は、「鮮漢文」とも呼ばれるものであるが、漢字語に変えることのできる文字はすべて漢字語に変え、まるで漢字の本文にハングルで送り仮名を振ったような形をとる文体のことである。ここでは、「ロゴス」を「道」と訳しており、その文字的な意味を括弧内に入れて「言」と表記している。特徴的な点は、神を「上帝」と訳している点である。韓国語聖書が刊行された初期において、宣教師たちは「上帝」や「神」、「上主」、「天主」、「主宰」、あるいは「하ᄂᆞ님」や「하나님」、「하ᄂᆞ님」といった言葉をめぐって数多くの論争を行なった（Choi 一八九九：五、Ryu-Oak-Yi 一九九四：一〇四—一一八）。この『新約全書 国漢文』は、「上帝」という訳語を選択している。一九〇六年版と一九二二年版の『新約全書 国漢文』は、

後に刊行された『聖経 改訳』とは正反対の立場をとっていたことがわかる。本文では「道」と訳し、註に「言」と記しているからである。

興味深いことは、一九二五年に出された『新訳 新旧約全書』[15]の訳語である。李源謨と共にこの聖書を刊行したゲール（James S. Gale）は、『聖経 改訳』を刊行するための改訳者会議の議長を務めていたが、他の翻訳者たちと翻訳の原則に関する意見を異にし、一九二五年に改訳者会義を脱退した後、『新訳 新旧約全書』を刊行した（Ryu-Oak-Yi 一九九四：一九七―二〇三）。

太初에道가잇서 하ᄂᆞ님과ᄀᆞᆺ치계시니 道ᄂᆞᆫ곳하ᄂᆞ님이시라（『新訳 新旧約全書』）

ここでは、「ロゴス」を「道」と訳している。多分この訳語は、中国語聖書の「代表者訳」（一八五四年）を好んだゲールが、そこから借りてきたものであろう。ところで、この聖書よりも六年前に出された『大韓基督教会 新約全書』（一九一九年）[16]もまたギリシャ語の「ロゴス」を「도」（道）と訳している。

원ᄅᆡ 도ᄭᅴ셔게시며 하ᄂᆞ님과ᄀᆞᆺ치계시고 도ᄂᆞᆫ곳 하ᄂᆞ님이시라（『大韓基督教会 新約全書』）

フェンウィック（M. C. Fenwick）が翻訳したと伝えられるこの聖書のヨハネ福音書は、「원ᄅᆡ」（원래、元来）という興味深い言葉で始まっている（Buckwall 一九〇九：一六）。他の聖書には見られない訳語である。また、「하ᄂᆞ님」（神）だけでなく、「도」（道）を表記する際にも分かち書きを採用している。一般的には「하ᄂᆞ님」の前で分かち書きを行ない敬意を表すが、「도」の前で分かち書きを行なっている聖書はない。「도ᄭᅴ셔게시며」（道がおられ）との表現でもわかるように、「도」（道）に「ᄭᅴ셔」（おられ）という敬語表現を用いて訳している。このように「ロゴス」を「도」（道）と訳す伝統は、二〇世紀の初めにおいても韓国語聖書においてしばしば見うけられるものであった。

一九〇〇年以前、すなわち韓国プロテスタントの公認訳聖書が出される以前に刊行された韓国語聖書はすべて「ロゴス」を「도」と訳していた。中国の営口と瀋陽においてジョン・ロス（John Ross）とジョン・マッキンタイア（John McIntyre）の翻訳チームが刊行したヨハネ福音書シリーズでは、次のようになっている（Buckwall 一九〇九：一〇―一一）。

처음에도가이ᄉᆞ되도가하ᄂᆞ님 과항게ᄒᆞ니도ᄂᆞᆫ곳하나님 이라（『イエス聖教 ヨハネ福音全書』一八八二年[17]）

처음에도가이ᄉᆞ되도가 하나님과함긔하니도는곳 하나님이라（『イエス聖教聖書 ヨハネ福音』一八八三年[18]）

처음에도가이사되도가하나님과함게ᄒᆞ니도ᄂᆞᆫ곳하나님이라（『イエス聖教聖書 ヨハネ福音 エフェソ書』一八八五年[19]）

처음에도가이ᄉᆞ되도가하나님과함씌ᄒᆞ니도ᄂᆞᆫ곳하나님이라（『イエス聖教全書』一八八七年[20]）

「하ᄂᆞ님」（神）が「하나님」へと変わった点が、まずこの諸々のヨハネ福音書において目につく点である。特に『イエス聖教全書』（一八八七年）は、敬意を表すための分かち書きはなされておらず、先に刊行された『イエス聖教聖書 ヨハネ福音』（一八八三年）や『イエス聖教聖書 ヨハネ福音 エフェソ書』（一八八五年）と比べて、下の「ᄋᆞ（・）」が多く使用されている。しかしながら、訳文自体は同じである。「ロゴス」は依然として「도」（道）である。

一方、ジョン・ロスが刊行した『韓国語の歴史』（History of Korea, Ancient and Modern）という本には、珍しいことにヨハネ福音書一章一節が当時の韓国語について説明するための例文として登場する（Ross 一八九七）。最初に英語のアルファベット表記が記され、その下に単語ごとに英語訳が記されている（Ross 一八九七：三八一）。

Chu-ume dogha isuni donun Hanunimuro dubooro hanggê isuni donun got Hanunim-uro
Beginning (in) word was; word God company together was; word just God.
처음에 도가 있으니 도는 하ᄂᆞ님으로 더불어 항께 있으니 도는 곧 하ᄂᆞ님으로

おそらくこの例文は、韓国語のヨハネ福音書一章一節に関する唯一の英語アルファベット音訳ではないかと推測される。左の韓国語は筆者が付したものである。このことから、「ロゴス」を「do」（道）と訳していることがわかる。また珍しいことに、『ヨハネ福音伝』（一八九一年[21]）には、中国語と韓国語[22]の二カ国語でヨハネ福音書の本文が掲載されている。

元始有道　道與上帝共在　道即上帝

처음에도가잇ᄉᆞᄃᆡ 도가하ᄂᆞ님과ᄒᆞᆷ씌ᄒᆞ니 도ᄂᆞᆫ 곳 하ᄂᆞ님（ヨハネ福音伝）

この福音書に一緒に掲載されている中国語は、代表者訳からのものである。したがって、韓国語のヨハネ福音書の「도」（道）は、この中国語聖書からの影響であると推測されうる。これ以降に刊行された短編聖書においても「도」という用語は登場しつづける。[23]この伝統は当時のプロテスタントの公認訳『新約全書』（一九〇六年）にも引き継がれている。[24]

このように韓国語聖書の「ロゴス」の訳語に関しては、「말씀」（御言葉）と「도」（道）という二つの伝統が混在していた。ヨハネ福音書一章一節の「ロゴス」の訳語として、「말씀」が登場するのは、次に引用するプロテスタントの『新約全書』（一九〇〇年）が最初であった。[25]この後、「말씀」が定着していくのであった。

대초에말ᄉᆞᆷ이 （혹은도라） 잇ᄉᆞ니 말ᄉᆞᆷ이 하ᄂᆞ님과ᄀᆞᆺ치 계시매말ᄉᆞᆷ은 곳 하ᄂᆞ님이시라（『新約全書』一九〇〇年）

解放（一九四五年）以降に韓国のプロテスタントが刊行した「改訳ハングル版」（一九六一年）や「新翻訳」（一九六九年）[26]、そしてカトリックと共同で翻訳した「共同翻訳」（一九七七年）のすべてが「ロゴス」を「말씀」と翻訳している。また、カトリックが単独で翻訳・刊行した『聖経』（二〇〇五年）でも、「말씀」となっている。

それにとどまらず、『現代語 聖書』（一九七八年）[27]や『アガペー わかりやすい聖書』（二〇〇二年）[28]のような個人訳でも、ギリシャ語の「ロゴス」を「말씀」と訳している。また、一九八三年に北朝鮮においても聖書[29]が出版されているが、そこでも同様にヨハネ福音書の「ロゴス」は「말씀」と翻訳されている。

태초에 말씀이 계셨다. 말씀은 하느님과 함께 계셨고 하느님과 똑같은분이시였다.（北朝鮮の聖書）

「ロゴス」をめぐる韓国語訳の変遷を羅列すれば次のようになる。

「도」（『イエス聖教全書』、『ヨハネ福音伝』）

「말ᄉᆞᆷ」（『新約全書』一九〇〇年、『四史聖経』）

「道」（『新約全書 国漢文』、『大韓基督教会 新約全書』、

『新訳 新旧約全書』）
「말삼」（『聖経 改訳』）
「말씀」（改訳ハングル版、新翻訳、共同翻訳、北朝鮮の聖書、改訳改訂版、『二〇〇周年 新約聖書』、『聖経』二〇〇五）

韓国語聖書のヨハネ福音書は、このように「도」（道）や「말씀」（御言葉）を「ロゴス」の訳語として用いた。「말씀」は時代によっては「말삼」や「말슴」と表記されたりもした。「말」（verbum）に尊意を表す「씀」という語尾をつけて「말씀」と訳しているのである。したがって、その叙述においても敬語表現が用いられている。

二、中国語のヨハネ福音書における「ロゴス」の訳語

中国における聖書翻訳は、一七〇四年にジャン・バッセ（Jean Basset）が翻訳したものが最初であった。ジャン・バッセは多分、ラテン語のヴルガータ訳から翻訳したものと考えられる。カトリックには、原典聖書よりもラテン語聖書を重要視していた時代があった。

当始已有言、而言在神懐、且言為神（ジャン・バッセ訳）

ラテン語の「ウェルブム」（verbum）を「言」と訳している。もちろん、ギリシャ語の「ロゴス」をこのように訳したと考えることもできる。しかしながら、この箇所はラテン語聖書からの翻訳であると考えられる。「言葉が神の懐にある」（言在神懐）との訳は、ラテン語聖書の「アプド」（apud）から訳したと見るのがよいように思われる。ラテン語の「アプド」には、「横に」や「側らに」という意味だけでなく、「～の家に」という意味もある。「懐に」（在…懐）という言葉とは同じではないが、その意味をより発展させて訳したものと考えられる。ギリシャ語聖書では、単に「～の横に」や「～の側らに」を意味する「プロン」（pron）となっているからである。

一八一三年にプロテスタントの宣教師としては初めて新約聖書を刊行したモリソン（Robert Morrison）は、その『神天聖書』において「ロゴス」を次のように翻訳している。

当始已有言而其言偕神、且其言為神（『神天聖書』）

ジャン・バッセの翻訳とほぼ同じである（M 一八四一：

三〇)。「神と共にある」という意味で「在神懐」に変えて「偕神」と訳した点と「言」の横に「その」という意味の「其」をつけて強調している点だけが異なっている。モリソンも「ロゴス」を「言」と訳している。モリソンが「言」をどのように理解していたのか、彼の『字典』を見てみよう(Morrison 一八二三年)。

言 YEN. From Shě 舌 *the tongue*, and Urh 二 the ancient form of Shang 上 above; implying that *words* proceed from the *tongue*. To speak; to direct; direct address; to speak of difficulties, and to converse, is express by 語 Yu, (this idea is not strictly adhered to.) A word or sentence; words; discourse; to speak, to express; to ask; to deliberate. A designation or title. Name of a musical reed, of a territory, of hill, and of a man. Kung tseuě yen loo 恐絶言路 afraid of cutting off the path of speaking; i. e. an emperor's being unwilling to punish by death a statesman who has remonstrated in strong or harsh terms; lest by punishing him, others should be afraid to speak out. Meaou pŏh ko yen 妙不可言 inexpressibly excellent.

ここでモリソンは、「言」と「語」の間の微妙な違いを区別しながらも例を挙げつつ、「言」のもつ多様な意味について説明している。次に「道」をどのように理解していたのかについて見ておく。

道 TAÒU. A way; a path; being at the head; the way that leads to; a thoroughfare on all sides. A principle. The principle from which heaven, earth, man, and all nature emanates. Seaou pëen taou 小便道 the urinary passage; the vagina. Ta pëen taou 大便道 the rectum intestinum. Ta taou 大道 or Kŭh taou 穀道 the passage by the anus. Seaou taou 小道 or Shwŭy taou 水道 the passage by the urethra.

Tao-kwan yuen nëen 道光元年 the first of Taou-kwang, 'reason's glory,' title of the regning emperor of China, (A. D. 1821) Taou he 道喜 to congratulate, an expression used amongst equals. Taou tsëen shing che kwŏ 道千乗之国 to rule or govern a nation that can send forth a thousand war chariots.

The word *Taou* was formerly applied to *divisions* or departments of the empire as 河南道 Hon-nan taou, included the region of Ho-nan province. …

『康熙字典』とは異なり、この説明の中には、「言」という意味が「道」という言葉の中に存在するとの言及はない。しかしながら、「道」が「天と地と人間とすべての自然が生じる原理」(the principle from which heaven, earth, man and all nature emanates)であるとの説明は非常に独特なものである。このようにモリソンは、「道」を見事な形で説明するが、自らが翻訳した『神天聖書』では、「ロゴス」を「道」とは訳さず「言」とした。一七〇四年に刊行されたジャン・バッセの翻訳をそのまま踏襲した結果であると考えられる。インドのセランポールにおいて刊行されたマーシュマン(Joshua Marshman)とラサール(Johannes Lassar)の『新約全書』(一八二三年)もモリソンの翻訳とあまり異ならない。

当始已有言、而其言偕神、又其言為神(マーシュマン—ラサール訳)

五文字ずつ韻を踏む形で翻訳し、最後の部分で「且」を「又」に変えているだけで、モリソン訳とそれほど大きな違いはない。マーシュマン—ラサール訳もまた「ロゴス」を「言」と訳している。このように「ロゴス」や「ウェルブム」を「言」と翻訳する伝統は、メドハースト(Walter H. Medhurst)とカール・ギュツラフ(Karl F. A. Gützlaff)に至って「道」に変わっている。次のものは、メドハースト訳の『約翰伝福音書』(一八三八年)[30]とギュツラフ訳の『救世主耶蘇新遺詔書』(一八三九年)である。

元始已有道、其道與上帝永在、道者即上帝也(メドハースト訳)

元始有道、其道與上帝共在、道即乃上帝也(ギュツラフ訳)

ギュツラフ訳は、メドハースト訳を修正したものとして知られている。[31]ところでこれらの聖書では、「言」が「道」に変えられているとともに、「神」が「上帝」に変えられている。ヘブライ語の「エローヒーム」(elohim)やギリシャ語の「テオス」(theos)を「上帝」と呼ぶ伝統は、すでにマテオ・リッチ(Matteo Ricci)の『天主実義』において始まっていた(Matteo Ricci 二〇一二:二一)。[32]メドハーストとギュツラフの神理解と噛み合ったのであろう。「ロゴス」を「道」と訳した点も彼らの「ロゴス」理解がそれ以前の翻訳者たちとは違っていたことを反映している。

「道」には「みち」という意味以外にも「言葉」という意味がある（Kangxidian 一九五八：一二六二［酉集下 〇部二四］）。『孝経』に「非先王之法言不敢道」という表現が出てくるが、ギュツラフは、古典におけるこのような用例だけでなく、哲学的な意味を加えて「道」という用語を用いたようである（Ebisawa 一九八九：一一三―一一四、Gützlaff 一八三二：二七六―二七九、Gützlaff 一八三三：一三五―一三八参照）。

一八五二年には、メドハーストと王韜の主導のもと、代表者訳が出版された（You 二〇一五：二七三―二九一、Narazaki 一九九二：二八―三二）。この聖書の翻訳者たちは、翻訳過程において「用語問題」（terms question）と言われる論争を引き起こし、袂を分かつこととなった（Morrison-Milne 一八三八：三一四―三二二）[33]。結局、米国人の宣教師らは、後に「ブリッジマン―カルバートソン訳」（一八六三年）を別途に刊行することとなった。新約に関して二つの翻訳はほぼ同じなので、並べて見てみよう。

元始有道、道與上帝共在、道即上帝（代表者訳）

元始有道、道偕神、道即神（ブリッジマン―カルバートソン訳）

最前部はまったく同じである。二つの聖書が違うところは、神をそれぞれ「上帝」（代表者訳）あるいは「神」（ブリッジマン―カルバートソン訳）と訳している点である。また、「共にいる」という意味で「與…共在」（代表者訳）あるいは「偕」（ブリッジマン―カルバートソン訳）とそれぞれ訳している点も異なる。これは、ギリシャ語「エン・プロス」（ēn pros）の翻訳である。これを「偕」という一文字だけで表現したブリッジマン―カルバートソン訳のほうがはるかに簡潔なものとなっている。しかしながら、「ロゴス」は双方とも「道」と訳している。次に代表者訳をギュツラフ訳と比較してみよう。

元始有道　其道與上帝共在　道即乃上帝也（ギュツラフ訳）

元始有道道與上帝共在　道即　上帝（代表者訳）

このように配列してみると、代表者訳（一八五二年）はギュツラフ訳（一八三九年）から来たものであることを確認することができる。代表者訳において抜けているのは、「其」や「乃」という文字と文章の語尾の「也」である。少なくともこの箇所に関しては、代表者訳はギュツラフ訳を底本にして文章を整えたとの印象を受けるのである。

メドハーストは、この代表者訳を底本にして南京語で新約聖書を刊行している。「南京官話訳」（一八五七年）である。二つの聖書を並べてみると次のようになる。

元始有道道與上帝共在　道即　上帝（代表者訳）
起頭有道　這道和上帝同在　道就是上帝（南京官話訳）

まず、「元始」が「起頭」に、「與」が「和」に、「共在」が「同在」に、そして「即」が「就」に変えられ、「是」が付け加えられている。変えられた部分は、すべて南京の口語表現である。「ロゴス」は「道」と翻訳されている。

北京でも官話への翻訳要請があり、「北京官話訳」（新約聖書）[34]が刊行された。ここでは、南京官話訳およびグリフイス・ジョン（Griffith John）が翻訳した「華中官話訳」（新約聖書）を一緒に比較してみたい。

起頭有道　這道和上帝同在　道就是上帝（南京官話訳、一八五七年）
太初有道道與神同在道就是神　（北京官話訳、一八七二年）
起初有道道與上帝同在　道就是上帝（華中官話訳、一八九二年）

まず、三つの聖書においては、「神」と「上帝」という二つの用語の差異が目につく。先に言及した通り、中国内においては、「用語問題」が一九世紀中盤にすでに起こっており、それ以後この二つの用語が用いられるようになっていた。残りの部分はほぼ同じである。ところで北京官話訳は、「道」という言葉に「道或作言下同」との註を付し、「道」が「言」と翻訳することができる点を明らかにしている。このように、中国語聖書におけるかつての伝統を一緒に載せている点が特徴的である。上の三つの官話体聖書は、成立時期や場所における違いがあるにもかかわらず、表現においてはほぼ同じものとなっている。次に「和合本」（一九一九年）を北京官話訳および「和合本修訂版」（二〇一〇年）と比較して読んでみたい。

太初有道道與神　同在道就是神　（北京官話訳）
太初有道道與上帝同在道就　上帝（和合本）
太初有道道与上帝同在道就是上帝（和合本修訂版）

三つの聖書は驚くほど似ている。「神」か「上帝」かの違いがあるだけで、翻訳自体は変わらない。和合本修訂版は、和合本を修正したものであるが、かえって北京官話訳をそのまま踏襲したものとなっている。

珍しい現象であるが、文理体よりも若干簡潔な浅文理体で翻訳された二つの聖書が一九世紀末に出版されている。グリフィス・ジョンとシェルシェウスキー主教（Bishop S. I. J. Shereschewsky）がそれぞれ翻訳した聖書である。一八九〇年の上海における宣教師会議では、三つの文体の和合本が刊行されることとなったが（Strandenaes 一九八七：七六）、浅文理体の和合本は出版されなかった。ここでは下記のように、代表者訳と比較しておきたい。

元始有道、道與上帝共在、道即上帝（代表者訳）
元始有道、道與上帝同在、道即上帝（グリフィス・ジョン浅文理訳）
太初有道、道與天主同在、道即天主（シェルシェウスキー浅文理訳）

「代表者訳」（一八五二年）と「グリフィス・ジョン浅文理訳」（一八九二年）は、四〇年の時間的差異があるにもかかわらず同じである。「シェルシェウスキー浅文理訳」（一八九八年）[35]は、神が「天主」となっているが、これはシェルシェウスキーが聖公会の主教であったためであると思われる。この二つの浅文理体聖書は、ともに「ロゴス」を「道」と訳している。ギュツラフの用語をそのまま踏襲しているのである。

中国が社会主義政権となって間もなく二冊の聖書が出版されている。一つは「呂振中訳」（一九五二年）であり、もう一つは『思高聖経』（一九六八年）である。呂振中訳は、呂振中（一八九八―一九八八年）という中国人学者が原典聖書から翻訳した最初の聖書として知られている。[36]一方、『思高聖経』は、中国カトリック最初の公認訳聖書であった。

起初有道　道与上帝同在道就是上帝之真体（呂振中訳）
在起初已有圣言　圣言与天主同在　圣言就是天主（『思高聖経』）

呂振中訳における「ロゴス」の訳語は「道」である。原典から翻訳しているが、伝統的な解釈に従っている。『思高聖経』が何よりも特徴的な点は、ギリシャ語の「ロゴス」を「聖なる御言葉」を意味する「圣言」（聖言）と訳している点である。この訳語は、ジャン・バッセの「言」という用語を継承しながらも、「聖（圣）」という文字を付けることで、単なる「言葉」ではなく「聖なる言葉」であるとの神学的解釈を加味したものであると言える。

その他、台湾で刊行された「現代中文訳本」（一九七九年）[37]と「現代中文訳本修訂版」（一九九五年）[38]の翻訳が特徴的なものとなっている。米国聖書協会（American Bible Society）のユージン・ナイダ（Eugene A. Nida）が提唱した「動的等価性」（dynamic equivalence）理論に基づいて翻訳された聖書である（Nida-Taber 一九六九）。したがって、その文体は自由である。やはり台湾で刊行された『聖経 恢復版』（二〇〇六年）[39]と一緒に見ておきたい。

宇宙被造以前、道已経存在、道與上帝同在、道是上帝
（現代中文訳本、現代中文訳本修訂版）
太初有話、話與神同在、話就是神（『聖経 恢復版』）

『聖経 恢復版』は、「道」を「話」という用語に変えて翻訳している。この聖書は台湾で出版されたにもかかわらず、一四〇年前の北京語で翻訳された官話体聖書を「話」という用語以外はそのまま踏襲している点が非常に興味深い。現代中文訳本とその修正版は、自由な翻訳であるものの、「ロゴス」は依然として伝統的な「道」となっている。环球圣経公会（The Worldwide Bible Society）から出された『聖経 新訳本』（第二版、二〇〇五年）も「ロゴス」を「道」と訳している。このように中国語聖書の「ロゴス」は、初期には「言」であったが、ギュツラフ以降は概して「道」となっている。「ジャン・バッセ訳」（一七〇四年）から始まり、『聖経 恢復版』（二〇〇六年）までの中国語聖書は、「ロゴス」を次のように翻訳してきた。

「言」（ジャン・バッセ訳、『神天聖書』、マーシュマン—ラサール訳）
「道」（メドハースト訳、ギュツラフ訳、代表者訳、南京官話訳、華中官話訳、グリフィス・ジョン浅文理訳、和合本、現代中文訳本修訂版、当代訳本、新訳本、和合本修訂版）
「道（あるいは言）」（北京官話訳、シェルシェウスキー浅文理訳）
「聖言」（『思高聖経』）
「話」（『聖経 恢復版』）

中国語聖書においてヨハネ福音書一章一節の「ロゴス」を「道」と翻訳することになったのは、メドハーストとギュツラフの貢献である。[40] ギュツラフの翻訳における独自の試みは、日本語聖書のヨハネ福音書にも見いだすことが

できる。

三　日本語のヨハネ福音書における「ロゴス」の訳語

中国において活動していたギュツラフは、日本語の片仮名でヨハネ福音書を翻訳している（Suzuki 二〇〇六：五六―五九）。『約翰福音之伝』（一八三七年）である。これは、日本語で翻訳された最初の聖書であった。

ハジマリニ　カシコイモノゴザル。コノカシコイモノゴクラクトモニゴザル。コノカシコイモノゴクラク。（ギュツラフ訳）

このようにヨハネ福音書一章一節の「ロゴス」は、「カシコイモノ」と訳されている。「賢い」という意味をもつこの言葉を「賢者」という意味で翻訳したものと思われる。[41]多分、箴言八章の「知恵」（ホクマ）を念頭において翻訳したものと考えられる（Kume 二〇〇九：九五―一〇〇）。第一コリント一章二四節を見ると、「キリストは…神の知恵」という表現が出てくる。この表現と箴言八章の知恵を結びつけ、このような訳語を捻出したものであろう。

琉球語でもヨハネ福音書が『約翰伝福音書』（一八五五年）という名で香港において刊行された。ユダヤ系ハンガリー人であるベッテルハイム（Bernard Jean Bettelheim）による翻訳である（Cohen 二〇一三：三二）。

ハジマリニカシコイモノヲテ、コノカシコイモノヤシヤウテイト トモニヲタン、カノカシコイモノヤ シヤウテイド。（ベッテルハイム訳　一八五五年）

ギュツラフ同様、「ロゴス」を「カシコイモノ」と翻訳し、片仮名で表記している。ベッテルハイムは、『約翰伝福音書』（一八七三年）においても同様に「かしこいもの」と「ロゴス」を翻訳している。片仮名と平仮名の違いがあるだけで訳語は同じである。ベッテルハイムはヨハネ福音書を翻訳した際にギュツラフのヨハネ福音書を参照したものと考えられる（Ebisawa 一九八九：一二六）。

はじめに　かしこいものあり　かしこいものハ　神とともにいます　かしこいものハすなはち神。（ベッテルハイム訳　一八七三年）

このベッテルハイムの翻訳聖書ではルビは振られていないが、同時期に出版されたヘボン（J. C. Hepburn）らのものにはルビが振られている。ヘボンは、S・ブラウン(Samuel R. Brown)[42]、そして奥野昌綱と共に一八七二年に『新約聖書約翰伝』を翻訳して刊行している(Kume 二〇〇九：八〇—一〇六)。そこでは「ロゴス」が「言霊」と訳され、「ことだま」とルビが振られている。古代の日本には、言葉の中に力が宿っていると見る信仰があった。『万葉集』には、「敷島の大和の国は言霊の幸はふ国」という表現が出てくる(Hayashi 二〇一八)。この信仰をよく表した表現であると思われる。ヘボン—ブラウン—奥野訳における「言霊」とは、「神言」を意味する単語であり、森羅万象が「言霊」によってつくられたという信仰がこの表現の中に入っているように見える。「言霊」は「言魂」とも言う。すなわち、古代の日本では、「言霊」とは生きて動く力と認識されていたようである。ヘボンとブラウンと奥野は、このような古代日本の言霊信仰を反映させ、この用語を使用したのではないかと考えられる。これは、独特な形の土着化である。

　このように、日本で公認訳が出版されるまで「ロゴス」はさまざまな形で翻訳されていたことがわかる。しかしながら、一八七八年からは状況が変わる。ヘボンらが訳した『新約聖書 約翰伝』(一八七八年)の本文では「道」と訳され、それに「ことば」とルビが振られている。また、N・ブラウン(Nathan Brown)が翻訳した『志無也久世無志与』(一八七九年)は、本文に「ことば」とだけ訳されている。

　ところでヘボンは、自身が一八六七年に刊行した『Japanese And English Dictionary』において「Kotoba」について次のような説明を行なっている(Hepburn 一八六七：二三二)。

Kotoba, コトバ, 言, n. A word, language, speech. - wo tawasz, to make a verbal promise, or mutual agreement. Nippon - the Japanese language.

また、「道」の項目を見ると、次のように説明している(Hepburn 一八六七：二七〇〔Michi の項目〕)。

MICHI, ミチ, 道, n. A road, way, (fig.) the right way or course of conduct, truth, principles, doctrine, teaching, duty, art. - no hotori, side of a road. - no hadzre, end of a road. - wo kiru, to cross a road. - wo tszmeru, to shorten a journey. - ni mayō, to lose the way. - wo somuku, to act contrary to what is right. - ni hadzreru, to miss the way.

「道」と記して「ことば」と読むことによって、このような「Kotoba」と「Michi」がもつ両方の意味を含んだ訳語となっているのである。

『志無也久世無志与』と同じ年に刊行された『よは祢でん』（一八七九年）も独特な訳語を用いている。その本文では「ことば」と訳され、「道」という文字でルビが振られている。ヘボンがローマ字で刊行した『Warera no shu Iyesu Kirisuto no shin yaku zon sho. The New Testament in Japanese』（一八八〇年）には、ただ「Kotoba」とのみ表記されている。同じ年に出た「明治訳」（一八八〇年）では、『新約聖書 約翰伝』同様、「道」に「ことば」とのルビが振られている。その本文は次の通りである。

太初《はじめ》に道《ことば》あり道《ことば》ハ神と偕《とも》にあり道《ことば》ハ即《すなは》ち神なり（明治訳）

一九〇七年に刊行されたピアソン（G. P. Pierson）訳による『略註 新約全書』[43]も明治訳と同じ形で翻訳されている。ところでラゲ（F. Emil Raguet）が翻訳した『我主イエズスキリストの新約聖書』（一九一〇年）[44]では、この「ことば」の前に尊敬の意を表す「御」という文字を付して「御言」と本文中では翻訳し、「みことば」とのルビをつけている。

元始《はじめ》に御言《みことば》あり、御言《みことば》神〔かみ〕の御許《おんもと》に在《あ》り、御言《みことば》は神《かみ》にてありたり。（ラゲ訳）

このラゲ訳の「御言《みことば》」は、カトリックではフランシスコ会訳（「み言葉」）に引き継がれていく。これ以降に出てくる新約聖書では、「大正訳」（一九一七年）[45]においてはギリシャ語の「ロゴス」を「言」と訳し、「ことば」とのルビが振られている。一九二八年の永井直治訳[46]でも次の通り、ルビは振られていないが「言」と翻訳されている。

初に言ありき、また言は神と偕にありき、また言は神なりき。（永井直治訳）

「口語訳」（一九五四年）[47]では、「ロゴス」に関しては、次のように大正訳をそのまま踏襲したものとなっている。

初《はじめ》に言《ことば》があった。言《ことば》は神《かみ》と共《とも》にあった。言《ことば》は神《かみ》であった。（口語訳）

上述の明治訳と比較すれば、「共にする」との意味の「偕」を「共」に変えてはいるが、読み方は同じ「とも」となっている。また、「太初」も「初め」と変えられているが、読み方は同じ「はじめ」である。しかし「ロゴス」は、「言《ことば》」となっている。この訳語は、後の新共同訳においても引き継がれている。次に岩波書店から翻訳・出版された「新約聖書翻訳委員会訳」（二〇〇四年[48]）を見ておこう。

はじめに、ことばがいた。ことばは、神のもとにいた。
ことばは、神であった。（新約聖書翻訳委員会訳）

文章が「いた」という表現で終わっているのが目につく。註では、「新共同訳」（一九八七年）の訳語である「あった」とも翻訳しうることが示されている。「ロゴス」はただ「ことば」とのみ表記され、漢字の「言」は使われていない。最近出された『聖書 新改訳二〇一七[49]』でも「ことば」と平仮名で訳されている。一方、田川建三は、『新約聖書 本文の訳』（二〇一八年[50]）において、「ロゴス」をそのまま音訳している。

はじめにロゴスがあった。そしてロゴスは神のもとにあった。そして神であったのだ、ロゴスは。（田川建三訳）

ここでは、「神」という用語を除いて、すべて仮名で表記されている。また「神」という用語にもルビは振られていない。ここまで触れてきた聖書の各翻訳を見れば、ルビを振らないことを含め、ルビ自体もまた一つの翻訳であると言えるであろう。田川訳においては、ギリシャ語の「ロゴス」の訳語として日本語音訳の「ロゴス」が選ばれているが、これは新しい訳語であると言えるであろう。

一八三七年のギュツラフ訳から二〇一八年の田川訳までの約一八〇年間に出された日本語聖書における「ロゴス」の訳語は次の通りである。

「カシコイモノ」（ギュツラフ訳、ベッテルハイム訳 一八五五年）
「かしこいもの」（ベッテルハイム訳 一八七三年）
「言霊《ことだま》」（ヘボン―ブラウン―奥野訳）
「ことば」（N・ブラウン訳、新改訳、新約聖書翻訳委員会訳、新改訳 二〇一七年）
「Kotoba」（ヘボンのローマ字聖書）
「道《ことば》」（明治訳、ピアソン訳）

「ことば《言》」(『よは祢でん』)
「御言《みことば》」(ラゲ訳)
「言《ことば》」(大正訳、口語訳、新共同訳)
「言」(永井直治訳)
「み言葉」(フランシスコ会訳)
「御言葉《みことば》」(共同訳)
「ロゴス」(田川建三訳)

「カシコイモノ」(ギュツラフ訳、ベッテルハイム訳)や「言霊《ことだま》」(ヘボン―ブラウン―奥野訳)、「ロゴス」(田川建三訳)など、どれも特異な訳語となっている。「言霊」は、日本の初期プロテスタント時代に出てきた独特な土着化用語である。また、田川の「ロゴス」は、ギリシャ語の「ロゴス」をそのまま音訳した言葉であり、東アジアの聖書の中で最も新しく出された訳語でもある。

終わりに

新約聖書ヨハネ福音書一章一節のギリシャ語「ロゴス」は、中国語のヨハネ福音書においては、最初期には「言」と訳されたが、一八三〇年代以降は概して「道」と翻訳されてきた。但し中国カトリックの『思高聖経』では「聖言」という独特な表現が使用されている。また、台湾の出版社から刊行された『聖経 恢復版』(二〇〇六年)における「話」も目につく訳語となっている。

現在の日本語のヨハネ福音書においては、一般的に「ロゴス」は「言」や「ことば」、「み言葉」などと訳されている。但しその初期には「道」とも表記されていた。ここには、漢文聖書のブリッジマン―カルバートソン訳の影響があったと考えられる。明治訳では、「道」に「ことば」とルビが振られることによって、「道」と「言」が混在する形となっていた。しかし、その後、一九一〇年代より「言」「ことば」やそれに「御」をつけた訳語が主流となっていった。特殊な訳語としては、最初の日本語訳である「ギュツラフ訳」(一八三七年)における「カシコイモノ」がある。ベッテルハイムは、この用語を「かしこいもの」と平仮名で表記した。「賢者」という意味である。その他の独特な訳語としては、ヘボン―ブラウン―奥野訳の「言霊《ことだま》」、田川建三の「ロゴス」を挙げることができるであろう。

韓国語聖書の場合、初期にはギリシャ語の「ロゴス」は「도」(道)と訳されていた。満州で活動したロスとマッキンタイアの翻訳チームによる『イエス聖教全書』(一八八七年)がそのことを示している。これは、中国語聖書の「代表者訳」(一八五二年)からの翻訳であったためである。

そして一九〇〇年からは「말씀」（御言葉）という訳語が登場する。その表記法は、「말삼」や「말숨」あるいは「말씀」と時代の変遷に従って変化している。一方で、国漢文聖書では依然として「道」が使用されていた。ゲールと李源謨の翻訳チームによる『新訳 旧新約全書』（一九二五年）もまたこの伝統に立つ聖書である。しかし、二〇〇〇年代以降に出された聖書は個人訳も含めてすべて「말씀」と翻訳している。

以上のように東アジアの三国では、「ロゴス」は「言」や「道」と翻訳されてきた。もちろん各国ともその初期にはさまざまな翻訳の試みがなされたが、「ロゴス」は、東アジアのキリスト教においては「御言葉」（verbum）と理解されている。ここには、カトリックのヴルガータ訳の影響があったと思われる。[51] 最初に聖書を中国語で翻訳したのが、イエズス会の宣教師であるジャン・バッセであったからである。したがって、日本では一九世紀末にN・ブラウンが「ロゴス」を「ことば」と訳し、二〇世紀中盤の中国のカトリック教会は「聖言」とした。また日本においては、一九世紀末のヘボン—ブラウン—奥野訳が「言霊」、二〇世紀末の「共同訳」（一九七八年）が「御言葉」としている。特に「言霊」は『万葉集』にも出てくる用語であり、古代の日本における言霊信仰を反映した言葉である。日本の固有語をこのような形で聖書に取り入れようとした試み自体に意味があると言えよう（Kume 二〇〇九：一〇三）。

韓国では、「말」（verbum）に尊敬の意味を込めて「말씀」（改訳改訂版）と翻訳されている。日本においては「御言」（ラゲ訳）または「御言葉」（共同訳）と翻訳され、双方ともに「みことば」と読んでいる。したがって、日本と韓国では、「ロゴス」は単なる「ことば」ではない。かしずくべき対象と理解されているのである。だから韓国では、「계시다」（おられる）のような敬語表現を用いて翻訳されている。

現代の中国キリスト教においては、「教え」という意味をもつ「道」もまた使用されており、土着化した訳語となっている。この用語は、メドハーストとギュツラフから始まっている。ギリシャ語と中国語の出会いが独特な用語を生み出したのである。「道」は中国では「ダオ」（dào）と読み、日本では「みち」あるいは「どう」と読み、韓国では「도」（do）と読む。『孝経』において「言」の同義語として用いられているこの用語は、「ことば」それ以上の意味を東アジア人に伝えている。この言葉は「途」をも意味する。[52] ギリシャ語の「ロゴス」が多様な意味（Abbott-Smith 一九八六：二七〇—二七一）を有するのと同様に多

様な意味を伝えているのである。

参考文献

Abbott-Smith (1986). Abbott-Smith, G. *A Manual Greek Lexicon of The New Testament*. Third Edition. Edinburgh: T. & T. Clark LTD, 1986.

Brown (1841). Brown, Samuel G. "The Third Annual Report of the Morrison Education Society: read September 29th, 1841", *The Chinese Repository* 10 (1841), 564-587.

Buckwall (1909). Buckwall, H. O. T. "Historical Sketch", *British and Foreign Bible Society, Established 1804, Report of The Korean Agency For The Year Ending December 31st*, 1908, 6-26.

Choi (1899). 崔炳憲.〝동방셩인들도 하ᄂᆞ님을 공경하엿소〟、「대한크리스도인 회보」 제三권 제二四호 (一八九九년六월一四일자)、五.

Cohen (2013). Cohen, Doron. *The Japanese Translations of the Hebrew Bible. History, Inventory, Analysis*. Leiden: Brill, 2013.

Dictionnaire Coréen-Français (1880). Les Missionnaires De Corée.『한불ᄌᆞ뎐 韓佛字典』(Dictionnaire Coréen-Français). Yokohama: C. Lévy, 1880.

Ebisawa (1989). 海老沢有道『日本の聖書—聖書和訳の歴史』、講談社、一九八九年。

Gützlaff (1832). Gützlaff, Charles. "Remarks on The Corean Language", *The Chinese Repository* 1 (1832), 276-279.

Gützlaff (1833). Gützlaff, Charles. "The Corean Syllabary", *The Chinese Repository* 2 (1833), 135-138.

Gützlaff (1838). Gützlaff, Charles. "The Japanese Syllabary", *The Chinese Repository* 7 (1838), 496.

Hamajima (2016). 하마지마 빈 (浜島敏) (김남구 번역).〝귀츨라프역 일본어 요한복음의 '말씀' 과 '하나님' 의 번역어 재고〟、「성경원문연구」 三八 (二〇一六. 四)、二四六—二五二.

Hayashi (2018). 林巨樹「ことだま／言霊」、『日本大百科全書：ニッポニカ』(kotobank.jp - October 21, 2018)

Hepburn (1867). Hepburn, James C. *Japanese And English Dictionary: Japanese and English Index*. London: Trübner & Co, 1867.

Jennings (1925). Jennings, William. *Lexicon to the Syriac New Testament* (*Peshitta*) with Copious References,

Dictions, Names of Persons and Places and Some Various Readings Found in the Curetonian, Sinaitic Palimpsest Philoxenian & Other MSS. Revised by Ulric Gantillon, Eugene, Oregen: Wipf and Stock Publishers, 1925.

John (1880). 楊格非.『耶蘇聖教三字經』. 西歷一千八百八十年. 光緒六年歳次庚辰. 漢口聖教書局.

Kangxizidian (1958).『康熙字典』. 北京：中華書局出版、一九五八.

Kim (1937). 金在俊. 〝맨 처음에〟、「十字軍」第一卷 第三號（一九三七년九월一三일）、二一—二四.

Koh (2003). 고영근. 〝'한글'의 作名父는 누구일까—이종일・최남선 소작설과 관련하여〟、「새국어생활」一三—一（二〇〇三봄）、一三一—一五〇.

Kume (2009). 久米三千雄「ヘボン・ブラウン訳「新約聖書約翰傳」（文語）の特色—とくにプロローグの「言霊」（ロゴス）の意義について」、『教会の神学』第一六号（二〇〇九年一〇月）、八〇—一〇六頁。

M (1841). M. "Memoirs of the Life and Labors of Robert Morrison D. D., F. R. S. & C.. compiled by his Widow", *The Chinese Repository* 10 (1841), 25-37.

Matteo Ricci (2012). 利瑪竇.『利瑪竇中文著譯集』. 朱維錚 主編. 上海：復旦大學出版社、二〇一二.

Medhurst (1854). Medhurst, W. H. *Chinese And English Dictionary, Containing All the Words in the Chinese Imperial Dictionary, Arranged According to the Radicals.* Batavia: Dutch East Indies, 1842.

Morrison (1823). 马礼逊 (Robert Morrison).『华英字典三』(A Dictionary of the Chinese Language)（影印版）. 郑州市：大象出版社、二〇〇七.（原出版年一八二三）

Morrison-Milne (1838). Morrison, Robert, and William Milne. "Some Remarks on the Chinese Terms to Express the Deity. Selected from the Indo-Chinese Gleaner, vol. iii, No.16, for April, 1821, pp. 97-105", *The Chinese Repository* 7 (1838), 314-321.

Narazaki (1992). 楢崎洋一郎. 〝王韜「與英國理雅各學士」譯註〟、「詩經研究」第十七號（一九九二年一二月）、二八—三二.

Nida-Taber (1969). Nida, Eugene A. and C. R. Taber. *The Theory and Practice of Translation*. Leiden: Brill, 1969.

Nöldeke (1904). Nöldeke, Theodor. *Compendious Syriac Grammar*. trans. James A. Crichton., Eugene, Origen: Wipf and Stock Publishers, 1904.

Ross (1879). Ross, John. *History of Korea, Ancient and Modern, with Descriptions of Names and Customs,*

Languages and Geography, Maps and Illustrations. Paisley: J. And R. Parlane, 1897.（존 로스『존 로스의 한국사』（홍경숙 옮김）、서울：살림출판사、二〇一〇）

Ryu-Oak-Yi (1994). 류대영、옥성득、이만열『대한성서공회사Ⅱ 번역 반포와 권서사업』서울：대한성서공회、一九九四。

Schmoller (1994). Schmoller, Alfred. *Handkonkordanz zum griechischen Neuen Testament. Nach dem Text des Novum Testamentum Graece von Nestle-Aland und des Greek New Testament neu bearbeitet bon Beate Köster im Institut für Neutestamentliche Textforschung Münster/Westfalen.* 8 Auflage, 3. revidierter Druck, Stuttgart: Deutsche Biblegesellschaft, 1994.

Shen (2012). 선궈웨이（이한섭 외 옮김）『근대중일어휘교류사』（신한자어의 생성과 수용）서울：고려대학교출판부、二〇一二（KINDAI NITCHU GOI KORYU SHI by Guowei Shen, Kasamashoin 2008).

Shimasaki (2009). 쉬마사키 카추오미（이형원 역）〝일본성서 번역의 약사〟、「성경원문연구」二四（二〇〇九．四）별책、三六五—三七六。

Sokoloff (2009). Sokoloff, Michael. *A Syriac Lexicon.* Winona Lake: Eisenbrauns / Piscataway, NJ: Gorgias Press, 2009.

Spillet (1975). Spillett, Hubert W. *A Catalogue of Scriptures in The Languages of China and The Republic of China.* London: British and Foreign Bible Society, 1975.

Strandenaes (1987). Strandenaes, Thor. *Principle of Chinese Bible Translation, as Expressed in Five Selected Versions of the New Testament and Exemplified by Mt 5:1-12 and Col 1.* Coniectanea Biblica New Testament Series 19, Hong Kong: Almqvist & Wiksell International, 1987.

Suzuki (2006). 鈴木範久『聖書の日本語—翻訳の歴史』岩波書店、二〇〇六年。

Yanabu (2001). 柳父章『「ゴッド」は神か上帝か』岩波書店、二〇〇一年。

You (2015). 요우빈（游斌）（具香花 李桓珍 번역）〝왕타오、중국어 성경 번역과 그의 해석학 전략〟、「성경원문연구」三七（二〇一五．一〇）、二七三—二九一。

注

1 神の本質それ自体を意味するこの「ロゴス」は、意外にも第一ヨハネ一章一節の「いのちの言葉」という表現およびヨハネ黙示録一九章一三節の「神の言葉」という表現の中に登場する（Schmoller 一九九四：三一四）。その著作の中でシュモラー

(Schmoller) は、ヨハネ福音書一章一節と第一ヨハネ一章一節、ヨハネ黙示録一九章一三節の「ロゴス」は「verbum Dei substantiale」という意味であるが、新約聖書の他の箇所に登場する「ロゴス」はすべて「verbum Dei et Christi」との意味であるとしている。

2 『성경전서 개역개정판』(제四판)、서울：대한성서공회、二〇〇五.

3 『성경전서 개역한글판』、서울：대한성서공회、一九六一.

4 『성경 개역』、경성：성서공회、一九三八.

5 『簡易 鮮漢文 新約』、朝鮮聖書公會、一九四〇.

6 『四史聖經』、韓基根 神父譯、一九一〇.

7 *Biblia Sacra Iuxta Vulgatam Versionem, Dritte, verbesserte Auflage, Stuttgart: Deutsche Bibelgesellschaft*, 1983.

8 宣鍾完神父が翻訳し、韓国天主教中央協議会が刊行した『創世記』(一九五九年) の最初の言葉が「비롯음에」と翻訳されていたのと同じ伝統に属している。

9 「御言葉は、天主第二位の聖子の称号であるので、天主の聖子が降生される前は御言葉と言い、降生された後はイエス・キリストと言う」。

10 『二〇〇주년 신약성서 주해』、경북 왜관：분도출판사、二〇〇一.

11 『주석 성경』、서울：한국천주교중앙협의회、二〇一〇. この聖書の本文は、二〇〇五年に出版された。

12 絶対的な始まりであると注解で説明されているが、とても不自然な韓国語である。単に「처음」とするか「맨처음」と翻訳するほうがよいと思われる。韓国基督教長老会の韓国神学大学を設立した金在俊は、一九三八年に自身が中国の龍井で刊行した季刊誌『十字軍』において創世記一〜五章を翻訳する中で創世記一章一節のヘブライ語「べ・レーシート」(berēšīt) を「맨처음」と翻訳している (Kim 一九三七：二二—二四)。

13 『新約全書 국한문』、救主降生一千九百六年、大韓光武十年.

14 『新約全書 국한문』、大英聖書公會、一九二二.

15 『新譯 新舊約全書』、京城：基督教彰文社、一九二五.

16 『대한기독교회 신약젼셔』、一九一九. この聖書では、第一ヨハネ一章一節でも同様に「ロゴス」を「도」と翻訳している。

17 『예수셩교 요안닉복음젼셔』、심양 문광셔원、광세팔년.

18 『예수셩교셩셔 요안닉복음』、심양 문광셔원、광세구년.

19 『예수셩교셩셔 요안닉복음 이비쇼셔신』、심양 문광셔원、광세십일년.

20 『예수셩교젼셔』、경셩 문광셔원、예수강셰일쳔팔빅 십칠년 광셔십삼년.

21 『요한복음젼』、一八九一 (Spillett 1975: #183).

22 当時は韓国語のことを「諺文」(eunmun) と呼んでいた。「ハングル」という言葉は、一九一二年に『소리갈』という本でハングル学者の周時経 (一八七四—一九一七) が使いはじめた言葉であるとされている。北朝鮮では、「조선글」と呼ばれている (Koh 二〇〇三：一三一—一五〇)。

23 アンダーウッド (Horace G. Underwood) が翻訳した『ヨハネ一二三ユダ書』(一八九八年) がその良い例である。そこでは、第一ヨハネ一・一に出てくる「ロゴス」が「도」と訳されている。一九〇四年に出された『新約全書』においても同様に第一ヨハネ一章一節の「ロゴス」は「도」と訳されている。『신약젼셔』、조선성서위원회 (The Bible Committee of Korea) 역、一九〇四を参照のこと。

24 ギリシャ語の「ホドス」(hodos) に関するものではあるが、一八八五年に李樹廷が日本で翻訳して刊行した『新約馬可伝福音書諺解』にも「道」という言葉がマルコ福音書一章二節に登場する。この福音書を朝鮮においてアペンゼラー (Henry G. Appenzeller) が修正し、一八八七年に刊行した『마가의젼ᄒᆞᆫ 복음셔언ᄒᆡ』でも「도」という用語が維持されている。

25 しかしながら、第一ヨハネ一章一節の「ロゴス」は依然として「도」と訳されている。

26 『신약전서 새번역』、서울：대한성서공회、一九六七.

27 『풀어 옮긴 현대어 성서』(신약전서)、정용섭 역、서울：성서교재간행사、一九七八.「天地が創造される前、何かが存在する前

に御言葉（말씀）がおられました。この御言葉はキリストであり、キリストは神と共におられました」（ヨハネ一・一）。『현대어 성경』、서울：성서교재간행사、一九九一は、上記の聖書の旧新約合本であり、上記の文章の語尾を敬体（です・ます）から常態（だ・である）に変えている。

28 『아가페 쉬운성경』、서울：아가페、二〇〇二.

29 『성경전서』、평양：조선기독교도련맹 중앙위원회、一九九〇. この「共同翻訳 平壌 校訂本」（閔泳珍）とも呼ぶれる聖書は、朝鮮基督教徒連盟議長の康良煜牧師によれば、レーノルズ（W. D. Reynolds）の最後の聖書翻訳のアシスタントであった李英太が翻訳作業を行なったという（筆者の師である閔泳珍教授の証言。二〇一八年一〇月一〇日）。一九九一年に米国ニューヨークの北米キリスト教研究者大会に参加した李成鳳牧師（当時、平壌の鳳岫教会主任牧師）が筆者に渡したメモによれば、韓国の「共同翻訳」（一九七七年）を参照して翻訳者七名が翻訳に携わり、一九八三年に初版一万部、一九九〇年に第二版一万部を発行したという。

30 『約翰傳福音書』、道光十九年重鐫、新嘉坡堅夏書院藏板.

31 メドハーストは、その『Chinese and English Dictionary』において、「言」を単純に「word」と解釈している（Medhurst 一八四二：一四二四）。

32 『天主実義』（上巻 第二篇 二〇）に出てくる「吾天主乃古経書所称上帝也」（我らの天主は昔の経書で上帝と呼ばれる方である）という表現がその一つの例である。この他にも、この書物には、聖書の「神」を『詩経』や『中庸』の「上帝」と同一視する記述がしばしば登場する。

33 この文章でモリソンは、「天」（teën）は「heaven」、「上天」（shang teën）は「the heavens above」と「thesupreme heavens」、「神天」（shin teën）は「the divine heavens」、「皇天」（hwang teën）は「the imperialheavens」、「上帝」（shang te）は「the ruler or protentate, on high」、「主」（choo）は、「heaven's Lord」とそれぞれ説明している。この他にも、「teën laouyay」という言葉が口語で使用されているというが、どのような意味なのかは不明である。このうちモリソンは「天」という用語を好んだ。彼が翻訳した聖書の名前が『神天聖書』となったのもそのためだと思われる。ジャン・バッセ訳では、「神」となっている。また、「jehovah」という用語は、「Ya-ho-wa」と音訳されてもいる（Morrion-Milne 一八三八：三一四―三一五）。Yanabu 二〇〇一：一一九―一二一および Shen 二〇一二：一九五―一九七も参照のこと。

34 『新約全書 中西字』（The New Testament in English and Mandarin）, Shanghai: American PresbyterianMission Press, 1885.

35 『新約全書』、日本東京秀英舍、耶蘇降世一千八百九十八年、華暦歳次丁酉.

36 『聖経 呂振中譯』（新約）、香港：香港聖經公會、一九五二. ここでは、一九七〇年の旧新約合本から本文を引用した。

37 『現代中文譯本』、第二版、香港：香港聖經公會、一九七九.

38 『現代中文譯本修訂版』、香港：香港聖經公會、一九九五.

39 『聖經 恢復版』、臺北：臺灣福音書房、二〇〇六.

40 一九世紀末にグリフィス・ジョン（楊格非）が書いた『耶蘇聖教三字経』には、すでに「道」がキリストの呼称として用いられている（John 一八八〇：七）。「子為誰 即耶蘇 有称道 称基督 降生後 成為人 有肉身 有霊魂 帝性有人性足 合二性 成救主」との文章である。

41 浜島敏は、「賢者」という意味でこの言葉を解釈するが、日本の伝統的な言葉の使い方からこのような意味を見いだしている（Hamajima 二〇一六：二四六―二五二）。また、Ebisawa 一九八九：一一一と Shimasaki 二〇〇九：三六七を参照のこと。島先克臣は、この言葉は「知識人」を意味するとしている。

42 ブラウンは、もともと中国において活動していた宣教師である。彼の教育的背景については、Brown 一八四一：五六七―五六八に掲載されている当時のイェール大学学長のデイ（Jeremiah Day）の報告を参照のこと。

43 『略註 新約全書』ピアソン（Pierson）訳、教文館、一九〇七年。

44 『我主イエズスキリストの新約聖書』公教宣教師ラゲ訳、公教会、一九一〇年。

45 『引照 旧新約聖書』、米国聖書協会、一九一七年。
46 『新契約聖書』永井直治訳、挺身社、一九二八年。
47 『聖書 口語訳』日本聖書協会、一九九一年。
48 『新約聖書』新約聖書翻訳委員会訳、岩波書店、二〇〇四年。
49 『聖書 新改訳 二〇一七 引照・注付』新日本聖書刊行会翻訳、いのちのことば社、二〇一七年。
50 田川建三『新約聖書 本文の訳』作品社、二〇一八年。
51 もちろん、東方シリア教会(Eastern Syriac Church)の聖書『ペシタ訳』(Peshitta、五世紀)もギリシャ語の「ロゴス」を「メルト」(メルタ)とし、「ことば」という意味に訳している。この用語は、女性形であるが、同時に男性形にも移行する特異な用語である(Jennings 一九二六:一二三、Nöldeke 一九〇四:五九、Sokoloff 二〇〇九:七七五)。
52 李樹廷(一八四三―一八八六年)は、日本において刊行した『新約馬可伝福音書諺解』(一八八五年)でギリシャ語の「ホドス」(hodos)を「道」とも翻訳している。

李桓珍(イ・ファンジン)
ソウル・監理教神学大学教授。
翻訳:李相勲(イ・サンフン)
本誌十二ページ参照。

レポート

東アジアキリスト教交流史研究会 第12回ワークショップ報告

渡辺祐子

去る八月四日（土）、名古屋学院大学白鳥キャンパスにおいて、第一二回東アジアキリスト教交流史研究会ワークショップが開催された。

日本中が炎暑に見舞われていた八月、名古屋も前日の気温が四〇度に達するというだるような暑さの中、それでも全国から参加者が駆けつけてくださった。講演、研究報告の詳細は、それぞれの論文原稿をお読みいただくこととし、ここでは当日のプログラムに基づき簡単な報告を記す。

李省展氏

今回の研究会は、三月に恵泉女学園大学を定年退職された李省展氏が、これまでの研究者としての歩みを振り返り今後を展望する「断片の歴史学―東アジアの近代とミッションの地平から」と題する基調講演をおこなった。多忙な校務から解放された先生のさらなる研究への意欲と、若い研究者への熱い期待とが伝わってくる力のこもった講演だった。

今回は特に全体テーマを定めてはおらず、すべて自由テーマに基づく発表だったが、その内容は人類学、政治外交史、思想史までバラエティに富んでいた。前半は、フィールド調査に基づいて韓国のカトリック教会の現状を人類学的視点から考察した秀村研二氏（韓国のカトリック教会と地方社

会慶尚北道倭館聖堂を中心に」）、朝鮮カトリック史を清仏条約の宣教師条項からも眺める必要をも示された宮崎善信氏（「リデル司教（Mgr Ridel）の釈放問題について」本誌八二ページから掲載）がそれぞれ発表し、後半は石井田恵氏の中田重治のアジア観に関する発表（「中田重治における日本とアジアの関係理解」）に続いて、高井ヘラー由紀氏が、教会の記念集から戦時下の台湾のキリスト者の状況を探るという骨の折れる調査の経過を報告した（「各個教会記念集から見えて来る戦時期台湾のキリスト教徒」）。

研究発表に先立つ総会では、次回の研究会を二〇一九年三月八日、九日の二日間、台南神学院で行うことに決した。二〇一六年のソウルに続く二回目の国際セミナーで、台湾での開催は本研究会初の試みとなる。現在、台南神学院で教鞭をとられている高井氏や、中央研究院を拠点に研究休暇を取得中の金丸裕一氏を中心に開催に向けて準備が進められている。多くの会員の参加を期待するのはもちろんのこと、読者の中で非会員の方も、是非本研究会のホームページを訪ねていただき、関心を持たれた方はコンタクトを取っていただければ幸いである。

東アジアキリスト教交流史研究会のURLはこちら→
https://www.koryushi.com/

「台湾国際セミナー」スケジュール
日時　二〇一九年三月八日（金）～九日（土）
三月八日　ワークショップ
場所　台南市　台南神学院頌音堂一F国際会議室
テーマ「東アジアの中の台湾キリスト教史」
基調講演（講演タイトルは未定）
鄭仰恩氏（台湾神学院）
＊鄭氏は台湾キリスト教史研究の第一人者で、現在「台湾基督長老教会一五〇年史編纂プロジェクト」の責任者。
三月九日　フィールド・スタディ。
台南神学院周辺のミッションコンパウンド、太平境教会、口碑教会などを参観。

渡辺祐子（わたなべ・ゆうこ）
東京外国語大学大学院地域文化研究科博士後期課程修了。博士（学術）。明治学院大学教授。

レポート

インドからダリットの女性活動家を招いて

山下明子

はじめに

二〇一八年九月二九日から一〇月八日の一〇日間、南インドのタミル・ナードゥ州からクリスチャン・ダリットの女性団体であるＷＯＬＤ（Women's Organization for Liberation and Development、女性の解放と発展の組織）の代表のプレマ・シャンタ・クマリと娘のセリーン医師を日本に招きました。ダリットとは「抑圧され、踏みにじられた人々」を意味する言葉で、カースト制度下の「カースト外」、「不可触民」をさします。国連では正式に使われている用語ですが、インドでは政治的な意識をもつ人々の間で使われています。

インドは現在、ヒンドゥー至上主義のＢＪＰ政権下にあり、キリスト教やイスラームへの抑圧が強まっています。キリスト教徒はその大半がダリットで、社会活動をするＮＧＯもほとんどがキリスト教系なので、とくに外国からの資金が入らないように、政府の規制が厳しくなっています。キリスト教女性センターは一九九五年から活動する超教派の団体ですが、二〇〇〇年からＷＯＬＤともつながりながらインドを訪問してきました。今回はこのような事情もあり、ＷＯＬＤからの初来日となりました。しかし、日本への入国ビザの取得や関西空港の入管でのトラブルなど、当初に安易に考えていたのとはまったく異なり、国家の壁という現実に双方が直面しました。

来日後は台風の影響でスケジュールの急遽の変更はあったものの、どの講演会も盛況で、参加者にとても喜ばれ、本人たちも滞在を楽しむことができました。さまざまにご配慮を下さった方々に改めてお礼を申し上げます。

講演会は、最初が桃山学院大学で「二〇一八年度　第一回キリスト教講演会」（一〇月一日）として。次が、日本基督教団部落解放センター主催、大阪教区性差別問題小委員会、同社会委員会、同部落解放委員会共催で、東梅田教会で「ダリットの女性たちの自立をめざして」（一〇月三日午後）。三番目に、第二七回フィーリー・デー記念の講演会として、兵庫教区クリスチャンセンターにおいて、講師の個人史を中心に（一〇月三日夜）、ついで「ＷＯＬＤの活動と歩み」と題しての講演会が持たれました（一〇月四日午後）。また、私の新刊本『インド・ダリットの女たち―明日を拓くための自助グループづくり―』の出版記念会を兼ねた歓迎会でも話してもらいました（一〇月四日午前）。最後が、一〇月六日午後に日本聖公会京都教区センターで、同婦人会主催によるものでした。

ニームの会はチャリティ・コンサートやバザーの開催の他、ＮＣＣ世界祈祷日献金や日本聖公会婦人会の感謝箱献金などを受けて、ＷＯＬＤに支援金を届けてきましたので、講演会には遠方からも関係の方々が二人に会いに来て下さいました。

講演会ばかりではなく、せっかくの来日なので観光案内もしたのですが、一番に喜んでもらえたのは、京都の錦小路市場でした。観光客でうまく歩けないほどの人混みでしたが、元気に二度も行きました。また、クラシックな雰囲気をもつ日本聖公会の奈良教会がとても気に入り、そこで初めて見たというパイプオルガンを、次の日曜日に京都の聖アグネス教会の英語礼拝で聴くことができて、感激していました。この日はたまたまニュージーランドのクライストチャーチの少年聖歌隊が来ていたので、ぜいたくな時間を過ごし、聖餐も共にすることができました。

桃山学院大学チャペル前にて

各地の講演会はそれぞれに報告集が出ることと思いますが、私が通訳をしましたので、以下に二人のプロフィールと、全体を通しての講演の内容を簡単にご報告します。すべての会場で、私がまずインドの現行のカースト制度とダリットについて、クリスチャン・ダリットのこと、ダリットの人口構成や州別の公用語のことなど、インドについての基本的な説明をしてから講師の紹介を行い、それから二人が具体的な活動とその情況について話しました。インドのカースト制度の今日の情況、またＷＯＬＤが関わった自助グループ（ＳＨＧ）つくりのトレーニングを含めた詳しいことについては、他のＮＧＯによるもの、および西インド、東インドの場合との比較研究を含めて、ぜひ私の本をお読み下さい。

一　二人の紹介

○プレマ・シャンタ・クマリ

南インドの誇り高いダリット女性で、現在六八才です。当時のインドでは、ましてダリット女性としては特別に稀なことですが、結婚後も学業を続けることを条件にカトリックの夫からのプロポーズを承諾し、娘を出産後に大学で社会学と教育学の二つの学位をとっています。彼女自身は聖公会員で教員の両親の下に育ち、南インド合同教会（ＣＳＩ）に属しています。彼女のカースト（パリヤー・カースト）で初の大卒です。卒業後、ポンディチェリー政府の教員養成プログラムでコーディネーターとして働き、高い地位を得ていましたが、一九八〇年に三〇才で「クリスチャン・ダリット解放運動」の創設者の一人になりました。一九八五年には「全国ダリット女性連盟」、および地元でＷＯＬＤを創設し、それ以降、クリスチャン・ダリットの女性活動家として国際的にも草の根的にも献身して、今日に至っています。

プレマ・シャンタ・クマリ氏

二〇〇〇年からＷＯＬＤは中央政府の貧困女性対象の少額融資プロジェクト（ＳＨＧ、自助グループ）に加わりました。人間以下の存在と見なされ、居住地も隔離されているダリット女性もトレーニングの恩恵を受けられるようにするためです。中央政府のＳＨＧ政策が変更される迄の約八年間に、ＷＯＬＤのスタッフは指定された地区の一八一の村々をまわり、ダリットおよび貧困女性の中に約一〇〇〇のグループをつくり、彼女たちのエンパワーのためのトレーニングをし、地域レベルでグループの組織化をしました。これによって地域全体が大きく変わりました。

プレマはまた国連などの会議に出席する他、一九九七年から二〇〇二年まで、米国の黒人女性ネットワーク、およびニューヨーク市立大学のリソース・パーソンとして働きました。また、スウェーデンのNGOとの青年交流プログラムでダリットの青年を国際会議に送ってきました。

現在は、政府の抑圧の中でもWOLD農村女性センターを守りながら、村の女性グループの相談にのり、また、センターの土地で有機農業のトレーニングと栽培を行っています。また、全国各地の会議や集会にゲストスピーカーとしても招かれています。

○セリーン・ヘマ・マリーニ

一九七一年生まれ、医師で、精神療法士の資格も持っています。彼女のカースト初の医学博士です。「不可触民」の「触れるべからず」のタブーのために、医療関係は高カーストが占めているインドでは、ダリットは病院の医師や地区の公立保健所の保健師からも忌避されています。社会活動家の父母と一緒に村々でこの現状を見てきた彼女は、幼い頃から将来は医者になる決心で学び、カトリック立の学校で成績は常にトップでした。父母も将来の困難を承知で、娘と息子がダリットの医者になることを応援しました。しかし、大学では医学校の教授はバラモン階層なのでダリットの学生として差別され、とくに解剖の授業から排除されて、テキストを切り抜いて学ぶしかありませんでした。そのような学生時代からダリットのために無医村で医療キャンプをしてきました。また、結婚後の七年間、マレーシアのマハサ医科大学の講師でしたが、医師を志すダリットの学生には時間を惜しまずに指導してきました。

セリーン・ヘマ・マリーニ氏

現在はインドに帰り、「砂漠の声」というキリスト教の人道団体の幹事をする傍ら、家族問題、とくにダリット女性や子ども、シングルマザーの問題を中心にカウンセリングを行っています。また、WOLDの農村センターでは、母親を手伝って薬草や有機栽培、自然食の普及、とくにダリット女性と子どもの健康のための意識啓発に力を入れています。

二　講演内容

プレマ・シャンタ・クマリの話

①公務員の仕事を辞めてフルタイムのソーシャルワーカー

になったのは、ある時の研修で、講師のイエズス会の司祭から「皆さんの中に建物ではなく人々に献身できる人はいるか」と聞かれて、思わず手を挙げた。挙手したのは大勢の中で自分一人だったが、決心した。それ以降、建物と共にではなく、人々の中にいるべし、という教えに従って、ずっと木陰で集会をしてきた。しかし、上層カーストや男性に妨害されずに集まる場所が必要になり、一九八一年に小屋を建てた。これが後のＷＯＬＤの農村女性訓練センターになるが、土地は都市に住むムスリムから密かに購入できたが、小屋が建ってダリットとわかり、また大勢の女性たちが集まり初めると上層カーストからの妨害を受け、一度は小屋を焼かれて書類からトレーニング用のミシンなどの全てを失った。彼らが巧妙にもダリットの少年に火付けをさせた為に警察に訴えることができなかった。

②「不可触民」は、見られるべからず、近づくべからず、触れるべからずの三つのタブーを何千年も強制されてきた。一九五〇年の憲法で不可触制は廃止されたが、現在も社会の意識は変わっていない。まずダリットの意識が変わらないといけない。もともと私たちは先住民であり、外から入ってきた者がカースト制で私たちを不可触民にし、私たちの土地を奪ったのだから、その意識啓発が重要。

③当初は上層カーストの女性がリーダーの大きな組織で働いていたが、組織内に差別があり居心地が悪かった。そこで、ダリットのための、ダリットによる、ダリットに属する組織の必要性を痛感して、小さくてもダリットの女の組織を創った。

④ダリットの女性組織を創って活動する中で、具体的に多くの成果を挙げたが、例えば、ダリットの八〇％は農村に住んでいるが、村のダリットの若い女性はサリーの下にブラウスを着けることが許されてこなかった。畑で日雇い労働する女性のはだけた胸を男たちは楽しむ。夜になると村の外れのダリットの居住区の気に入った女の小屋に地主が入ってきて、レイプする。家の男は逃げる。このようなことが日常化していたので、プレマたちはダリットの女性たちを都市に連れて行って、誰もがブラウスを着けていることを見せた。皆で話し合って、ブラウス・デーを決め、また、八〇枚のブラウスを自分たちで作って、その日は全員が一緒にブラウスを着ることにした。その日を月一回から徐々に増やしていった。

　ダリット女性は自分の住む村から滅多に外に出られない。交通の便もない。男は自転車に乗るが、女は自転車に乗るものではないとされていた。そこで、プレマたち自身も一緒に自転車に乗る練習をした。村の上層カーストの女性たちも一緒に自転車の数を増やし、皆で役所や警察への要求に出向いたり、町の集会に自転車ラリーで出かけるようになった。

ダリットの女性は着たきりのサリーを一枚しか持っていなかったり、お金ができても子どもの服を優先する。自助グループの貯金を毎週集めて、銀行に持っていっても「汚い女がきた」と追い払われる。そこで、自尊心を持たせるために、WOLDは自助グループ用の制服を作った。「ダリット解放の父」と言われるインド共和国憲法の起草委員長で、憲法に不可触制の廃止を入れたアンベードカル博士の色として知られるブルーに白い線の入ったサリーである。このサリーを着れば、村の上層カーストの自助グループの女性たちとも、また別の村の女性たちとも連帯感が生まれる。何よりもこのサリー姿なら村から出る時も、グループの用事だと思われて不審がられず、銀行でも追い払われず、以前ならサリーの着方でダリットと分かって乗れなかったバスにも乗れるようになった。何十人、何百人がブルーの制服で様々な抗議集会が行われるようになった。国際女性デーの集会など、何千人が集まるので、青い大海原がうねっているように見えた。

しかし、制服のサリーを着なくても女性たちが自信を持つようになり、起業活動もでき、自分のサリーを買えるようになると、制服姿は自然に減った。WOLDは会員におしゃれをすること、髪をとかして、すっと背を伸ばしているように教えている。昔からダリットは上層カーストの前でいつも背を半分ほどに折り曲げてきたから、背が低く、姿勢も悪かった。

⑤教会はダリットが大半であるが、一部の上層カーストが支配している。「不可触制」は教会の中にも続いている。ダリットは礼拝時に教会堂の真ん中には座れず、聖餐も別、葬式の行列も墓地も別である。カトリックの場合、ダリットの聖職者やシスターは同じ学校を出て、資格も同じでも、職種や役職、住居で差別される。ダリットだけの教会の場合、女性信徒の中に自助グループをつくって、WOLDがつくった解放ソングで輪になって礼拝場でおどり歌いながら、意識啓発をしている。

⑥WOLDが自分の担当の区域の一八一の村に孫グループを含めておよそ一五〇〇の自助グループをつくり、さまざまなエンパワーメントのトレーニングを行い、文字の読み書きもできないダリットと同様に貧しい上層カースト、ヒンドゥーやイスラーム、キリスト教などカーストと宗教を超えた女性たちの組織づくりをした結果、この

地域全体がどのように変わったかは、子どもたち、とくに女の子たちの変化をみると何よりもわかる。

⑦しかし、ダリット女性のエンパワーを喜ばない政権による圧力が二〇一〇年頃から強まり、WOLDは村に入れなくなり、今はそれがとくに強い。

Dr.セリーン・ヘマ・マリーニの話

①ダリットの子どもは死産、五才未満の死亡率でも他の階層に比べて高い。自身の子どもの頃、ダリットの村で栄養失調からお腹がパンパンに膨れた子どもたちを見たショックから、医者になることを決めたが、現在も、ダリットの子どもと女性の死亡率が高い。

②ダリットの女性は貧血症が多い。ヘモグロビンが不足しているのだが、きちんと食事がとれず栄養失調の上に、毎月の月経で血を流す。まだ子どもの年齢で結婚させられ、働きづめで、出産するから、また血が出る。

③ブラウスを着けるだけではだめで、下着のパンツを着けないといけない。サリーの下にパンツをはかないのはダリットだけではない慣習だが、ダリット女性は日雇い労働し、田畑で働くが、そこは農薬が撒かれている。屈んだときに、稲や麦、背の高い野菜などに下部が触れるので、炎症を起こす。そこから性感染症にもなりやすい。レイプなど無理な性交も多いので、ダリット女性には性感染症が多い。

④ダリットの男性は、上のカーストが嫌がる仕事がほとんどで、トイレや溝の掃除は深くもぐって素手でするので、皮膚炎、呼吸器系の病気、肺炎も多い。また、ストレスから安酒を飲むので、早死する。酒を飲んでの妻への暴力も多い。

⑤ダリットの健康のためには、治療よりも予防が大切なので、意識啓発を中心にしている。例えば、出産後に上層カーストの文化と同様に隔離されて、何も食べないから栄養失調がひどくなる。牛や羊を飼い、ミルクを売って収入を得ている場合、まず自分が飲むことを勧める。病気になると高いリンゴを買うが、リンゴよりも家の周りにあるハーブを食べること。近隣を調べて、特定のハーブが育つ可能性のある場合、それらを植えることを勧める。インドは薬効や滋養に富むハーブの宝庫だが、昔のダリット女性の智恵は受け継がれていない。

⑥これはWOLDで取り組んできたことだが、夫や地主からの暴力に対しては、だまって耐えるのではなく、自助グループの会員が協力して立ち向かうこと。また、女性は男と子どもの食べ残しを食べるインドの慣習では、ダリット女性はいつも飢えることになるので、自分の健康

山下明子（筆者・通訳）

を守る意識と智恵をつける。
⑦ダリットの居住区には巡回の保健師も入ってこないし、地区の公立の保険センターに行っても、ダリットだと薬を投げつけるように渡されるだけで、きちんと飲み方の説明もない。とくに抗生物質の場合、飲み方が大事なのだが、痛みがとれると止めてしまう。
⑧病院や保健所に行けず、また行っても差別的扱いを受けるので、宗教や昔からの呪術師に頼るケースも多い。
⑨現実として、上層カーストの意識を変えるよりも、ダリットの医療関係者を増やすことが大事だと思い、実行している。

山下明子（やました・あきこ）
一九四四年石川県生まれ、同志社大学大学院神学研究科修了、元NCC（日本キリスト教協議会）宗教研究所研究員、現在、奈良大学非常勤講師、世界人権問題研究センター嘱託講師。キリスト教女性センター・ニームの会主宰。主な著書に、『インド・不可触民の女たち』（明石書店）、『アジアの女たちと宗教』（解放出版社）、『戦争とおんなの人権』（明石書店）、『女・生きる〜「女生神学塾」運動〜』（キリスト教女性センター編、かんよう出版）、『沖縄にみる性暴力と軍事主義』（富坂キリスト教センター編、御茶ノ水書房）、『インド・ダリットの女たち—明日を拓くための自助グループづくり—』（かんよう出版）など。

連載

佐々城豊寿とその時代（一一）

小檜山ルイ

事件の顛末

読者諸君に申す

『如何に通信すべき』是れ海軍通信者なる余が最初の自問なりき。通信するは容易なり、其の法を撰ぶは難し。（中略）

余は自由に語らんことを欲す。愉快に談せんことを欲す。自由に談じ、愉快に語りてこそ、始めて余が意に適するの通信をなし得ることを信ず。

故に読者諸君、余に冷静なる観察者を以て望むなく、余をして報告者として筆を採らしむることなく、余をして全く自由に、愉快に友愛の自然の情を以て語らしめよ。

余はこれを欲す。諸君も亦た之れを許すに於ては余已に『如何に通信すべき』の自問に就て、自答を得たり。今後余の通信は凡て『余が一弟に与ふるの書状』なるべし。

読者諸君、諸君も亦た諸君の弟若しくは兄よりの書状を読むの心を以て読まれんことを希ふ。文に拙なるも、一家内の者に示すに何かあらん。これ余が憐れむべき勇気なり。[1]

一八九五年六月九日、国民新聞社の記者の一人として佐々城家にやってきた国木田哲夫（独歩、一八七一－一九〇八年）は、軍艦千代田に乗船して戦地に赴き、従軍戦記を『国民新聞』に連載し、名声を博したばかりの若者であった。連載は一八九四年一〇月二一日から翌九五年三月二六日まで三二回にわたり、右にあるように独歩が可愛がった弟への手紙という形式で、自由に自分の観察と感想を交えたものであった。明治の初期、手紙は形式張った文語で書かれることが普通で、細かい感情のやりとりはしにくかった。かつて津田梅子は、「日本の手紙は、言葉、考え、行動を伝えるために使われません。…偉大な文芸家や親しい友達は日々の生活の詳細を語るような長い手紙を書きません――手紙は非常に形式ばっているので、そんなことはできないのです」と書いた。[2] しかし独歩の手紙は違っていた。一八七〇年代生まれの国木田は、成年までには口語による叙述にある程度馴染んでいたことだろうが、さらに弟に語るという枠組みをつくることで、文語の形式上の制約を取り除き、「全く自由に、愉快に友愛の自然の情を以て語」ったことで名声を得た。「愛弟通信」というそのレポートの名称は、「愛兄」というキリスト教徒のコミュニティ内部の特殊な呼びかけ方からの転用であろう。[3]

国木田独歩というジャーナリスト、作家は、後の代表作『武蔵野』によく現れているように、特に自然や情景の観察が細やかであった。そして、図々しいほどの人なつこさ――ある意味、田舎者的な――で、その観察結果を語ったらしい。徳富蘆花の『富士』は、それを次のように描いている。

> 荒布屋の北表、西の角の無縁琉球八畳の隅の障子際に小さな机を据ゑて、板壁に銀時計をつり下げ、秀でた眉を颺げて、鴨志田君（独歩のこと―筆者注）は談笑するのであつた。日光が富士の一角に初めて触るる刹那の美を語つた。
> 「チョ、チョツトかかる時です。」
> と鴨志田君は恍惚とした眼ざしをした。鴨志田君の話は、いつも活き活きして居た。[4]

後、佐々城信子は、「あの人は話上手でしたから、とても面白かった」と回想している。[5] それが一七歳の彼女が国木田に惹かれた理由だったのだろう。

一八九五年六月九日の夕べ、国木田から別れ際に彼自身の文章が載った新刊の『家庭雑誌』二冊を受け取った信子は、「又た遊びに来り給へ」と返した。

国木田独歩

国木田は「令嬢年のころ十六若しくは七、唱歌をよくし風姿素々可憐の少女なり」と日記に書きつけ、以後、頻繁に佐々城家に出入りした。八月までに二人は恋に落ち、国木田は北海道で開墾地を得て、二人の生活をたてることを夢見て、北海道に旅立つも、その道中に塩原で信子と密会したことが信子の両親の知るところとなった。両親の反対するなか、信子は国木田との結婚に逡巡したが、国木田の強引な情熱によって一八九五年一一月一一日、国木田の自宅で植村正久の司式により結婚した。佐々城家との絶縁、一年間の東京からの退去が条件であった。逗子の借宿で新婚生活を送ることわずか四ヶ月余り、二人は一八九六年三月二八日に麹町区隼町の国木田の両親の家に同居するも、四月一二日に信子は失踪、四月二四日に信子の断固たる意志により離婚。その時すでに信子は妊娠しており、翌一八九七年一月初旬、東京で出産、浦子と名付けられたその女児は、佐々城豊寿の四女として入籍された後、里子に出された。[6]

後に公刊された国木田独歩の青春日記『欺かざるの記』等によって知られるこの事件の経緯について、これ以上詳細にわたり説明することは省略し、むしろここでは、独歩と信子の恋愛の特徴について考察するなかで、この恋愛を明治初期から中期に至る近代日本における「恋愛の発展史」とも言うべき流れの中に位置づけてみたい。事件の詳細は主に国木田独歩の側からの語りによるものであり、佐々城信子側の発信はごくわずか、相馬黒光の『黙移』にある信子からの聞き書きと、佐々城豊寿の手紙がある程度である。そこに限界があることをあらかじめ指摘しておきたい。

信子の「剛毅」

独歩と信子の恋愛の特徴としてまず目立つのは、信子の積極性であろう。

国木田が芝増上寺近くの佐々城家に近い下宿に移り住んで（一八九五年七月五日）、佐々城家をしばしば訪れて信子に熱を上げていったことは事実だが、信子も国木田のアプローチに応じ、少なくとも計六回、単独で独歩の下宿を訪れている。初回は七月二八日朝、日本橋釘店の父の医院まで所用で出掛けた信子は、国木田の下宿を秘密裡に訪ね、二人は「一時間半計を一秒時の如くに過ごし」た。その二日前の夜、信子は手紙に、眠れないほど苦悶していると書き、それを受け取った国木田は泣いた。その上での密会である。「吾等は遂に秘密の交情を通ずるに至りぬ、之れ全く嬢の母豊寿氏が邪推よりして遂に嬢と吾れとを駆りて茲に至らしめたる也。吾等は恋愛に陥らざるを得ざるに強られつゝある也。束縛は却て恋愛の助手のみ」と独歩は日記に記した。（三二〇－三二一頁）つまり、七月末までに佐々城豊寿は、少なくとも娘に対する国木田の関心に気づき、娘に注意を与えていた。ただし、信子もまた国木田に恋情を抱いているとは考えていなかったらしい。

七月三一日正午、信子は再び独歩のもとを訪れ、「一時半頃まで、一秒時間の如くに語り、相携へて芝公園に至り、勧工場で買い物をし、公園の人影まばらな樹下で語り合い、八王子方面に一日遊ぶことを約した（三二三頁）。翌八月一日付けの信子の手紙には、独歩と話すと自分の本心を何もかも明らかにできることは、とても「よろこばしき限り」であり、家内での苦痛も独歩と会う時の楽しみを思い出し、その時を待つことで心が慰められるとあった（三二四頁）。

そして翌八月二日、信子は早朝八時一五分に国木田を再訪、一〇時に去った。三回目である。八月五日朝、信子はまた国木田の下宿にやってきた。国木田は下痢で病床にあった。翌六日、信子からの手紙には、「片時もはなれず候君がをもかげ」とあった。（三二五、三二八頁）八月二三日には信子は二度独歩宅を訪ねたが、行き違いであったことが記されている（三四三頁）。

国木田独歩にとって忘れ難い思い出となり、『武蔵野』の創作につながっていった東京郊外、小金井近辺の散策も、国木田によれば、信子から提案したものであった。八月一〇日、翌一一日に佐々城豊寿が北海道に行くのを二人で上野に見送った後、「郊外閑遊」に出掛けることを信子が申し出、国木田はこれに同意した。しかし、独歩は、一〇日夜、『国民之友』編集中に同僚の竹越与三郎から、豊寿が信子を潮田千勢子の長男に嫁がせるつもりだという話を聞いた。これに苦悶し、腹を立てた独歩は、約束通り上野には行かずに自宅でふてくされていた。すると母を上野に見送った信子が、早朝七時、独歩宅に現れて、「閑遊を果たす可きを促し」た。独歩は、この信子の積極性に押されて自宅を出た。二人は信子の結婚相手をめぐる誤解を解き、散策し、人気のない林の中で新聞紙の上に座り、互いへの思いを確認したのであった。これは「秘々密々の事」であった（三三三－三三五頁）。二人は、八月二四日に再び小金井近傍を散策している。

信子は身体的接触においても積極的であった。初めて小金井に出かけた際、「信嬢は吾か腕をかたく擁して歩」んだ。潮田の息子との結婚話の噂にすねる独歩をまるで「人なき自由の林」に誘うように。林の中で新聞紙を敷いて座ると、顔を独歩にもたせかけ、子どものようになって、独歩が何を語っても「只だ然り〳〵と答」えた。八月一九日、発熱した信子を見舞った独歩が、夜九時に帰宅する際、信子は裏門まで見送った。別れ際に独歩が信子を抱いて「速かに全快し給へ」と言うと、信子は独歩を抱いて、キスをした。つまり、最初のキスは、信子から、親愛の表現として、独歩の頬かどこかに与えられた。二一日、独歩は一日中佐々城家で過ごし、別れ際、信子はまた裏門まで見送り、そこで「キッス、口と口と！」二四日に再び二人で小金井近辺を訪れた際は、件の林に入り、「接吻又た接吻、唱歌、低語、漫歩、幽径、古墳、野花、清風、緑光、蝉声、樹声、而して接吻又た接吻」。二五日の日曜日には、一番町教会に二人で出席、帰りに買い物などをした後、芝公園でベンチに腰掛け、「相抱きて接吻せり。嬢は再び小児の如くになりぬ。…接吻又接吻」。独歩が帰宅したのは夜の一一時半であった（三三五、三三六、三四二―三四五頁）。

信子は明らかに国木田との恋愛において意志的に行動した。国木田は頻繁に佐々城家を訪れ、時に一日中そこで過ごすような、行きすぎにも見える踏み込み方をしたが、そうさせたのは、一部には、信子であった。独歩に言わせれば、それは、「信嬢の美徳は其の剛毅なるに在り、同時に温和なるに在り」（三三八頁）ということであった。「剛毅」――「意志がしっかりしていて、物事に屈しないこと」――とは、文学者としての国木田の、まさに適切なるこの女性に対する評価である。独歩は、独歩宅への投降を勧める信子への手紙に「何事も余り人に相談は致すまじく候此点に於て御身は口数少なく自信厚く候間実に〳〵頼母敷、自分の妻をほめるは少し御安くない方なれど今後小生一生の間御身の此の長所ほど小生を利し小生を安心せしむるものは無しと存候」と書いている。[7]信子は黙って自分の意志を実行に移す女性であった。

佐々木信子

塩原での独歩との密会が計画されたのは八月三一日から九月六日（豊寿が北海道から帰京した日）の間だが、「塩原行（信嬢）の計画も此の間になりぬ」と独歩の日記にあり（三五二頁）、信子の発案が想像される。彼女は、この恋愛の協力者で海岸女学校以来の友人の遠藤よきとともに、新調のフランネルの着物を着て、[8]佐々城家が避暑によく使っていたこの温泉に泊まりがけで出かけ（九月一一日）、翌日、北海道へ向かう途中独歩がそこに立ち寄り、数日を過ごすという大胆な計画を立て、実行に移した。塩原と言えば、一九〇八年三月に二二歳の平塚明子（雷鳥）と「文学士」塩田米松（草平）が心中未遂事件（煤煙事件）を起こした場所である。その一〇年以上前に、「新しい女」のまさに先駆者たる一七歳の信子は、この地で恋人と数日を過ごしたのである。

プラトニック・ラヴ

それでいて、独歩と信子の恋愛は、プラトニックなもので、結婚以前に性的関係——抱擁やキスはあったにせよ——に至らなかった。筆者は、次の国木田の回想を重く見る。

> 男女相愛して肉欲に至るは自然なり。余の青年時代の恋は肉欲に及ばず、恋と肉欲は全然別種の如く思惟し、恋人に相接して肉情起るも、厳乎として之を禁厭し、抑止せる、極めて潔白なる恋なりき。然れども今にして思へば、余は空想せる恋を実現せんと努めたりしなり。恋に肉情の伴ふは自然なり。抑ゆべからず。[9]

少なくとも信子との恋愛中、国木田独歩はクリスチャンであった。教会や青年会に通うかなり真面目な求道者であった。その恋愛の絶頂期、一八九五年八月初旬、彼は、文学、政治、法律、商業、新聞記者、教師、農業のいずれかに自身の将来の活路を見いだそうとしていたが（三二六頁）、同時にキリスト教の伝道者となる可能性も考えていた。「希くは真理をかたく信ぜしめよ。クリストが示し給ひし真理を堅く信ぜしめよ。曰く神の愛。罪のあがない。永久の命。善の勝利。生時の義務」（三二五頁）と願い、真理は生命なのだから、もし聖書が示す真理を理解したなら、その真理に駆り立てられ、「此の福音の宣伝者」になろうとするはずなのだ、と考えた（三二六頁）。しかし、独歩は、「全《ママ》だ真理を解し居らざる」（三二六頁）状態であった。「爾の信仰ハ極めて浅薄なるもの也。爾の実際は極めて曖昧にして利己なるもの也。爾は決して真の基督教徒に非ざる也」（三二六―三二七頁）とある。伝道には献身できない、なぜなら「われハ未だクリストイエスの教へたる、其のバイブルの示したる真理を生命とする能はざれば也。そは又何故ぞや。此の答も亦た極めて単明なり曰く、われは「虚栄」を生命とすれば也」（三二七頁）。

独歩は、このように自己の内面を凝視しつつ、キリストの提示する真理、永遠の生命をつかみたいと願っていた。信子との恋愛は、真理と永遠に対するこの願いと共にあった。

> 神の永遠の生命を信ずる能はずんば愛恋程墓なきものはなし。（三二三頁）（強調は原文通り）

余は信子との愛を通じて永生の俤を見たり。深き恋愛の中に永生の希望を感じたり。人性の美を見たり、人情の高を感じたり（四四二頁）

信子は、信仰を幼ない時から両親によって育まれた女性であり、信仰は信子にとっては既定値であった。北海道に赴く独歩に、「北海に送りて　哲夫様　信子　明治二八年九月十日」と書き入れた聖書を贈ったことにその片鱗を見て取れる。[10] 独歩との会話の中に信仰の問題があったかどうかは、必ずしも明らかではないが、「唱歌」と独歩が日記に記すものの一部は信子が歌う賛美歌であったはずだ。信子は、キリスト教的イマジネーションを喚起する女性であった。むろん、独歩が植村正久から洗礼を受けたのは一八九一年であり、信子と出会う以前から、ウォーズワース、シェイクスピア、ゲーテ、ユーゴ等のみならず、ミルトン、カーライル、エマソンといったさらにキリスト教色の強い作品（エマソンはユニテリアンだが）にも親しんでいたことは『欺かざるの記』に明らかである（例えば、二五、一八一頁）。二三歳の頃書いた「信仰と肉情」は、信仰を持って神の永遠を想じて生きる人は、肉情（世俗）の世界だけを見て生きる人とは異なると主張している。[11] このような元々若き独歩が抱いていた神への希求に、信子は共鳴し、それをさらなる高みへと誘う女性であった。独歩の北海道開拓への夢は、「自由の林」で自活し、信子と共に紡ぐ祈りの生活への夢に他ならなかった。

　つまり、独歩と信子の恋愛は、キリスト教的文脈の中で進行した。精神的レベルでの愛情と肉体的レベルでの情欲を区別し、婚前において後者を抑制する（禁欲と「純潔」の称揚）のは次節に説明するように一九世紀アメリカのキリスト教文化の顕著な特徴であり、独歩と信子はこのルールに従ったはずなのだ。だからこそ、豊寿が二人の関係を「邪推し」た――おそらく肉体関係を疑った――手紙を塩原で読んだ独歩は、「殆んど人を誤解するの極、吾が面上三斗の泥を塗られたるの感」を持ち、手紙を破り捨て、「憤激」し、「痛哭」した（三五五頁）。さらに、その後北海道からの豊寿あての手紙に、次のようにあるのは、独歩が破り捨てた豊寿の感情的な手紙の内容への弁明と考えられる。

若し夫れ果して二人の交情が潔白なるか潔白ならざるかとの事は只母様の愛嬢信子様を信ずると信ぜざるとに由る事に候、又た小生は親実の弟が如何に同情を以て小生等の愛を保護しつゝあるかを御覧あれば小生が果して潔白なるか潔白ならざるか御判定容易の事と存じ候。[12]

明治期のキリスト教のコミュニティと「男女交際」

このような独歩と信子の恋愛を理解するためには、一八九〇年代に至るまでのキリスト教徒のコミュニティにおいて、男女の関係と結婚がどのように扱われてきたかを今一度振り返る必要がある。本連載（四）で、信子の両親——本支と豊寿——の関係がいわゆる不倫に始まったことについて、若干の解説を加えた。一八四三年生まれの佐々城本支（当時の名は伊東友賢）は、豊寿（星艶）と出会ったとき、すでに婿養子先伊東家の娘と結婚しており、子どももいた。家の存続を目指すこの旧式の婚姻関係に対し、本支と豊寿は、新しい「愛に基づく結婚」を志向し、およそ一〇年にわたる人的、法的関係の整理を経て、正式な結婚に至ったのであった。ここでは、今少し詳しくキリスト教徒がこの「愛に基づく結婚」をいかに先端的に明治日本の中で遂行しようとしたかを解説し、その文脈に独歩と信子の恋愛を位置づけてみたい。[13]

そもそも「愛に基づく結婚」とは、宣教師によって具体的な形として明治日本に紹介され、キリスト教徒の間でその試みが先行したものであった。

開国以前の江戸期の日本では、階級や地方によって結婚の原理や風俗に違いがあったけれども、特に継承しなければならない「家」がある場合は、それがまず優先され、親を中心に配偶者が選択され、婚姻に至るのが普通であった。そのため、婚姻の決定が早い傾向があり、当事者の相手に対する感情は二の次の問題であることが一般的であった。なぜなら、感情——特に恋心——は移ろい易いもの、「浮気」であって、家の維持という重大問題——それは何よりも経済保証の問題であった——の基礎にそのようなものが置かれるのは論外だったからである。

こうした婚姻の中で、夫婦の愛情が芽生えれば、それはめでたいことであったが、そうではない場合、男性は経済的余裕があれば妾を囲い、あるいは、遊里でその道の玄人と疑似恋愛を楽しむことができた。そこに発展したのが「色の文化」である。「女性」は、母性を付与された一般人「地女」とセクシュアリティを付与された「遊女」に分断され、「浮気」は遊里で後者と楽しむ。そこでは「色」（恋心）に決しておぼれず遊ぶのが「粋」であった。「気持が鈍感で、物言いがくどくて、いやしいところがあって、手紙の書き方がどこか違っていて、酒の飲み方が下手で、歌も唄えなくて、着物の着方が野暮で、立ち居ふるまいが不安定で、歩けばふらふらして、一緒に寝ると味噌や塩の話をして、ケチで鼻紙を一枚ずつ使うし、伽羅は飲み薬だとしか知ら」ない地女は、色恋の対象にはならないのであった。[14] 一方女性は、この構図の中で抑圧される側にあったことは間違いないが、庶民の間では「盆踊り」のような性の解放の機会はあり、比較的簡単に離婚はでき、再婚もまた普通のことであった。また、遊女が年季明けに結婚することもあった。[15] つまり、性に対してはおおらかで、キリスト教世界に比べ、女性に押しつけられた純潔規範によるスティグマは少なかった。そもそも、ハワイなどでもそうだったように、性的関係が悪という通年は日本にはなく、肉欲と精神的愛着は区別されず、男女の愛情には肉体関係が前提された。[16]

このような男女関係、婚姻をめぐる構造に宣教師――特に北米出自のプロテスタント女性宣教師――は積極的に介入した。アメリカの中流文化において、敬虔な主婦――一九世紀前半のアメリカでは、従順で家庭的、純潔で敬虔な女性が「真の女性」として雑誌等で盛んに称揚された――が仕切る「ホーム」は教会――そこに毎日曜日やってくる信徒の大半は女性であった――に次ぐキリスト教の砦であり、子どもたちをキリスト教の影響下で公徳心を持つ良き市民に育て上げる空間であった。奴隷制反対運動を頂点とする大小いくつもの「道徳の守護者」たる女性の立場からの社会改良運動の発信基地にもなった。したがって、「ホーム」を伝道地で実現することはキリスト教伝道の成否に大いに関係していた。宣教師の妻は「ホーム」を伝道地で運営して手本を見せ、独身女性宣教師は寄宿舎を備える学校を疑似「ホーム」として経営して、将来の「ホーム」を担う現地人のクリスチャン女性を育てようとした。

ところが、女性宣教師が教育し、やっとのことでキリスト教徒にしたとしても、一五―一六歳までに親が決めた相手(キリスト教徒ではない)と結婚するため途中で学校を去れば、努力は水の泡である。女性宣教師たちは、キリスト教徒同士の結婚を成立させ、現地人の間での「ホーム」を実現するために奮闘した。まず、「通いの学校」ではなく寄宿学校を得て、生徒の全生活を掌握することを熱望し、故国の女性たちに盛んに訴えて大きな建築資金を獲得した。そして、教育の一環として「愛に基づく結婚」の理想を掲げた。つまり、「結婚する当事者が相手への好意に基づき、相手を選択する、神に祝福された一生涯続く一夫一婦の結婚」を奨励したのである。そして、親がクリスチャンでない結婚相手を決めても、子=宣教師の教え子が自らの意志でそれに抗することを期待し、また、支援した。

「愛に基づく結婚」は、アメリカにあっても比較的新しい慣行であった。一七七五年から一七八三年の独立革命以前、親が近隣縁者との間で結婚相手を決め、年齢順に結婚させるのが一般的であった。しかし、革命期は、コミュニティの破壊を進め、人口の流動性を高め、また、旧体制への批判を強めたため、親の支配力は減退した。結果、革命期から建国期に未婚女性の妊娠が飛躍的に増大した。全婚姻数の三分の一にまで達したという研究もある。

一七九〇年代に始まり、一八四〇年代まで続いた第二次大覚醒は、一九世紀アメリカの福音主義文化を培い、それを中流文化の中核に据えたのだが、この間に右の未婚女性妊娠率が革命以前のレベルまで下がったことは、注目に値する。第二次大覚醒への参加は女性が過半を占めた。彼女たちは、回心し、キリスト教道徳を担う者――「道徳の守護者」――としての社会的役割を担う過程で、純潔の倫理を内面化した。同時に、啓蒙主義系列の議論で、「公徳心」を持つ将来の共和国市民を育てる母（「共和国の母」）を育てるため、建国期に女子教育が進展した。その先導者の一人、ベンジャミン・ラッシュは、教育の効用の一つに、女性がろくでもない男の誘惑に乗らないようになることを数えている。

純潔の倫理は、その時代にあっては、女性たちの利益になった。婚前に妊娠した女性が、子の父親たる男性と結婚できれば良いが、多くの場合、男は逃げ、女はそのまま「父なし子」を産んで、蔑まれつつコミュニティの福祉基金の世話になるか、女手を必要とする子沢山の寡男に嫁いで、家族の世話に明け暮れるかの選択肢しか残らなかった。女性が皆で純潔規範を掲げ、婚前交渉を拒絶することが規範となれば、女性たちは、結婚前に何人かの候補者と妊娠の心配なく交際し、結婚相手を選択することができる。

合衆国では、プロテスタンティズムの教義が極めて自由な憲法と非常に平等な社会状況と結びつくに至っている。そして、若い女性がこの地ほと、早くからまた完全に自立するところはない。

アメリカの若い女性は…まだ子供時代を抜けきらぬうちから、自分の頭で考え、自由に喋り、一人で行動する。広い世間の有様は絶えずその目に触れるが、親は、…娘の目の前に日ごとにますますはっきりと現実をさらけ出し、堅実で落ち着いた目で世の中を考えることを学ばせる。（中略）

子供時代を過ぎて思春期を迎えるころ、…アメリカの女性が（ヨーロッパの娘たちのように―筆者注）子供のような内気と無知をさらけ出すことは滅多にない。ヨーロッパの若い女性と同じように、アメリカの若い女性も男に気に入られたいとは思う。だが、その対価が何かは正確に知っている。…心に穢れがないというより、身持ちがよいのである。
アメリカの若い娘たちが、躓くところの多い遊びの会話をなんともたくみに、また当意即妙の大胆さで切り抜けて、思考と言葉を巧みに操るのを見て、私はしばしば驚かされ、ほとんど恐ろしい気がした。[17]

一八三一年アメリカを視察したトクヴィルはこのように記録し、アメリカの若い独身の女性たちが、純潔を守ることで自立と自由を確保していた様子を伝えている。一八三四年、リヴァイヴァルに触発された女性たちが組織したニューヨーク婦人道徳改善会（New York Female Moral Society）という一大組織は、専ら廃娼運動を展開した。[18]彼女たちが廃娼に成功した証拠はないが、自身と彼女らの娘たちに、純潔の価値を確認させ、また、その価値を強化したことであろう。

明治維新以降来日した北米出自の女性宣教師――日本に居た女性宣教師のほとんどは北米出自――は、一九世紀前半にアメリカで成立したこのような婚前の「戯れ（flirting）」、求婚活動（courtship）を経て「愛に基づく結婚」に至るというイデオロギーと感情構築のもとで育てられた女性たちであり、そのロマンティシズムの信奉者であった。一八七二年、最初の日本人プロテスタント教会である横浜基督公会（現海岸教会）が設立される前後から、アメリカン・ミッション・ホーム（現横浜共立学園）では週に二度祈祷会が開かれ、開会前に宣教師ピアソン夫人の指導の下に同校の女生徒と青年男子がいっしょに賛美歌練習をした。若い男女の交流の場ができたわけである。また、一来日定住した最初の女性宣教師メアリ・E．キダーは、一八七三年、三九歳でおよそ一〇歳年下の裕福な新米独身宣教師エドワード・ローゼイ・ミラーと結婚する際、自分が教える女生徒全員を結婚式に招待し、生涯続く結婚に臨む神聖な誓いを生徒たちに示して、教導しようとした。一八七八年、共立女学校（アメリカン・ミッション・ホームが一八七五年に改名）在籍の小山サイ子とメソジストの牧師粟村左衛八が海岸教会で結婚した際は、共立女学校を経営する女性宣教師たちが肩入れし、四〇〇名にものぼる列席者を得た式の後、共立女学校でガーデン・パーティを催した。

このように女性宣教師が日本人の結婚過程に介入し始めた一八七〇年代、一八四〇年代生まれの男性たちは、すでに旧式の結婚で妻帯していることがほとんどであった。この場合、木村熊二・鐙子夫妻のように、クリスチャンになった夫に追従して妻がクリスチャンになるケースが散見される。佐々城本支もこの世代に属し、横浜で洗礼を受け

（一八七二年）、メアリ・E．キダーのもとで学んでいた星艶（後の佐々城豊寿）と出会ったとき、先に述べたようにすでに入婿・妻帯していた。キリスト教を背景とする本支と豊寿の恋愛は、「浮気」ではなく、この旧式の結婚を破壊するという革新的意味を持っていたはずである。

一八八〇年代になると、一八六〇年代に生まれ、明治の教育を受けた青年が順次適齢期を迎えた。女子ミッション・スクールの数は増え、立派な校舎を備えるものもあった。女性宣教師たちは、適齢期男性キリスト教徒を招待し、学校で「交際会」を催すようになった。一八八三年、内村鑑三はメソジストの女学校からそのような機会への招待状を受け取り、「絶好の狩猟のチャンス!!!」と喜んだ。その頃、内村の札幌農学校以来の友人たち――宮部金吾や藤田九三郎――も横浜のミッション・スクールの在校生と婚約していた。[19] 一八八六年と一八八七年には、メアリ・E．キダーの学校が発展したフェリス・セミナリーで、夕べに開かれる「交際会」があり、親戚保証人と特別に学校が招待した「紳士貴婦人」が集まった。第二回の交際会に招かれた巌本善治は、フェリスの最初の卒業生で、教員の島田かし（若松賤子。後巌本と結婚）が出演した朗読劇『リア王』が秀逸であったと『女学雑誌』に報告した。巌本と島田かしは、こうした機会に出会い、親交を深めていったと考えられる。

一八八〇年代末になると、このような男女交際の機会を日本人生徒が主導するようになった。一八八八年から一八八九年頃、東京の男子ミッション・スクールが「連合（同盟とも）文学会」を組織し、持ち回りで会合を開いていたが、そこに京浜地区の女子ミッション・スクールの教員や生徒が招かれるようになった。男女ミッション・スクールの生徒は合唱を披露しあったりした。この頃明治学院に在籍した島崎藤村は、「良家の子弟」風の格好――軽い帽子、半ズボン、長い毛糸の靴下――をして、文学会に参加し、「若い女学生達の口唇から英語の暗唱や唱歌を聞いた時には、殆んど何もかも忘れて居るような気がした。」

かくして一八九〇年代には、一八七〇年代生まれの男性が適齢期に至る。島崎藤村も含め、ミッション・スクールや教会に通った男性たちの多くが女子ミッション・スクールやキリスト教主義女学校で学んだ女性を妻とした。この世代のキリスト教徒コミュニティの男女は、かなり自由な「交際」を結婚前に許されていた。すでに見てきた国木田（一八七一年生まれ）と信子（一八七八年生まれ）の「交際」からもそれは明らかであるが、独歩と信子のケースが必ずしも飛び抜けて例外的であったとは言えないのではないか。たとえば、信子より二歳年上の相馬黒光（星良）は、フェリス・セミナリーの生徒だった一八九三年の夏休みに仙台に帰省した際、友人布施淡（一八七三－一九〇一）とその友人で郵便局に勤める菅野英馬（二人ともクリスチャン）の三人で、布施家のかつての領地柳津まで旅した。そこで数日を過ごし、淡の妹と合流、四人は気仙沼等を廻った。[20] フェリスに戻ってこの旅行体験を友人らに話した星良は、布施を彼女らに紹介することを約束し、その年末、フェリス・セミナリーの寄宿舎で同室の加藤豊世（一八七六－一九四六）、上級生の東儀隆（後、木村熊二と結婚）、伊沢貞の女学生三人と上京中の布施淡を誘い、五人で二泊三日の鎌倉旅行に出かけた。そのため、一八九四年年初、黒光はフェリスの校長――当時はユージーン・ブースという男性宣教師――に呼ばれ、「女の子が男の子と外泊するなんて不埒千万だくどいほど叱」られ、「以後こんなことは絶対にしないと約束させられたのみならず、東京に行つても佐々城の叔母の家に泊ることさへ厳禁され」た。[21] 監視役（シャペロン）なしの、若い男女の泊まりがけの小旅行は当時のアメリカでは許容されていなかった。黒光と布施の関係については押川方義等の仙台のキリスト教指導者も様々な形で注意を与えたようだが、[22] いずれにせよ、日本のクリスチャンのコミュニティは、宣教師よりはるかに大きな信頼と自由を若いクリスチャンたちに与えていたわけである。

ところで、鎌倉小旅行を機会に布施淡と加藤豊世は、仙台と横浜に離れて住みながらも交際を深め、一八九六年頃婚約、一八九八年五月に結婚した。二人の間に交わされた書簡は、子孫が大切に保存し、フェリス女学院資料室によって書簡集にまとめられている。[23] 明らかに布施淡に好意を抱いていた黒光は、この結婚に衝撃を受け、ほとんどやけくそになって長野のクリスチャン相馬愛藏に嫁いだらしい。[24]

このようなかなり自由な男女交際の前提には、クリスチャン男女の間では「純潔」が守られる――婚前の性関係はない――という「信仰」の一部とさえ言える信念があったと考えられる。明治時代にクリスチャンになるということは、なおざりにできる決断ではなかったのであって、その決断をした男女は、男女関係におけるこの約束事を守ると。クリスチャンのコミュニティにおいては、親の世代は、子の世代をその意味で手放しで信頼していたとも言える。佐々城本支が、塩原に滞在する国木田独歩と信子とその友人のもとに突然現れたものの、独歩と信子の「愛史」を聞いたあと、豊寿と相談するために三人を塩原に残して東京に直帰したのも（三五五－三五六頁）、このような信頼あってのことであろう。

こうした恋愛と結婚の過程に応じられる女性とは、トクヴィルが一八三一年にそら「恐ろしい」と感じた、自立し、「遊びの会話をなんともたくみに、また当意即妙の大胆さで切り抜け」る女性である必要があったわけで、女子ミッション・スクールはそのような若い女性を輩出した。本連載一〇でも指摘したことだが、それは日本的文脈では、「地女」と「遊女」を統合した、母性とセクシュアリティを兼ね備える「新しい女性」であった。信子は豊寿によってそういう女性として育てられた。彼女は、「剛毅」で、歌が歌えて、もてなし上手の良家の娘であった。後に独歩は、

新らしき空気を呼吸し、新らしき教育を受けたる近代女子の感情は、純なる感情に非ずして、幾分の思想を加味す。故に其恋や複雑にして豹変し易し。熱烈なること火の如き真個の恋は純感情のみに生ける教育なき女にこれを見る。[25]

と書いた。「教育なき女」とは、「芸娼妓などの卑しき女性が、却つて恋の理想を構成し恋を恋するものなり。…彼等の恋たるや、処女の恋に比して遙に熾烈に何物をも焼き尽くし如何なる事情をも排して、尚ほ恋に向つて進まんと努力す」[26]とも書いているところを見ると、主に芸娼妓を指すらしい。なるほど専らセクシュアリティに特化する「遊女」は、男にとって分かりやすかったろう。「地女」と「遊女」を統合した、信子のような近代的な女は謎として、「豹変する」女として独歩の前に立ち現れた。

キリスト教徒のコミュニティに属する「近代女子」と男女交際の慣行――プラトニック・ラヴを前提とする――は、むろん当時の一般の日本社会では理解され難いものであった。一八九〇年代初頭、『読売新聞』に連載された「女学生の醜聞」に登場する「女学生」の多くは、教会やミッション・スクールに関連づけられている。たとえば、そのうちの一つに次のようにある。

広い東京の西北にあたる或る山の手の教会（耶蘇教）で…信徒仲間の或る一双の男女は外目をかしき程仲よくて或時男が病に罹り学校にも得行ずで床につき居ると聞き親切にも泊まり込みに看病するので如何に耶蘇教信徒なればとて余りといへば世間もあり人の口も五月蠅しとて或人が女に向ひ貴嬢〳〵で遠廻しに意見を加へると女ハ一向平気に「夫れは御親切さまままことに有り難うござりますが私共ハバイブルを両人の床の間に於て寝ますればハイ天にましします造物主こそよく御

存じでござります」と答へ居りしと云ふ[27]一般社会にはとんでもない茶番に映ったであろうこの論理は、独歩と信子のような、キリスト教徒同士の恋愛において、真実であった。

信子の心変わりと独歩に集まる同情

『欺かざるの記』を読むと、国木田独歩には「豹変」に見えた信子の独歩に対する愛情の冷却の兆しが、互いへの気持ちを確認しあった、一八九五年八月一一日の小金井近辺への最初の「閑遊」の際にすでにあったことを見てとれる。桜橋にある茶屋で休む前、手前の橋の上で、信子が女子の新聞事業を起こす「野心」を持ち、アメリカに行くことになっていることが明かされた。そして、「吾等は已に一体たるべし。されど夫婦となりて一家に住むに至ることは何年の後たるを計り知るべからず」と信子は独歩に話した（三三七頁）。つまり、国木田との恋愛が進行するなかでも、信子には信子の夢があり、すぐに結婚して所帯を持つことは信子の希望ではなかった。

独歩はこの話があった場所を、「一橋さびしくかかる寂莫の場」と表現しており、信子の希望は、彼にとって不吉なものとして予感されたことが想像できる。独歩は信子に、一家に住むに至るまで待つけれども、「夫婦は夫婦」なのだから、「吾等は自個《ママ》の野心のために恋愛をも犠牲にするは刻なり」と応じ、「待つ」が「冷ゆる」の意味でないことを望むと述べた。次いで、信子は、独歩との恋愛が失望に終わったら、二度と再び恋はしないと思ったが、今はお互いの気持ちが通じてうれしい、と言った。それに対し、独歩は、「余は御身との恋を成就せずんば措かじと思ひ定めぬ。如何なる事ありとも成就さす可し、恋せば将に死するまでと決心せり」と応じた。二人の温度差は明らかである。信子は結婚を前提せず、気持ちが通じ合うレベルの恋愛として独歩との関係を捉えているのに対し、独歩はもうこの時点で、夫婦、結婚という形での恋愛の「成就」を夢想していた。そして独歩は、二人の恋愛を純潔、高尚、堅固、大胆の四徳で特徴づけ、「御身若し北米に去らば、われは北海風雪のうちに投ぜん。吾等か恋の前途は「悲運」なり。されど「悲運」何かあらん」と語って、信子に自分のために一曲歌って欲しいとたのみ、信子は「故郷の空」をを歌った。その「悲愴の調、断腸の調」を聞きつつ、独歩は恋愛の四徳でこの「悲運」を乗り越えようと己に言い聞かせた。信子の愛が「如何なる時にも、惑らんざらんことを」祈りながら。永世と神への信仰を抱く者として、恋愛の永遠も信じたいと願っていた。だが、独歩は不安であった（三三七－三三九頁）。

その後、信子との関係がさらに熱するのと平行して、独歩の「北海道自立策」への熱心も高まっていった。八月二九日には早朝に信子を訪ね、公園に連れ出し、大いに将来を談じ、「第一、嬢ハ米国行を止めよ、第二、二人北海道に立脚の地を作らん、第三、しばらく東京に勉学せよ、第四、勉学の方針ハ余に一任せよ」と話し、「嬢悉く諾したり。吾等ハ楽しく別れぬ」と記した。しかし、その夜再び信子に会うと「嬢頗る沈思に陥りたる様子」であった。独歩は、「明朝其の理由をきく可し」と日記に書き付けたが、それを実行したかどうかは明らかでない（三四六－三四七頁）。

後に信子が従姉の相馬黒光に語ったところを再び引用すると、

いったい私は国木田（信子はいつも国木田あるいは哲夫さんと言っていました）を好きであったことは本当でした。けれども結婚しようと言われると急に怖くなった、いやになってしまう。あの人は話上手でしたから、とても面白かったけれど、女を我が物顔したり女房扱いをされると私は侮辱を感ずるのです。[28]

八月二九日の夜、信子が「沈思」していたのは、国木田が信子の希望を否定し、彼女の将来を「我が物顔」に扱ったことが不快であったからであろう。国木田に惹かれる気持ちとの間で葛藤があったに違いない。

信子が葛藤するなかで、独歩は八月三一日に北海道行きを決し、二人の関係を徳富蘇峰、竹越与三郎に公にし、遠藤よきを協力者とし、塩原行きが決まった。九月六日に豊寿が北海道から戻る（三五一－三五二頁）。九月一〇日、北海道に赴く独歩に聖書を贈り、一二日塩原に独歩を迎えた信子は、あくまで恋人を見送るという心づもりであったろう。独歩と共に即座に北海道で所帯を持つことなど、考えていなかったはずだ。信子は母と共に北海道に暮らした経験を持ち、その冬と厳しい労働、荒々しい新開地の社会、母がいくら熱望しても、理想的な開墾地がなかなか見つからないことなどを知っていた。塩原以降、両親が二人の関係に厳しく介入しはじめると、信子の独歩への気持ちは大きく揺らいでいった。彼女は北海道から独歩が頻繁に送ってくる手紙に返事を書かず、ただ九月二三日に「父の手紙読みて、われのが着くまで返事よこすな」と電報を打った。その父（本支）の手紙には、信子がアメリカに行くことが書いてあった。国木田は、「吾全然不賛成なり。吾は信子の夫として之を許さず。且つ吾等一体の天職に対し、断じて此の事あるを得べからず」と身勝手な所有欲を日記に書き付けた（三六一、三六四頁）。

しかし、アメリカ行きはかねてからの信子の希望であり、その時の決断であり、その後何度も独歩に対して主張したことであった。九月二七日夜、独歩のもとに届いた信子からの手紙は、独歩によれば「理性を失ひたる文字」で自殺を企てたと伝え、その書遺きを添えてあり、かつ「亜米利加に行くに決せり」とあった。独歩は、「よし、信子をして決心せしめよ。これ全然理性を失ひたる決心なる故吾之を許さず」とあくまで専横的であった（三六四－三六五頁）。

一〇月、信子のアメリカ行きの決断にうろたえ、東京に戻った独歩は、気持ちが揺らぐ信子に手紙を送り続けた。その一部は公刊されているが、「御身の哲夫」などと署名されているそれらの手紙は、独歩の情熱の一方的な押しつけに読める。[29] その頃、少なくとも徳富蘇峰には、「何の点より見るも信子氏の決心も極めて薄弱なるが如し」と見えた。[30] 信子は白けはじめていた。

それに、父さんに国木田から来た手紙を見つかってひどく叱られたんです。もう内容は忘れてしまったけれど、その手紙に『未来の妻よ』と書いてあったものだから、父さんと母さんと二人で厳しく詰問したのです。私だって『未来の妻よ』なんて言われて、いやな文句だと思って機嫌を悪くしていたくらいのところでした…自分のそれが大切な手紙だったら、どうして父さんに見つかるような机の上にほうっておきましょう。[31]

本支が国木田の手紙を読んで激怒したのは、一〇月一二日の夜のことで、読んだ手紙は一〇月九日付け（公刊されていない）であった。佐々城豊寿によれば、そこには「徳富や竹越杯の薄情男子」が何を言っても屈するな、父母が責めても屈してはならない。「益々堅く結ばれ度、然して近日是非共密会致し度云々」と書いてあった。本支は激怒し、「娘を責むる事過度にして、或時は死ぬる斗に成る事も」あったという。本支にしてみれば、塩原で二人の関係について理解を示したのは、その「愛史」が真剣であり、プラトニック・ラヴである点であり、結婚を認めたものではなかったのであろう。[32] 豊寿の反対にあい、塩原から戻った信子がアメリカ行きを決意した以上、二人の関係は現状で留保されるものと考えていたはずだ。本支の読んだ独歩の手紙は、その枠組みを覆そうとするものだった。豊寿は「余りの事に茫然として為す処を知らず。只日夜此事にて心を苦しめ痛め居る」ばかりであった。[33]

この事件の最中に、塩原に一緒に行った遠藤よきがやってきて、信子を一端引き取り、遠藤の姉の嫁ぎ先に逗留させた。こうして両親から引き離された信子のもとに、遠藤から連絡を受けた独歩は毎日やってきて結婚を迫った。[34] 信子は、独歩へのこの時期の手紙に、「御身が両親様を思ひ給ふ如く私も両親を思ふ」と書いた。国木田は両親を思いやり、弟を可愛がる人であった。信子は、自分も同じように両親を大切に思っており、両親に背いて結婚などしたくないと言いたかったのだろう。しかし、独歩は、「御身は未だ同心同体の深き意味を感じ居らざる也。…何故に御身は御身の父母は最愛なる哲夫氏の父母、御身の憂ひは哲夫氏の憂なりと感じ、其うちに無限の慰楽を得ざるか。余は実に情けなく思ふ也」と、御身同体一身の哲夫と署名して、返事した。[35] 独歩は、佐々城夫妻をむしろ憎んでいたにもかかわらず。これは信子の訴えを完全無視したに等しい。そのうち独歩は刃物を突きつけて結婚を強いる一方、遠藤よきは佐々城家はまだ許していないと信子に偽りを告げて独歩に協力した。「怖くて怖くて、そこで否応なし」に信子は独歩の両親の家に移ってしまった。一八九五年一一月一一日、独歩の狭い自宅で、自分の両親の参列なしに結婚式を挙げたとき、信子の心はすでに独歩から離れていた。[36]

その後信子は独歩と逗子で新婚生活を送るが、その頃から逃亡を考えていた。独歩はひどく嫉妬深かった。信子に言わせれば、

あの人はそれにとても嫉妬やきなんで、ちっとも私を自由にしてくれなかった、私はしつこいのが大嫌いでしょう、おしまいに煩くなって、じつは初めから逃げだそう逃げだそうと思っていたのでしたの、私には嫉妬なんか馬鹿馬鹿しくて出来やしない。[37]

ということであった。貧乏以上に、結婚前から示されていた独歩のしつこさ、独善、我が物顔の所有欲が信子には耐えられなかった。先に紹介したように、徳富蘆花が逗子の新居を訪ねた際、得々として日光が富士の一角に初めて触れる刹那の美を語る、その傍らで、信子は「きちんと座わつて、恐ろしい速力で編棒を動かして居た」という。[38] 編み物——豊寿が教えたに違いない——の速度は、彼女の苛立ちを表していた。信子の気持ちを独歩は半ば知っていて、だからこそ彼女を自由にしなかったのではないか。独歩が逗子で作った冬の歌はもの悲しい。

逗子の砂山草枯れて夕日さびしく残るなり
沖の片帆の影ながく小坪の浦はほど近し[39]

信子の失踪は、一八九六年四月一二日、四月二四日には信子の断固たる意志により離婚が成立した。国木田独歩は「無限の苦痛」を味わった（四二二頁）。

この恋愛全般を通じて同情を集めたのは独歩の方であった。信子の友人遠藤よきは、最終的にこの結婚が実現してしまう局面で大きな役割を果たしたが、それは信子ではなく独歩の希望に副うものであった。信子はアメリカ行きを望み、豊寿との和解と自宅への帰還を望んでいた。[40] しかし、遠藤は、明確に独歩の協力者として行動した。よきの母親、姉の夫三浦逸平も独歩の協力者となって三人で独歩のために動いた（三六八、三七〇、三七三頁）。独歩の熱情にほだされたのか、あるいは、豊かな両親のもとのびのびと生きる信子に嫉妬し、貧しさの苦労を経験させたかったのか[41]動機は不明である。

相馬黒光は、信子失踪の際、豊寿と信子の意を受けて協力した。しかし、黒光は、常に独歩とその家族の監視下にある信子に同情しつつも、独歩に共感した当時のことを次のように書いた。

> 私は性格においてすべてさらさらとして淀みのない信子よりも、理想家らしく情熱的な独歩に同感出来るのです。ましていったんそこに嫁ぎながら半年経つか経たぬに帰ろうなどと言い出す信子の意志の弱さと節のなさに呆れるのです。…そんな薄弱な恋で父母を苦境に立たせ、名のある方々を煩わすなど、あんまり我儘すぎて従妹ながらも愛想が尽きてしまうのでした。[42]

それでも黒光は独歩から逃げてきた信子に一円を貸し、逃亡を助けた。その後のことを次のように書いている。

> それからの独歩はまるで狂気のようでした。かなたへ走りこなたへ走り、知己朋友のところを尋ね、果ては信子が好きだと言っていた染井の墓地にまで行って、弟の墓の前に倒れて死んでいるのではないかと探したり、私のところへは端書でも来ているかと日に二度も聞きに来るというふうで、私はその顔蒼ざめ、眼の血走った独歩を見ると一緒に泣けてしまうのでした。清教徒的な真面目さを持つ独歩は、こんなにたびたび寄宿舎に来て、私に迷惑がかかってはならないと言い、舎監の呉先生に会って事情を明かし、私のところへ出入りの許可を求めました。呉先生はたいへんに同情されて、
> 『それはお気の毒なことです。私も信子さんがお帰り

になるよう祈ります』
といわれ、先生がそのくらいですから、寄宿舎中が独歩のために心配しました。
（中略）
　この騒動によって独歩の純情を見て泣かないものは一人もないのでした。[43]

　内村鑑三は、「小生も早年の頃、貴君と同一の厄難に遭遇した」と独歩の手紙に返信し、アメリカ留学についてのアドバイスを与え、当時内村が在住していた京都に来いと誘った（四三九－四四〇頁）。植村正久夫妻は共に「非常の同情を表」した（四三〇頁）。徳富蘇峰は、アメリカに行くなら百円出すと言い（四二九頁）、信子が逗子時代に三度逃亡を企てたと潮田千勢子から聞いたとして、「信子を魔物と罵り、狸と称し、寧ろ此の度の事を祝すべしと言ひ、且つかゝる女は七度も姦通する女なりと熱罵」したという（四三二頁）。必ず復讐せよ――「大に勉励して佐々城家につらあてすること」――と独歩を励ました（四五〇頁）。独歩は「最早、信子の事、語るまじ。…語るまじ〳〵と思ひ乍ら、友の顔見れば訴へたくなる」と日記に書いているから（四五〇頁）、教会、仕事先の友人に信子との一件を彼の観点から語り、同情を集めたのだろう。内村鑑三をたよって京都に滞在した後、渋谷村に滞在したのも民友社同人の山路愛山の好意だという。[44] かたや信子は、ただ沈黙し、「愛に基づく結婚」にいったん自らコミットした女性が、翻意した際に受ける厳しい批判のターゲットとなった。

　女性がいつでも自由に相手を選び、よい選択をする力を教育によって授けられる国では、世論は妻の過ちを容赦しない。[45]

ただし、未だ「愛に基づく結婚」が実験段階にあった当時の日本で、一七歳の信子が「よい選択をする力」を備えていたとは考えられない。それでも、右にトクヴィルが指摘したような意味で信子は批判された。後に独歩は、「僕は恋であった、しかし愛子（信子のこと―筆者注）はそれを世間でいふ情《いろ》の如くに打壊して了つた、そして其後愛子は情《いろ》を恋の如く見せかけて、多くの真面目な青年や、浮気な男を甘くあやなして其時其時の情欲を充たして来たのである」と前近代の「遊女」が専売特許とした「色」の伝統を持ち出して信子を批判した。

　故に僕は遂に斯いふ最後の断案を下した。恋と夫婦の愛と情《いろ》と此三つは別なものであると。
　愛子は恋の深くして哀しきよりも、情《いろ》の艶《こ》くして楽しきを好み、そして遂に夫婦の愛の淡くして清く、哀楽兼ね備はり、理義の渋味を加へて「時」のために容易に腐らざる味を知らない。[46]

独歩は、信子は「ハイカラ毒婦」だと結論づけた。[47] 独歩の結婚の失敗は、一八八三年の内村鑑三のそれとよく似ている。右に紹介したように、内村は自分の「厄難」に言及し、独歩に同情した。彼等は新しい恋愛によっていったん「妻」となった女性に服従を要求した。自分のみならず、父母と係累に仕えることを当たり前とした。独歩にとっての「一心同体」とは、自分の都合を妻が受け入れることで、決してその逆ではなかったのだ。そのような「愛に基づく結婚」に巻き込まれたことは、内村の最初の結婚相手浅田タケと佐々城信子にとってこそ大きな災厄であった。だが、それは現代の視点に立って言えることで、一八九〇年代の日本においては、男の言い分がまかり通った。[48]

豊寿はなぜ反対したのか

　国木田独歩にとって、信子との恋愛と結婚の前に大きく立ちはだかったのは、豊寿であった。信子に捨てられた苦悩のなか、独歩は、信子への批判と豊寿への憎しみを増幅させた。

　彼女の母（豊寿のこと—筆者注）は一個の高慢にして、無学、虚栄を好み、人間を知らず、神を知らざる壓制家たるのみ。彼の女の父は温和なる人なれども、下品なる人なり。彼の女は今や此の父母に帰りたる也。何者か彼の女を導きて高尚なる生活に到らしむる者ぞ。何者か彼の女を教へて真にヒユーマニテイを解せしむる者ぞ。何者か真に彼の女の霊魂の為めに憂ふるぞ。彼の女は独立して独行すと自信し居るべし。されどこれ彼の女の不幸なり。彼の女は野心多き割合には徳性足らざる也。（四四七頁）

信子を導けると自信する独歩こそ傲慢である。また、次のような批判もある。

　彼の女は逃げあふせ得ると思へるにや。其の良心のせめより逃げ得ると思へるにや。憐れの少女よ。彼の女の母はげに世にも卑しき性の女なること愈々我には明らかに成りまさりゆく。彼の女も此の母の性を少しは受けつぎたればにや、情の中に誠少なし。腹に墨あり。

眼に手段あり。意地強し。これは正しき判断なり。彼の女の行末の不幸を予言し得るなり。彼の母に比ぶれば吾が母の心情のうるはしさよ。吾が母は偽というふことを知り給はず、吾が母の情には誠実同情の気あふる、が如し。吾が母には教育なきが故に理想てふもの、影だになき故、志念は低き様なれども天性上品の人に在はせば母を知る人の母になづかぬは稀なり。吾が母を思ふて彼の母を思ふときは吾が心に彼の母をあさましく思ふ念みちあふる、也。（四六四頁）

教育を受け、自我を持つ女性は、独歩の思い通りにならないから「卑しき性の女」なのだ。無学で従順な女が良い、というわけだ。

佐々城豊寿は誤解されやすい人であったことは、本連載でも見てきたが、果たして娘と独歩との関係に対して、それほど理不尽であったのか。反対の理由について、独歩は自分に経済力がないことが一因であることを理解していた。八月一日の日記に、豊寿の反対を記したすぐ後、

あゝわれは嬢を得ざれば止まざる可し。母氏をして承諾せしめずんば止まざる可し。（中略）嬢は吾が著作の成功を待ちつゝあり。夜半まで務むる勿れと言へり。必ず病を得る勿れと言へり。されど吾が成功を待てり。（三二三頁）

とある。つまり、この時点で母から反対を言い聞かされていた信子は、独歩が著作で成功し、経済的安定を得ることで、母親の了解が得られると独歩に話していたということだろう。

実際、この点が豊寿の反対の主たる理由であったことは、彼女自身の書簡にも明らかである。

本人が兼て大言を吐き散らし、民友社にて壱人男の様に言ふて自懐を言ふ元気を出したなら、壱人位は食はれそふなもの、食はれざる中に妻を迎ひ杯とは迚も本気の事なれねば、彼の条件（結婚の条件として佐々城家との絶縁と一年間東京に住まないということを出したことを指す—筆者注）は敢て無理とは存じ不申候。固より彼等は死を決したと申事故、其積りで力役でも致すが宜しかるべしと被存申候。妹が彼等を悪むと申事而已に有之、社界に対する責任止む得ざる処よりの事、彼等不心得とは申せ、実に情なき事と思はば血涙禁ずる不能も致し方なき、彼の二条件に候間、右篤と御察被下度奉願候。[49]

豊寿は、別の手紙で独歩と信子を「彼の発狂者等」と呼んでいる。[50] 独歩が熱望する結婚は、経済計画なしの、恋に狂った無謀な企てだと豊寿は考えていた。

右の手紙にあるように、国木田の大言壮語も豊寿には気に入らなかったようだ。北海道移住について、独歩は豊寿にたびたび相談していた。そして、資金もないのに北海道に飛び出して行った。先にも指摘したように、北海道移住全般、開墾の厳しさ、適切な土地選定の難しさをよく知っていた豊寿には、独歩は無計画で感情的な夢想家に見え、あきれ果てていたことだろう。その移住に愛娘を伴うなど、豊寿には到底考えられない話であった。

独歩が『家庭雑誌』に記事を書いていたことも、豊寿は気に入らなかったはずである。独歩が信子と初めて会った夜、独歩は民友社発行の『家庭雑誌』新刊二冊を信子に贈った。一八九五年五月二五日発行の第五四号には「友愛」、六月一〇日発行の五五号には「吾が海軍水兵の歌」という題の独歩の文章が載っていた。彼はそこで友情を語り、海軍水兵が必ず歌う「ロングサイン」すなわちOld Lang Syne（Old Long Since、蛍の光のメロディで歌われるスコットランド民謡。海軍の告別行進曲として使われた）の哀愁について語っていた。その内容自体に特別な問題はないが、豊寿は、男性が『家庭雑誌』などで女性を教導することを嫌っていた（本連載一〇を参照）。従って、若干二四歳の未婚の若者が『家庭雑誌』で女性の読者に何を語る、と豊寿は思っただろう。それが大言壮語と合わさると、独歩は、いかにも内容のない、小生意気な青年に豊寿には見えたことだろう。

さらに、国木田は佐々城家を頻繁に訪れ、時に食事の饗応を受け、夜遅くまで滞在した。豊寿はこれを田舎者的行為として不快に感じていたはずだ。本連載一〇で紹介したように、佐々城豊寿は紋別在住当初、訪問客が夜一二時にならないと帰らないことに困惑していた。佐々城家は人の出入りの多い、賑やかな家であり、そこに滞在する親類も多かったようだが、それだけに長居をしないといった訪問のマナーを重視していたであろう。そのマナーに国木田は従っていなかった。

相馬黒光によれば、豊寿は独歩を「奴さん」と呼んでいたというが、北海道に夢を抱く、大言壮語の、頻繁に現れる常識外れの若者を「問題児」として名指ししていたものと思われる。つまり、佐々城豊寿は国木田の発言や行動を見て、愛娘の結婚相手として不足と判断したのだろう。そもそも信子は女の新聞事業を起こすためにアメリカ留学をしようと考えていたのだし、それには豊寿自身が『東京婦人矯風会雑誌』の編集を担ったことが多いに関係していただろう。豊寿は女性が自ら発言すること、少なくとも女性に関する「言論」を女性が掌握することを望んでいた。その豊寿にとって、新聞・雑誌記者という独歩の立場は必ずしも尊敬に値しないものではなかったはずだ。従って、豊寿にとって問題だったのは、独歩が記者だったことということより、彼女が実際接した独歩であった。豊寿は、徳富蘇峰に対し、独歩の「人品に関する非常なる事を並べ立て」、また、「あんな奴と何故に約束したるか」と怒ったという。[51] 豊寿は忌憚なく、国木田について思ったことを言ったことだろう。遠藤よきの母親は「豊寿さんの考には御身（信子のこと―筆者注）を世の時めく貴人、才子、富者に嫁したく思へるが如し」と独歩に言ったというが、それはあくまで想像であった。[52]

ただし、一八五三年生まれの佐々城豊寿に家格意識がなかったとは言い切れない。彼女は仙台の儒家の出であり、夫も仙台藩医の家の出であった。独歩の出生については諸説あるが、父は旧播州竜野藩脇坂氏の譜代の家臣の家系の国木田貞臣（通称専八）、母は下総国新生村四四番屋敷淡路善太郎の長女であった。通説では、専八が藩船で航行中遭難し、銚子の旅館で静養中に旅館手伝いの淡路まんと知り合ったという。専八には竜野に妻子があり、まんも銚子在住の雅治郎と結婚していたが、事情があって別れ、旅館奉公中に専八と出会ったという。戸籍では独歩は雅治郎の子となっているが、専八実子説もある。[53] このように、現代でも出生に諸説あるということは、一八九〇年代においては、国木田の出自はあまり明確にされておらず、豊寿から見るとどこの馬の骨ともわからない人物という印象が強かったであろう。当時のキリスト教徒のコミュニティは士族出身が多く、狭い社会の中でそれぞれの出自はかなり明確であった。維新後、士族の多くは経済的に苦労を強いられたのだから、国木田家が貧しいことはそれほど問題にすべきことではなかったかもしれないが、この出自の不明瞭は、豊寿の気にかかったのではないか。

先に言及したように、独歩は信子が潮田千勢子の長男と婚約しているとの情報を竹越与三郎から得ていた。信子はそれを否定したが、少なくとも豊寿の願望として、これはありえたのではないか。潮田千勢子は信濃国飯田藩医の娘で、夫は同藩士潮田健次郎であった。夫の早世後、未亡人の潮田は子供たちとともに上京し、ミッション・スクールの桜井女学校等で学び、バイブル・ウーマン（婦人伝道師）となった。その長男伝五郎は、一八六八年生まれで、東京府中学校から東京大学予備門、東京帝国大学工科大学に進み、電気工学を専攻した。一八九一年に大学を卒業すると、逓信技師として電気試験所に入り、一八九二年には横浜電話交換局長となった。一八九三年に芝浦製作所に招かれ、電気技師長となった。東京帝大時代、成績優秀で特待生となった。頭脳明晰、「性温良恭謙にして、忠孝の志篤」い人であったという。一八九六年七月に福沢諭吉の娘光子と結婚した。[54] 一八九五年の時点で、豊寿が親友潮田千勢子の優秀な長男を信子の相手に相応しいと考えていたとしても何の不思議もない。潮田伝五郎に比べると、明らかに国木田独歩は責任感と着実性に欠けた風来坊であった。親として豊寿と本支が心配し、反対したのは当然であろう。

信子は、形としては、独歩と駆け落ちして、結婚した。それは、豊寿にとって「不名誉と恥辱とにて生涯世に顔向けのならぬ苦痛を以て恐怖に日を送り居る」ほどのものであった。実際、駆け落ち結婚直後、毎日新聞社に人が来て、国木田を調べ、豊寿の住所を手帳に控えて立ち去った。豊寿は、電報でそれを知らされ、「昨今覚悟致居り申候」と蘇峰に書き送った。[55]

1 国木田独歩「愛弟通信」『国木田独歩全集』第五巻（増補版）、学習研究社、一九九七年、一五－一七頁。

2 Letter from Umeko Tsuda to Mrs. Lanman (Aug. 28, 1883) in Yoshiko Furuki, et al., eds., *The Attic Letters* (New York and Tokyo: Weatherhill, 1991), p.89.

3 徳富蘆花は、官立学校に学んだ新妻愛がミッション・スクールで常套された「愛兄」という語を知らなかったと書いている。徳富健次郎・徳富愛『富士』第一巻（徳富蘆花集一七）、日本図書センター、一九九九年、一八七頁を参照。

4 同右、四七五－四七六頁。

5 相馬黒光『黙移』郷土出版社、一九八一年、一三四頁。

6 以上は、国木田独歩『欺かざるの記　後編』（国木田独歩全集第七巻　増補版）、学習研究社、一九九五年。国木田独歩『国木田独歩集』（日本近代文学大系第一〇巻）、角川書店、一九七〇年、巻末年表。以下、『欺かざるの記』からの情報は、文中括弧の中にその頁数を示す。

7 剛毅の意味は、国木田『国木田独歩集』、三八七頁注一三による。独歩の手紙は、国木田独歩『独歩書簡』新潮社、一九一七年、一三五頁。

8 相馬『黙移』、一一〇頁。

9 国木田独歩「病床録」『国木田独歩全集』第九巻（増補版）、学習研究社、一九九五年、五六頁。

10 国木田独歩全集編纂委員会『国木田独歩全集』第十巻別冊（独歩写真帖）、学習研究社、一九六七年、三一一頁。

11 国木田独歩「信仰と肉情」『国木田独歩全集』第九巻（増補版）、三六六－三六七頁。

12 国木田『独歩書簡』、一〇〇頁。

13 以下の論点について、小檜山ルイ「北米出自の女性宣教師による女子教育と「ホーム」の実現」キリスト教史学会編『近代日本のキリスト教と女子教育』教文館、二〇一六年を参照。以下、本書に由来するものについては、注を省略する。

14 井原西鶴『世間胸算用』の現代語訳。田中優子『江戸の恋』集英社新書、二〇〇二年、九四頁による。

15 下川耿史『盆踊り』作品社、二〇一一年。離婚再婚については地域差があるようだが、黒須里美編著『歴史人口学からみた結婚・離婚・再婚』麗澤大学出版会、二〇一二年。なお、江戸期は死別が多く離婚の代替になっていたと考えられる。遊女の結婚については、下山弘『遊女の江戸』中央公論社、一九九三年。

16 ハワイについては、小檜山ルイ「海外伝道と世界のアメリカ化」森孝一編『アメリカと宗教』日本国際問題研究所、一九九七年、一〇七－一〇八頁。

17 トクヴィル（松本礼二訳）『アメリカのデモクラシー』第二巻（下）、岩波文庫、二〇〇八年、七〇－七二頁。

18 道徳改善会については、Daniel Wright and Kathryn Kish Sklar, "What Was the Appeal of Moral Reform to Antebellum Northern Women, 1835–1841" in Kathryn Kish Sklar and Thomas Dublin, eds., *Women and Social Movements in the United States, 1600–2000* accessed through Tokyo Woman's Christian Univ. Library http://library.twcu.ac.jp/ accessed on Sept. 25, 2018.

19 宮部金吾博士記念出版刊行会編『宮部金吾』岩波書店、一九五三年、三三〇－三三一頁。新渡戸稲造『故農学士藤田九三郎君小伝』、一八九六年、六三－六四頁。

20 相馬黒光『広瀬川の畔』女性時代社、一八三九年、二三二－二四六頁。

21 同右、二五〇－二五八頁。

22 同右、二七〇－二七一頁

23 フェリス女学院一五〇年史編纂委員会編『加藤豊世・布施淡往復書簡』フェリス女学院、二〇一六年。

24 相馬、『広瀬川畔』、二九三－二九九頁。

25 国木田独歩「病床録」『国木田独歩全集』第九巻、六〇－六一頁。

26 同右、五四頁。

27『読売新聞』一八九〇年二月二四日、朝刊、三面。

28 相馬『黙移』、一三四頁。

29国木田『独歩書簡』。

30同右、一一九頁。一〇月八日の書簡である。

31相馬『黙移』、一三四頁。

32独歩の日記には結婚を本支が許したとは書かれていない。信子宛の手紙には、「本支君已に吾等の自由結婚を認定せられたる位ゆへ」(国木田『独歩書簡』、一〇九頁)とあるが、これは独歩の一方的な解釈であろう。

33徳富蘇峰あて佐々城豊寿書簡(一八九五年一〇月一四日)、徳富蘇峰記念館(二宮)所蔵。

34相馬『黙移』、一三五頁。

35国木田『書簡』、一三八-一三九頁。

36相馬『黙移』、一三五-一三六頁。

37同右。

38徳富『富士』、四七六頁。

39独歩と信子が住んだ柳屋から徒歩で一〇分ほどの渚橋の近くにこの歌を刻んだ碑が設置されている。その場所からは、天気が良ければ夕日が沈む方向に富士が見え、逗子海岸と遠海の両方を眺望できる。

40相馬『黙移』、一三四-一三六頁。豊寿と信子が後に相馬黒光に語ったところによる。

41黒光によれば、塩原に行く際、佐々城家では遠藤よきにもフランネルの着物を作って与えていた(相馬『黙移』、一一〇頁)。塩原への旅費や滞在費も佐々城家が支払ったであろう。また、遠藤は信子を自宅ではなく、姉の嫁ぎ先に滞在させた。自宅に信子を置く場所はなかったと考えられる。つまり、遠藤の家は豊かではなかったと推察される。

42相馬『黙移』、一一八頁。監視下にあったことについては、一一九頁。

43同右、一二一-一二三頁。

44国木田『国木田独歩集』、四八二頁。

45トクヴィル、『アメリカのデモクラシー』第二巻(下)、八一頁。

46国木田独歩「鎌倉夫人」『国木田独歩全集』第二巻(増補版)学習研究社、一九九五年、五一七頁。

47同右、五二二頁。

48ただし、山路愛山の妻は、信子との関係について、独歩が悪いと考え、その理由を独歩に話した。独歩は、「帰路無限の悲憤を感じ」た(『欺かざるの記　後編』、四七九頁)。

49徳富蘇峰あて佐々城豊寿書簡、(一八九五年一一月九日)。

50同右、一八九五年一一月一七日。

51国木田『独歩書簡』、一一六、一一九頁。

52同右、一一七頁。

53　国木田『国木田独歩集』、四七七頁。
54　『故潮田工学博士小伝』（芝浦電気作成）。筆者は本資料のコピーを潮田千勢子の娘歌の孫、堀雅夫・奈智子ご夫妻に頂いた。また、同じく歌の孫にあたる元東京女子大学教授杉山明子先生、斎藤紀様にも調査にご協力いただいた。感謝してここに記す。
55　徳富蘇峰あて佐々城豊寿書簡（一八九五年一一月一七日）。

小檜山ルイ（こひやま・るい）
国際基督教大学大学院比較文化研究科博士後期課程修了。博士（学術）。現在、東京女子大学現代教養学部国際社会学科教授。アメリカ社会史、女性史、日米関係史専攻。主な著書に、『アメリカ婦人宣教師―来日の背景とその影響』（東京大学出版会、一九九二年）、『歴史のなかの政教分離』（共著、彩流社、二〇〇六年）、『帝国と学校』（共著、昭和堂、二〇〇七年）、『モダンガールと植民地的近代』（共著、岩波書店、二〇一〇年）、『アメリカ・ジェンダー史研究入門』（共編著、青木書店、二〇一〇年）、Competing Kingdoms: Women, Mission, Nation, and the American Protestant Empire, 1982-1960（共著、Duke University Press, 二〇一〇）など。主な論文に、「新渡戸稲造再考――『帝国主義者』の輪郭」（『思想』一〇一八号、二〇〇九年二月）、「エリザベス・プールボーの日本経験」（『歴史評論』七五六号、二〇一三年四月）など。

連載

シンボルから再発見する日韓の歴史と宗教（五）

―「烏飛梨（李）落」の日韓関係史―

洪伊杓

絶え間ない旭日旗の論難

昨年（二〇一七）四月二五日、韓国の水原で開かれたAFCチャンピオンズリーグのサッカー競技で、Jリーグ・川崎フロンターレのサポーターが、韓国のクラブ・水原《スウォン》三星ブルーウィングスとの試合で旭日旗を掲げた。これを目撃した韓国の応援団の反発と騒動があり、アジアサッカー協会（AFC）は、「競技場で旭日旗を掲げる行為は人種や政治的な心情による差別を禁じる規定に違反する」として川崎に一年間の執行猶予付き無観客試合の処分を科した。

旭日旗は日の丸から放射上に光線が伸びているため、国旗のように考えてしまうかもしれないが、厳密には国旗ではなく、戦中の旧日本軍が使用した「軍旗」であり、日本の軍国主義や帝国主義の象徴である。一九五二年サンフランシスコ講和条約の二年後である。一九五四年に防衛庁設立と共に復活した。現在も日本防衛省下の陸上と海軍自衛隊が使用し、旧日本軍を継承する象徴でもある。したがってあらゆる政治的ないしは宗教的なアクションならびにメッセージ等を禁じているFIFAの規約に基づいて、AFCは旭日旗の掲揚はこれに抵触すると判断したのである。ところが、この措置について、いわゆる日本のネット右翼たちがウェブ上で大きく反発している。

スポーツ競技で登場する日本の応援団の旭日旗

しかし、このような個人的な反応よりも日本側の公式的立場が重要だろう。川崎チームとJリーグはもちろん、日本サッカー協会は「旭日旗に政治的な意図はない、政府のホームページの公開内容を前提として認識している」との見解を示し、さらには日本政府の菅義偉官房長官も記者会見で「旭日旗は差別的ではないとの認識か」との質問に対して「自衛隊旗や自衛艦旗だけではなくて、大漁旗や出産、節句の祝い旗など、日本国内で現在も広く使用されていると考えている」と答弁するなど、旭日旗の使用は不適切ではないとの認識を示した。

さらに、最近この問題が再び注目を浴びている。二〇一八年一〇月一〇日から一四日まで済州《チェジュ》海軍基地で開かれた「二〇一八大韓民国海軍国際観艦式」での論争だ。その行事に参加する日本の海上自衛隊が旧海軍の旗である「旭日旗」を掲揚すると伝えて来たため、韓国側は「自国の国旗だけをつけて参加してほしい」と要請した。しかし日本側は「礼儀のない行為」と反発し、日本防衛省は「旭日旗の掲揚は国内法令上義務」であると明かし、韓国海軍の要求を公式に拒否した。この状況を見守っていたある日本人ネットユーザーがこの記事の掲示板に「過去を思い出したようだが、もう一度侵略することはないから心配するな」などと述べた言葉が韓国マスコミによって紹介され、再び議論を引き起こした。韓国の世論に配慮する言葉のようにみえるかも知れないが、実は歴史的なトラウマをさらに刺激する言葉であることを日本人は知らないでいる。李洛淵《イナクヨン》総理は一〇月一日、国会質疑において「植民支配の痛みを今だ覚えている韓国人の心に旭日旗がどのような影響を与えるのかということは、日本もより細かく考慮する必要があると思います」と発言した。この数日後、結局日本海上自衛隊は行事の不参加を通告した。この寸劇を眺めながら筆者は「烏飛梨落」という四字熟語を思い浮かべていた。

日本海上自衛隊の軍艦の旭日旗

「烏飛梨落」の象徴史

日本では「烏飛梨落」という四字熟語が使われないと聞き驚いたことがある。中国と韓国では日常用語であるこの言葉は、梨の木にとまっているカラスが飛び立った瞬間に実が落ちると、それを見た人々はカラスが実を落としたのだろうと思う。そこで「疑われるような行動は最初からするな」という意味でよく使われている。元々中国古典である『文選』の「古樂府の君子行」に登場する「瓜田不納履李下不整冠」という表現から派生したもので、「スモモ」（李）が「ナシ」（梨）になって混用されたようだ。

最近の日韓関係においてより注目されている自衛隊などの旭日旗使用は、「烏飛梨（李）落」という四字熟語を想起させる。周辺国では日本の右傾化と憲法改悪ムードを見るにつけて疑いを捨て切れない。梨の木の上の烏がたった今飛び立ったが、それにもかかわらず、「もう一度侵略するつもりはないから心配するな」という皮肉な表現はかえって疑いを助長し、刺激するのではないだろうか。

1894年、日清戦争の時、朝鮮の牙山《アサン》地域に駐屯した日本海軍部隊と旭日旗。1894年、朝鮮の農民たちが革命運動を起こすと日本軍と清国軍が同時に朝鮮半島に派兵し、農民たちを鎮圧した。日本海軍は牙山の近海で清国の運送船である高升号を攻撃し沈没させる。同日、牙山で葉志超などの部隊が日本軍に負けて平壌まで後退した。遂に8月1日に日清両国の戦争宣布によって日清戦争が始まった。

興味深いことに、この四字熟語とことわざの両方に「カラス」（烏）が登場するということだ。すでにこの連載で、日本神話に登場する動物であり日本サッカー協会の象徴である「ヤタガラス」（八咫烏）を扱ったこともある。中国と朝鮮半島で流行していた「三足烏」の象徴は日本に渡り八咫烏になった。

後日、この日本の八咫烏が再び飛び上がって朝鮮半島や大陸へ帰って来た時、大韓帝国（朝鮮）皇室の象徴である「李（すもも）の花」が落ちるという出来事が起こった。亡国への暗雲が垂れこめる中、欧米宣教師たちが最初の女学校を建てると、明成皇后（閔王妃）は「梨花《イファ》」という校名を賜った。そして、韓国併合後、梨花女学校は三・一独立運動で亡国の「恨《ハン》」を抱きながら散った抗日の象徴・柳寛順を輩出した。日本の勃興と朝鮮の滅亡、両国の不幸な

「暴行清兵ヲ斬首スル図」1894年10月。中国人処刑の時に掲げている旭日旗。ボストン美術館所蔵。

近代史の始まりはまさに「烏飛梨（李）落」という四字熟語において描かれているのではないだろうか。

防衛省のロゴ、繰り返す車輪の象徴史

二〇一五年に日本の国会で安保法案が通過した直後、日本政府に防衛装備庁が発足した。これで日本は海外への戦争参加はもちろん、公式的な武器の輸出も可能な国になった。今や日本の「新軍国主義」時代が到来したかのようだ。今までとは異なる日本の新たな姿を少しづつ目撃する諸隣国は、緊張と不安を抱いている。防衛装備庁の新しいロゴは、地球を陸海空軍機が回りながら包んでいるようにみえる。ホームページ上のロゴ説明は次の通りだ。

防衛装備庁のロゴ

「中心の円は、各自衛隊を想起させる色を用い、装備品の取得に係る防衛省内の組織が一致協力して和（輪）をなし、業務に取り組んでいく様子を表しています。また、地球をイメージし、国際平和に貢献していくという意味も含まれています。円を取り巻く三つの線は、陸海空自衛隊の代表的な装備品である車両、護衛艦、航空機を表しています。」

防衛省・自衛隊のロゴ

一五年戦争によってアジア全体を苦痛に陥れた「昭和天皇」、そして現在の天皇である「平成天皇」。二人の年号を合わせると「平和を成す」になる。ここで筆者を含む隣国の人々は、最近の日本政府が語る「平和」とは「天皇が治めるこの世」を懐かしんでいるのではないかと疑ってしまう。日本の戦闘機、戦車、軍艦が地球を抱きかかえているロゴ。これは天皇を中心に全世界を統治しようと、帝国の無限膨張を図った戦争に使われたスローガンである「八紘一宇」の理念を連想させる。一六本の光が伸びている旭日旗も一六葉の菊文様とオーバーラップさせるのだ。

済州の観艦式問題について、韓国海軍の主張を一蹴する日本防衛省の官僚の背中には防衛省及び自衛隊のロゴが見える。それも地球を抱きかかえている「日本」の姿が演出されている。ところでこのロゴを見るやいなや、筆者は一

一〇年前に朝鮮半島に刻印されたデジャヴを目の当たりにするようで奇妙な鳥肌が立った。

韓国最初の灯台に刻まれた桜と菊、そして李花

夜中にも船が出入りするためには灯台の存在は必須だ。日本は明治維新直後、今のような西洋式灯台を初めて建設した。一八六九年に東京湾入口の横須賀市に観音埼灯台を建て、翌年（一八七〇）には東京品川海辺にも設置した。（品川の灯台は現在愛知県の明治村に移され現存する最古の灯台として残っている）海洋帝国を夢見て日清・日露戦争を続けていた日本は、灯台の建設に大きな力を注いだ。まさに灯台は日本帝国膨張と侵略の象徴的な建造物であった。

日露戦争の時の旭日旗。「日露旅順港攻撃戦」、ボストン美術館所蔵。

大韓帝国は日本より三〇年以上遅れた一九〇三年になってようやく仁川《インチョン》港の八尾《パルミ》島に最初の西洋式灯台を建てた。しかし翌年（一九〇四年二月）に日露戦争が勃発し日本が勝利した後、一九〇五年の乙巳保護条約によって伊藤博文の統監府政治が始まると朝鮮半島での灯台建設の主導権は日本が掌握することとなった。

朝鮮半島において二つ目に建てられた灯台は、一九〇六年三月二六日に点灯した蔚山《ウルサン》の蔚崎《ウルキ》灯台だ。これは日露戦争に勝利した日本海軍が建てたもので、今後朝鮮の海を日本帝国が支配すると言わんばかりに東海岸（日本海）側に初めて建てられた西洋式灯台であった。

蔚崎灯台

日露戦争（一九〇四年二月―一九〇五年九月）の只中にあった一九〇五年二月二〇日、日本海軍は木造電柱のような燈竿形の灯台を臨時的に設置した。蔚崎灯台を建てた場所は元々馬を飼育した牧場だったが、ロシアのバルチック艦隊が東海岸（日本海）へ南下してきたため東海（日本海）の

海上権を支配しようと、この周辺に様々な木造燈竿を設置し、ここを中心に海軍部隊も駐留させた。つまり、東海(日本海)の灯台の歴史は日本海軍の半島侵略とともにあったと言える。

日本海軍は後に駐留軍の存在を隠蔽するために一万五千本の海松を人工造林した。元来地名である「蔚山《ウルサン》」ではなく「蔚崎《ウルキ》」という地名を灯台に使用したのも「串《ゴッ》」の日本式表記である「崎《ザキ》」を取ったものである、と済州大学の朱剛玄《チュ・ガンヒョン》教授は主張する。つまり日本の長崎、宮崎、尼崎のような地名を朝鮮半島に勝手に適用したものだった。結局この地名は、光復六〇周年を迎えた二〇〇五年に「蔚山の気運」という意味から「蔚氣」に変更された。

日露戦争時に木造燈竿で作られた蔚崎灯台は、統監府政治が始まった一九〇六年三月に現在の姿の八角形のコンクリート灯台として新たに建設された。これを機に、形式上の灯台運営主体が大韓帝国に渡され大韓帝国の官報も灯台運営を告示したが、東海岸で最初の西洋式灯台は日本海軍によって築かれると同時に朝鮮半島の植民地化、つまり侵略が本格化されていった事実を否定することが出来ない。

今では日露戦争当時に日本海軍が植えた海松の森がずいぶん大きくなり蔚崎灯台の姿が見えなくなっている。その横に高い新灯台が建てられ、文化財として保存している蔚崎灯台の玄関には太極文様が刻まれている。しかし最初の建築当時には、日本を象徴する「桜の文様」が刻まれていたという。植民地時代には続けて刻まれていたその文様は、解放後に太極文様に代えられたと伝えられている。

一九〇七年大韓帝国の軍隊を解散した「第三次日韓協約」の直後、伊藤博文の統監府政治がさらに強化されると、蔚山のすぐ上にある浦項《ポハン》の「虎尾串《ホミゴッ》」にも一九〇八年に灯台が新たに建設された。一六世紀、朝鮮明宗時代の風水地理学者である南師古《ナム・サゴ》(一五〇九―一五七一)は「朝鮮半島は、白頭山の虎が前足で沿海州を引っかいた形状であり、白頭山は虎の鼻、虎尾串は虎のしっぽにあたる」と述べた。虎は尻尾の力でバランスを維持しながら走り、群れを指揮する。そこで朝鮮半島の尾である虎尾串への人々の関心は昔から特別であった。植民地化されると、日本は虎尾串を

南師古の主張通りに朝鮮半島を虎として表現した地図

帝国に従順なウサギの尾と卑下し、「長鬐岬《チャンギカップ》」と呼び始めたが、八〇年ぶりに「虎尾串《ホミゴッ》」という地名にもどった。

虎尾串は、「延烏郎《ヨノラン》と細烏女《セオニョ》」夫婦が日本に行くと新羅は太陽と月の光を失ったという『三国遺事』の神話の背景でもある。この神話は日本神社と寺院の灯籠の日と月の文様や八咫烏神話とも関連があるという説があり、最もはやく日の出する朝鮮半島の最東端という点においても、日韓関係史の重要な接点になる場だ。したがって虎尾串の広場には「延烏郎と細烏女」の記念碑も建てられている。

古代の日韓関係の説話が伝わってくるこの地に、統監府が掌握した大韓帝国は虎尾串灯台を建設し、一九〇八年一二月二〇日に完工、点灯した。実はこの灯台が建設されたのも安全な日本の船舶運行のための措置だった。日露戦争勝利後、朝鮮半島近くの航海が頻繁になる中で一九〇七年九月九日に日本水産講習所の実習船である「快應丸」が虎尾串の沖を航行していたところ暗礁に乗り上げて乗船者四名が死亡する事故が発生した。（この学校は一八八八年に設立された水産伝習所が一八九七年に改称し、敗戦後、一九四九年に東京水産大学になった。）この事件をきっかけにして、統監府は大韓帝国の責任を問い灯台の建設を促した。結局、大韓帝国が全ての費用を払って建設に着手し、一九〇八年一二月に完成したものだ。西洋式八角レンガ建築で、朝鮮半島で最も高い二六、四メートルの六階建て構造物として建造されたこの灯台は、鉄筋をいっさい使用せず、レンガのみ使用したのが特徴である。費用は朝鮮が支払ったものの、自国船舶の安全のための灯台の建設を主導したのは統監府であった。

この灯台が建

快應丸遭難記念碑

虎尾串灯台の外見と内部天井の李花と菊文様

てられて二年も経たない一九一〇年五月三〇日には、日本人灯台看守が殺害される事件が発生する。この事件は灯台を「侵略」のシンボルとして見た朝鮮民衆の視線をよく示している。その前年一九〇九年二月二四日にも、すでに東学農民軍出身の李ジュンファなど五人が全羅南道莞島《ワンド》の唐寺島《タンサド》灯台を襲撃して日本人灯台看守四人を殺害する事件が発生した。今もこの灯台周辺には「抗日戦績碑」とともに犠牲になった四人の日本人を追悼する「遭難記念碑」が並べて建てられている。

このような事件の時代的背景をよく表しているのが虎尾串灯台だ。この灯台の上部のドーム屋根も八角平面が支えているが、階ごとの天井に独特な文様が刻まれている。他ならぬ朝鮮王室（大韓帝国皇室）の象徴である「李花《イファ》」を、日本天皇と皇室の象徴である「菊」が両脇から重なり合って包み込むように描かれている。天皇を象徴する一六葉の菊が李花を抱きかかえているが、皮肉にも菊が李花を呑み込もうとしているようにも見える。日本は一九一〇年の韓国併合以後、この文様を覆い隠すように完全な菊の文様に変えたという。しかし一九四五年の解放直後にその菊の文様の鉄板を取り外し、李花を覆った菊の文様が再び現れたのである。

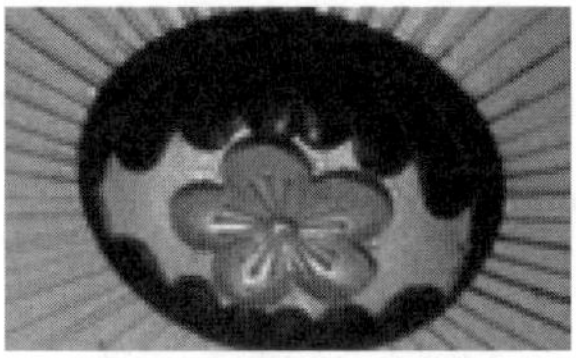
虎尾串灯台の李花と菊の文様

フランス人建築士が設計図を送って来たが、すでに朝鮮を統治していた日本の統監府は灯台という海洋帝国のシンボルの天井に李花を保護する菊のイメージを刻み込んでいた。この文様を詳しく観察すると、徐々に滅亡していく国であり列強の脅威の前に無策の国である朝鮮を、日本帝国が保護するという名目があるが、実は呑み込んでしまうイメージが湧いてくる。筆者の目には、併合直前のこの過渡期的な象徴文様が「新軍国主義」に移行する前の過渡期的な「防衛省・自衛隊」のロゴと似ているように見えるが、これが敏感な反応だと簡単に払拭できるだろうか。

「一進会」（一九〇四—一九一〇）の菊

日本が朝鮮半島に灯台を建設していたその時期、日本軍や伊藤博文の統監府が後援した「一進会」という親日団体があった。日露戦争が勃発した一九〇四年から韓国併合を完了した一九一〇年の間に、宋秉畯《ソンビョンジュン》などが設立した団体として日本をモデルにした文明開化路線を標榜した団体だ。この団体を率いた宋秉畯は、一八七六年の江華島《カンファド》条約以来、一貫して日本の朝鮮侵略に協力し一進会の結成直後である一九〇五年一一月六日の乙巳条約締結一〇日前には外交権を日本に委譲することを提唱する「一進会宣言書」を発表した。「日本の保護指導を受けるため、内政、外交権を日本に一任しなければならない」という内容の同宣言書は、一進会の実体を満天下に現わした。一九〇七年にはハーグ密使派遣事件を口実に高宗の退位運動を展開し、この時、多くの義兵が起きると一進会の中に「自衛団」を結成させ義兵弾圧の先頭に立った。韓国併合を積極的に推進した彼は、併合が完了した直後、子爵の爵位を受けた代表的な親日派人物である。

一進会運営上の財政は表面的には会費によるものだったが、実際には黒龍会の内田良平のような日本人を顧問に委嘱するなど資金のほとんどが日本軍の特務機関や、統監府から秘密裏に支援されていた。この一進会が創立当時掲げた四大綱領の内容は次のとおり。

①皇室を尊重し、国家の基礎を強固にすること
②人民の生命と財産を保護すること
③政府に改善政治を実施するようにすること
④軍政と財政を整理するようにすること

これは統監府の時期、大韓帝国の皇室を日本が保護し清国と西欧列強の脅威から人民を保護するという日本政府の尤もらしい侵略的名分と一致する。「政府の改善、政治」が腐敗し無能な大韓帝国に代わって日本政府がその役割を担うという意味であり、軍政と財政を整理するというのは実際の軍隊解散と国有財産没収などの結果を意味していた。このような一進会の活動と同時に、宋秉畯は李完用《イ・ワンヨン》親日内閣の農商工部大臣や内部大臣として重用された。統監府に支配された大韓帝国は形骸化した状態にあった。

一進会の会員は創立当時三〇〇人程度に過ぎなかったが、その後、進歩会と統合して数万人に増え韓国併合が完了した一九一〇年頃には、いわゆる「一〇〇万の会員」と宣伝したが、実際には一〇万人あるいは四千人に過ぎなかったと言われる。日本政府と日本軍の支援によって利用された一進会は、一九一〇年八月二九日の韓国併合直後である九月一二日に、寺内総督によって解散させられた。一進会はオーストリアとハンガリー帝国の場合のように両国が対等な地位を持つものと考え、韓国と日本も同等の連邦制に進むと勘違いして積極的に日本の侵略に加担したが、実際には利用された後、捨てられてしまった。

日本軍部と統監府の銃後組織であった一進会の最も重要な活動は親日の宣伝および煽動だったが、その代表的な事例が一九〇七年に日本帝国皇太子（その後の大正天皇）の韓国訪問の際にソウル南大門の前に建てられた大型アーチ

の設置である。写真を見ると、一進会の名前が書かれた柱の上に太極旗と日章旗が交差しており、アーチの中央には「奉迎」という文句とともに日本の天皇を象徴する菊の文様が刻まれている。虎尾串灯台（一九〇八）などに刻まれた李花を囲む菊の姿が、一進会によってソウルに建てらえた太極旗と日の丸の間の「菊」と同時代の姿として重なっている。

一進会が建てた大型アーチの菊文様

解寃相生の烏飛梨落を夢見て…

在日コリアンの学者である姜尚中氏は、二〇一五年に出版された『悪の力』（二〇一七年にハングル版『悪の時代を渡る力』）との著書の中で「悪の連鎖性」について語っている。我々は自ら「正しい、善である」と思い、相手は「正しくない、悪である」と前提しやすいが、我々も悪の連鎖に巻き込まれている無力な存在である点を述べている。ハンナ・アーレントが語った「悪の凡庸さ」（the Banality of Evil）から誰も自由ではないことに関する自覚を求めている。彼は、二〇一五年のあるインタビューで「私は、悪の連鎖が、いつの日か人間的な連鎖に変わっていくことを夢見て日々を過ごしている」と語った。同年、韓国で行われた講演では「悪の連鎖性」を克服する代案として「愛の連鎖性」を提案した。彼のこのような考えは複雑な日韓関係をも念頭に置いて生み出されている。

韓国の歴史学者である李離和《イ・イファ》氏が紹介する「烏飛梨落」にまつわる古い説話をみると、古代の韓国人はすでに姜氏の提案を次のような簡潔な物語として残している。

三七二年、高句麗に仏教が伝来して以降、仏教は民の心を一つにする役割を果たしました。統一新羅時代にも、仏教文化が華やかに花を咲かせました。世界的な文化遺産である仏国寺と石窟庵もこの時誕生しました。「烏飛梨落」も仏教と関連するお話です。

寶蓋山《ボゲサン》の麓にある大きな梨（李）の木の下に、毒蛇が一匹とぐろを巻いていました。その木に烏が一羽しばらくとまってばたばたと飛んで行く、その瞬間に梨の実一つが毒蛇の頭に落ち蛇が死んでしまいました。「烏飛梨落」です。こうして蛇と烏の悪縁が始まりました。

蛇は死んでイノシシ（猪）に、烏は死んでキジ（雉子）に生まれ変わりました。ある日、イノシシの足に石が引っ掛かり、その石にキジが撃たれて死んでしまいました。

たまたま通りかかった狩人が死んだキジを持って行って妻と一緒に食べました。時間が流れて、妻が子を産んでみるとその子が死んだキジ（＝烏）だったのです。大きくなって、狩人になった子は前世に自分を殺したイノシシ（蛇）だけを獲りました。

ある日、狩人は寶蓋山で金色のイノシシを見つけて、矢を三回撃ちました。左肩に矢が刺さったイノシシは血を流しながら山の峰に逃げました。狩人が追いかけてみるとイノシシはみえず、石で作られた地蔵菩薩像の左の肩に三発の矢がささっているではありませんか。

地蔵菩薩が烏と毒蛇の悪縁を終わらせようと、自らイノシシになり矢を受けたのでいた。狩人は地蔵菩薩の意を覚え、梨の木があった場所に石臺庵という寺を建てました。歳月が経って石臺庵がなくなると深源寺に地蔵菩薩を移したが、地蔵菩薩の肩にはまだ矢の跡が残っているという。

「烏飛梨（李）落」は最初互いの誤解から始まった悪縁を断ち切るという意味として使われた言葉であるが、今は偶然に起きた疑われる行動という意味で多く使われています。（李離和、『韓国史の主要事件からみる故事成語』、二〇一三）

深源寺は、南北分断を象徴する地、江原道鐵原（チョルォン）にある寺である。この寺では今も「烏飛梨落」の説話が伝えられ、寺が位置する寶蓋山の山頂は「地藏峰」（八七七ｍ）とも呼ばれている。絶え間ない悪縁の連鎖を切るため自ら猪になって弓の矢を受けた地藏菩薩の犠牲…。これは自らの神性を捨て、人間イエスになり十字架にかけられ、自らを「空」にした神の「ケノーシス」（kenosis）の物語と類似する。しかし、日韓関係においてはこのよう

「蒙古襲来繪詞」、高麗・蒙連合軍が日本を襲撃した時の場面である。蒙古軍は後ろで命令し、危ない前面では高麗軍が実質的な攻撃を行っている。（福岡市立博物館所蔵）

な自己否定の深い省察が欠けているためなかなか解決の糸が見えない。春の風が吹く南北間の「解寃相生」の努力のように、日韓及び日朝間においても、自己放棄の努力、いわゆる「烏飛梨落」の犠牲が求められるのではないか。

古代の日韓関係史をみると比較的平和だった。しかし初めて日韓間に亀裂が入ったのは、元の日本侵攻の際に高麗の軍隊が元の軍隊の代わりに最前線に立って日本人を殺戮しなければならなかった、いわゆる「文永の役」（一二七四）と「弘安の役」（一二八一）に遡る。高麗人たちは日本人を殺さなければ元の軍隊によって殺される立場だったため、これこそ「烏飛梨落」の誤解から始まった悪縁と言えるかもしれない。この時から日本の人々は朝鮮半島の人々に疑いを抱き始めたのではないだろうか。

しかし一説によれば、高麗水軍の船長たちはすでに台風到来の時期をよく知っていたが、その情報を知らない元の部隊を船に乗せ出港させたとされている。その結果、福岡沖でほとんどが沈没し退却したという。騎馬民族であるモンゴル人は、高麗人の船舶航海技術を利用して日本列島まで支配しようとしたが、二回の攻撃失敗により日本占領を放棄した。しかし日本人は、九州に上陸して殺戮を行った高麗人の姿を記憶しており怨念を抱いていた。そして、三〇〇年後には「文禄・慶長の役」（一五九二―一五九八）を起こして朝鮮半島に侵攻した。このように再び朝鮮人は日本に対して深い恨みを抱くことになった。一八九四年には日清戦争で、一九〇四年には日露戦争勃発を通して朝鮮半島に上陸

太平洋戦争の時、神風特攻隊の隊員

した日本軍は朝鮮を四〇年間支配することになり、一九四〇年代の太平洋戦争の時には、高麗・蒙連合軍を退けた台風の名をとって自殺特攻隊「神風」（Kamikaze）の狂風につながった。このような旧日本軍の負の遺産を今日の日本政府は自衛隊を軍隊として再び復活させようとする動きがあるのではないかと憂慮する。

今も日本の防衛省と自衛隊、防衛装備庁などは、このような憎しみの連鎖から自由ではない。八咫烏が飛び出し、李花が落ちた「烏飛梨落」の不幸な過去を再現させるのではないかと心配する人々が多い。疑われる行動を最初からするな、という「烏飛梨落」のことわざを今こそ記憶しなければならない。さらに、前述した新羅説話のように、「互いの誤解から始まった悪縁を断ち切る」という「烏飛梨落」の最初の意味をもう一度考えてみる必要があるのではないか。

「平和を実現する人々は、幸いである、その人たちは神の子と呼ばれる。（…）あなたが祭壇に供え物を献げようとし、兄弟が自分に反感を持っているのをそこで思い出したなら、その供え物を祭壇の前に置き、まず行って兄弟と仲直りをし、それから帰って来て、供え物を献げなさい。」（マタイによる福音書　五：九、二三—二四　新共同訳聖書）

洪伊杓（ホン・イピョ）
延世大学神学部および法学部を経て、同大学院で神学博士号（Ph.D.）を取得した。二〇〇八年渡日し、京都大学大学院文学研究科の修士課程を経て博士課程を指導認定退学した。海老名弾正を巡る明治キリスト者の神道理解と社会思想の関係について研究中。日本キリスト教団京都教区丹後宮津教会の主任牧師として務めた。現在、明治学院大学キリスト教研究所協力研究員。

連載

ボンヘッファーの実践神学（四）

—研究状況と牧会学の理解に触れて—[1]

橋本祐樹

1. はじめに

ここまでボンヘッファーの実践神学という多くにとってはおそらくあまり聞き慣れない主題を取り扱ってきた。彼の説教学、エキュメニズムの理解、そして彼の牧会理解において中心的な意味を与えられる告解の理解と続けたが、ここでこの連載の最後に取り上げたいのはそもそもの牧会の理解である。

まず今回は改めて「実践神学とボンヘッファー研究」という問題から取り上げたい。実践神学の基本的な理解を確認した上で、実践神学の教育者としてのボンヘッファーの側面についてプレディガー・ゼミナール時代の授業リスト等を確認することによって明らかにしておきたいと思う。その後、ボンヘッファーの実践神学についての研究がどのようになされてきているか、特に牧会学の理解に限って言及する。私たちがなおボンヘッファーの実践神学に学ぶ余地のあることは示されるであろう。次いで取り上げられるのは、ボンヘッファーがプレディガー・ゼミナールの所長を務めた時期に取り組まれた授業記録から見出される彼の牧会理解である。その基本的な意味や枠組みをはじめ特徴的な部分について取り上げられ明らかにされよう。最後に、取り上げられたボンヘッファーの牧会理解につき、現代の牧会学をめぐる状況に触れて若干の考えを述べておきたい。

余談として思い出されるが、ボンヘッファーの実践神学という主題に私がはじめて触れたのはハイデルベルク大学神学部の過去の授業要覧であった。ある学期の授業タイトルがまさにそれであり、残念ながら私が在籍した期間においてはその講義はもはや実施されなかったが、そういう視点があり得ることを教えられた。ボンヘッファーを実践神学的な関心から読むといった試みは日本のボンヘッファー研究でもなされていたし、すでに触れていたが、しかしその多くはボンヘッファーが実践神学者であったということを十分深く自覚するものではなかったのではないかと思えたし、少なくとも例えば彼の牧会学の核心や全体像を明らかにするようなものは私の知る限りなかった。だからこそ、その観点が新鮮に思われた。そこから少しずつ新版ボンヘッファー全集の特にプレディガー・ゼミナール時代の資料、そして他の関連資料に触れるということをはじめたのであった。日本基督教団の教師になって一二年間になるが、その意味でも私がボンヘッファーの実践神学に、あるいは実践神学者であった彼に関心を示すことになるのは自然なことであったように思えている。

2. 実践神学とボンヘッファー研究

ボンヘッファーを実践神学の観点からいかに理解できるのであろうか。そしてこれまでどう理解されて取り組まれてきたと言えるのであろうか。ボンヘッファーについて私たちは多様な側面から考えることができるであろう。これらのことをいくらかでも考えるために（1）実践神学の定義の問題について確認しておきたい。実践神学とは何であろうか。そのあとで（2）実践神学（教育）者としてのボンヘッファーの側面につき、それが決して小さいものではなかったということが述べられることになる。そして（3）実践神学の観点からボンヘッファーの問題にも、研究がどのように展開されてきたのかという問題にも、ボンヘッファー今回十分な詳論はなし得ないとしても、触れられなければならない。

（1）実践神学の定義の問題

基本的な事柄に過ぎるだろうが、実践神学とはいったい何であろうか。現在、時にこの概念は非常に曖昧に、もしかするととても幅広い仕方で理解されている状況があるように思われる。例えば、牧師や信徒、ないしキリスト教の実践について理論的に問う学問分野である、というように。改めて手近な辞典で確認すると、実践神学について次のように説明されており、その基本的・一般的な意味と、そして現代において拡張されてきた意味合いとがあることを理解することができる。

「キリスト教神学の一部門で、教会固有の実践活動に関する理論的な省察を担当する。…説教学、礼拝学（典礼学）、キリスト教教育学、牧会学、牧会心理学（牧会カウンセリング、臨床牧会訓練などを含む）、伝道学、教会法学などを一般に含むが、教会音楽、教会美術、教会建築、世界教会学（エキュメニズム）、キリスト教社会福祉学などが含まれることもある」（熊澤義宣）[2]。「神学科目の一つとして、かつては牧師・牧会者養成のための学であった。内容としては、礼拝学、典礼学、説教学、牧会学、カテキズム教育学、葬儀や結婚式についての考察が主であった。しかし今日では…さらに現代の教会人全般の具体的生活と課題についての神学的な取り組みに拡大されてきている」（近藤勝彦）[3]。

かつては、牧師養成のための学としてあり、その内容は牧師の働きより主として求められる領域、すなわち礼拝（典礼）学、説教学、（心理学的な関連領域をも含む）牧会学、カテキズム（キリスト教）教育学を基本とし、これには宣教学等も含まれ得る。また加えて今日においてはエキュメニズム論、キリスト教ディアコニー論、さらにはキリスト教が関わる様々な実践課題についての理論的省察にまでその対応領域は拡大されているというわけである。今日ある実践神学という概念の幅広さはそのような意味内容の変化に影響されるのであろう。基本的な理解に加え、幅広い実践神学の理解が今日確かに生ずる。そして、後で改めて触れるが、それを反映するように日本においてボンヘッファー研究は広い意味での実践神学的な視野から展開されてきた側面もあるのだと思われる。

(2) 実践神学の教育者ボンヘッファー

さて、実践神学についての理解を、特に「かつて」のその基本的な理解の確認を経て、ここでボンヘッファーとは何者かという大きな問いを立ててみたいと思う。

ベルリン周辺にはボンヘッファーゆかりの場所が多く残されている。ボンヘッファー・ハウス、テーゲル刑務所、彼が按手を受けて牧師となった聖マタイ教会、そして彼が説教し、堅信礼教育を担ったシオン教会ほか多くがあるが、シオン教会の壁にはボンヘッファーの名を刻んだ金属板が掲げられており、そこには次のように銘打たれる。

「一九三二年、この教会において抵抗の闘士（Widerstandskämpfer）ディートリヒ・ボンヘッファー牧師は説教し、堅信礼教育を行った」。

この表現は、ボンヘッファーがどのような存在として見出されているか、その一つを明確な仕方で表示する。すなわち、ボンヘッファーは確かに「抵抗者」であった。戦後、彼の名を世界的に知らしめることになった『獄中書簡集』（抵抗と忍従）は、抵抗運動の末に逮捕されたボンヘッファーのイメージなしには基本的には読まれ得ないであろう。ボンヘッファーは一九三三年一月のヒトラー政権誕生以降、当局への批判的姿勢を即座に表明し、ドイツ教会闘争に参与し、その可能性の終焉の中ではヒトラー暗殺計画をも含む国防軍内部の政治的な抵抗運動に加わる。そして、やがて逮捕され（一九四三．四）、ついには処刑されるわけである（一九四五．四）。ボンヘッファーはナチの時代における抵抗者としてその名をよく知られているということは疑い得ない。

問いを繰り返したい。全てを網羅するつもりはないが、ボンヘッファーとは何者であったか、という問いに対しては、やはり「組織神学者」としてのボンヘッファーの在りようが答えとして提示されるであろう。例えば、一九四四年四月三〇日以降にテーゲルの獄中で記された種々の神学的な表明がある。「成人した世界」、「無宗教的キリスト教」、「聖書の諸概念の非宗教的解釈」の思想が戦後のキリスト教界に与えた大きなインパクトが存在している。それと共に、一人の組織神学者ないし神学思想家としての彼の側面は周知である。高価な恵み・安価な恵みの議論、「他者のための」神学思想、キリスト教倫理に関する諸考察を考えることもできよう。社会学や哲学の領域にまで及ぶ取組みであるが、彼は若干二一歳で博士号を取得し、数年後には教授資格論文を仕上げる天才的な神学者であり、ベルリン大学神学部の私講師の時代にはキリスト論をはじめとする組織神学の授業を担当した。ボンヘッファーは確かに一人の組織神学者、神学思想家として知られてきた、と言うことができるのである。

ボンヘッファーとは何者かという問いを続けたい。後で彼自身の言葉も挙げられるが、限られた時間とはいえ、ボンヘッファーの生涯の中での大きな課題、テーマの一つになったのは実践神学でありその教育であったとも言い得るのではなかろうか。例えば以前『ボンヘッファー説教全集』（全三巻、二〇〇四）が翻訳され、出版され、研究会としても取り組みがなされていたと思われるが、説教者としてのボンヘッファーの姿は私たちの間でも知られている。あるいはキリスト教倫理論者、エキュメニズムの思想家・実践家としてのボンヘッファーも比較的身近になっているようである。けれども以降見るように、そのようなところにもおさまらないボンヘッファーの側面がある。一九三五年四月以降、ボンヘッファーがプレディガー・ゼミナールの所長として務めたことを私たちは知っていよう。プレディガー・ゼミナールとは大学神学部での学問研究・教育とは区別される教会立の教職育成機関であり、古プロイセン合同教会において牧師になろうとする者は牧師補試験と牧師試験の間の二年間のうち半年をそこで過ごすことを義務付けられていた。[4] 帝国教会からの指導を拒否するダーレム決議から生じる古プロイセン合同教会の牧師研修所の所長就任について——もちろん彼は英国においても様々な取り組みを行っていたわけであるが——ドイツにおける教会闘争の戦線に復帰したことを読み取るばかりでは十分ではない。ボンヘッファーが牧師として働く上での基本的な教育と訓練を研修生たちに行っていたことをよく確認して良いであろう。修道院的な訓練、告解の実践、聖書の黙想を行っていたこと等が注目されるが、彼がどんな授業を、特に実践神学の授業を、どんな内容で行っていたのか。

新版ボンヘッファー全集を見ると、当時ボンヘッファーがどんな授業を行っていたのか、どのような資料が残されているのかを明らかにするリストが添付される。[5] ちなみにここで言われている実践神学の内容は、私たちが先ほど確認した実践神学の古典的な理解に基づくものである。以下は全てではないが遺稿として確認できる基本的なものの抜粋である。

一九三五年 Erster Kurs
新約「服従」、「新約における旧約」
教義「教会法」、「ルター派信仰告白」
実践「説教学講義」（Homiletik）、「教理問答学講義」（Katechetik）、「説教学演習」（Homiletische Übung）、「教理問答学演習」（Katechetische Übung）
一九三五年／三六年 Zweiter Kurs
旧約「メシアの国・復活・不死性・終末論・主の日・選び」
新約「見える教会」、「聖霊・罪」
実践「説教学講義」、「教理問答学講義」、「牧会学講義」（Seelsorge）、「説教学演習」

一九三六年 Dritter Kurs
新約「パウロにおける新しい生」
実践「説教学講義」、「受堅者授業の講義」（Konfirmandeunterricht）、「牧会学講義」「教理問答学演習」

一九三六年／三七年 Vierter Kurs
新約「パウロにおける具体的な倫理」
実践「説教学講義」、「特別な説教〔洗礼・葬儀〕の講義」（Kasualpredigten）、「古代教会の受洗準備教育の講義」（altkirchlicher Katechumenat）、「受堅者授業の計画」（講演）「牧会学講義」、「説教学演習」、「告解」、

「いかに教会は律法を説教するか」（議論）
一九三七年 Fünfter Kurs
新約「新約聖書における教会の建設と指導」
実践「説教学講義」「牧会学講義」「説教学演習」「教理問答学演習」

実践神学関係では説教学、牧会学、教理問答学の授業が基本的には繰り返されていることが分かる。研修生の人数も同様に新版ボンヘッファー全集の添付リストから確認できる。[6] このように記される。[7]

一九三五年 研修生二三名（EB含む）
一九三五年／三六年 研修生一九名、居住者一〇名（EB, DB, Studieninspektor W. Rott 含む）
一九三六年 研修生二四名、居住者九名（同上）
一九三六年／三七年 研修生二四名、居住者七名（同上）
一九三七年 研修生二三名、居住者七名（EB, DB, Studieninspektor F. Onnasch 含む）

ボンヘッファーは実際に実践神学を講じ続け、これだけの人数の研修生が彼からそれを学んでいたことが理解される。この項目につき、ボンヘッファーの言葉を引用しよう。フィンケンヴァルデ、プレディガー・ゼミナールの所長の任にあった当時、一つの書簡（一九三六年一月末、エリザベス・ツィン宛て）の中で彼は次のように自身の胸中を述べている。

「そこから聖書が、特に山上の説教が私を解放したのです。それ以降、すべてが変わりました。…そこで私に明らかになったのは、イエス・キリストのしもべの生涯は教会のものであるということであり、どの程度そうあらねばならないかということも徐々によりはっきりとしてきました。それから一九三三年の困難が訪れたのです。先ほどのことは僕を、その状況において強めてくれました。また私は、この目標を共に見据えてくれる人々を見出しました。私にとっての今やいっさいの問題は教会と牧師職の刷新でした（Es lag mir nun alles an der Erneuerung der Kirche und des Pfarrerstandes...)」[8]。

以前には非キリスト教的に傲慢な仕方で仕事をしており、

自らの名誉欲は人生を苦しめ、自分はひどく孤独であったと、この引用テキストの直前で告白したボンヘッファーは、[9]自身に生じた聖書による、特に山上の説教による解放の経験を語る。そして、一九三三年のヒトラー政権樹立という出来事に触れて後、根本的なものとして明らかになった教会と牧師職の刷新という自分自身にとっての課題について記すのであるが、彼はまさにプレディガー・ゼミナールにおいてその刷新（Erneuerung）のための一つの取り組みをなしているようである。学問的探求の領域で思想的・組織神学的に考察することに長けた人物であったというのは間違いないであろう。また、危機の時代における世にある一人の抵抗者であったということも確かであろう。最終的にこれを言えるのは、まだ後になるが、すでにここで彼はあのナチの時代の中で牧師職の再生を志す一人の実践神学の教育者であったと言うことは許されるのではなかろうか。

（3）実践神学の観点から見るボンヘッファー研究

さて、例示のために全てではないが、ドイツ語圏のボンヘッファー研究において実践神学領域の牧会学に関連する文献は例えばすでに複数冊示される。

- Christoph Zimmermann-Wolf, Einander beistehen: Dietrich Bonhoeffers lebensbezogene Theologie für gegenwärtige Klinikseelsorge (Würzburg: Seelsorge/ Echter, 1991)
- Heinz Rüegger, Kirche als seelsorgerliche Gemeinschaft: Dietrich Bonhoeffers Seelsorgeverständnis im Kontext seiner bruderschaftlichen Ekklesiologie (Bern u.a.: Peter Lang, 1992)
- Sabine Bobert-Stützel, Dietrich Bonhoeffers Pastoral Theologie (Gütersloh: Chr. Kaiser/ Gütersloher, 1995)
- Daniel Gerte, Authentische Spiritualität in den Gefängnisbriefen Dietrich Bonhoeffers (Frankfurt: Peter Lang, 2013)

比較的、新しいものになっていることが分かるが、ボンヘッファーの実践神学に関心を寄せるドイツの実践神学者ツィンマリンクは例えば次のように述べている。実践神学者ボンヘッファーは過去何十年と神学的な関心の中心にはなかった、と。[10]もちろんまったく存在しなかったというのではなく、例えば説教学の領域での文献、Wendel, Studien zur Homiletik Dietrich Bonhoeffers（1985）が先立ってあることは日本のボンヘッファー研究でも引用され知られている。散発的な取組みは存在してきたが、決して中心的な関心を集めてはこなかったというのである。さらに、どのようなきっかけで注目を集めるようになったかについて、彼は続けて一九七〇年代の社会的気質の変化と新版ボンヘッファー全集一四巻（一九九六）、一五巻（一九九八）の出版によって、と指摘する。社会ないし教会の関心の強調点が移行する中で、そしてやがて生ずる新版ボンヘッファー全集の、特にボンヘッファーが実践神学に関する取り組みに集中した時期の資料が整った形態で出版されたのを契機として、その実践神学への関心も増大したと言うのである。前掲の文献は先立って出されたものであるが、その中でも特に一九九五年のボンヘッファーの実践神学の総体的視点を提供する「最初の試み」（S.13）の出現として、前述の Bobert-Stützel, Dietrich Bonhoeffers Pastral-theologie（1995）が彼より評価されている。ボンヘッファー研究や解釈においては現在の世界や社会の状況、そこにおいて歩む教会に関わる様々な課題に対して、それに引き寄せて、ボンヘッファーの理解を適用する、ないし解釈するといったあり方が例えばある。それはおそらく危うさをも持つのであろうが、ある意味ではボンヘッファー神学の必然性や可能性をも表す事柄のようにも思われる。他方、ボンヘッファー神学そのものの理解を明らかにするような取り組みがもちろんあるわけである。

今、触れたのはドイツ語圏のボンヘッファー研究のトピックであるが、この実践神学とボンヘッファー研究という問題を日本のボンヘッファー研究に触れて考えてみるとどうなるのであろうか。日本のボンヘッファー研究における実践神学的な取組みとしては、もちろん関田寛雄先生や森野善右衛門先生の先駆的な取組みがある（例えば『「断片」の神学』二〇〇五、『他者のための教会』一九八〇他）。あるいは、東北学院の佐藤司郎先生、西南学院の松見俊先生らが実践神学的な関心からボンヘッファー研究に既に取り組んでこられた。多くのことを学ばせてもらってきたが、何れにしても全体として説教、牧会、広く取れば平和や倫理の問題、そしてエキュメニズムといったテーマに関する取組みが既になされてきたことは重要であろう。また堅実な取り組みが展開されてきたというのが基本であろうが、ボンヘッファー研究全体の課題であり在りようであり続けてきた通り、一部においては身近な現実における諸問題にいかにボンヘッファーの理解を適用するかといった関心のあり方も示されていた。

ここで日本ボンヘッファー研究会の研究誌である『ボンヘッファー研究』掲載の論稿を、狭義の実践神学という観点から取り上げてみたい。すると一九八四年の第一号から二〇一五年の第三二号までで関連する主な論稿は片手程度のようである。[11]

一九八六年（No.３）　大柴譲治「ボンヘッファーにおける『罪の告白』Beichte の神学」
一九九〇年（No.７）　関田寛雄「ボンヘッファーと説教」
　　　　　　　　　　菅野勝之「ボンヘッファーの説教研究」
二〇〇二年（No.19）　森野善右衛門「ボンヘッファーの説教」
二〇〇五年（No.22）　松見俊「ボンヘッファー神学の説教学的分析の一つの試み」

これはこの雑誌の限りということであるが、ボンヘッファーへの研究上の関心は狭義の実践神学に関してはごく限られたものであったということの一つの指標にはなるであろうし、その限られた関心がしばしば説教（学）に向けられていたことも示唆される。

先ほど見たとおり、プレディガー・ゼミナールの授業記録はボンヘッファーが狭い意味での実践神学の授業を繰り返し展開していたことを伝えている。もちろん多くの資料は授業の記録に過ぎず、資料的な課題は残るが、ボンヘッファーが狭義の実践神学を展開していた人物であったということを私たちが改めて顧み、その理解に学ぶ余地があるということは示されたのではないであろうか。もしかすると抵抗者としてのボンヘッファーや、示唆に富んだ深淵な思想を提供するボンヘッファーを大きく期待するところでは肩透かしのような印象を受けることになるのかもしれないが、ボンヘッファーの実践神学自体が、たとえば牧会学の理解そのものがより十分に明かされてこそ、ボンヘッファーについての理解もより十分に進むことになるはずである。

3．ボンヘッファーの実践神学の例示　――講義録から読む牧会の基本理解――

ボンヘッファーの実践神学という大きな主題が挙げられているが、例えばその説教をめぐる理解とは異なり、彼の牧会学を中心的に取り上げて論じるような研究は今日に至るまで日本においてほとんどなかったと言える。[12] 全体的な理解の解明に関してはより狭まることになり、ボンヘッファーの牧会者としてのあり方についても事情は同様である。あの時代に「牧師職の刷新」[13]を願い、プレディガーゼミナールにあっては実践神学領域の種々の講義をも繰り返し担っていたボンヘッファーは、牧会について前線に立たんとする牧師補たちに何を講じたのであろうか。以降は、本稿ではプレディガー・ゼミナールにおける一九三五／三六年の牧会学講義の記録[14]をもとにボンヘッファーの牧会理解の基本的な意味と枠組み、その他の特徴について明らかにしてみたい。ただし、ボンヘッファーの牧会をめぐる理解の特徴的な要素の一つと言える告解（Beichte）については、それのみでも取り上げられうる大きなテーマであるためここでは扱わないことになる。[15]

（1）牧会の基本的な意味と枠組み

ボンヘッファーの牧会学講義の記録においては説教の務めとの比較の中で、牧会について規定される。そこではケリュグマ的な牧会（Kerygmatische Seelsorge）とディアコニー的な牧会（Diakonische Seelsorge）の区別と関係が問題になっており、それらの意味が明らかにされていく。[16]ボンヘッファーによれば、礼拝での説教が公然たる告知（Verkündigung）でありその目標が「神に向けて信仰がなされること」にあるとすれば、「牧会は個々人への告知」であり、その目標を共有している。[17]「それ〔牧会〕はゆえに説教の務めそれ自体である」[18]とまで言われる。説教の務めと重なって、牧会は個々の人に直接に手渡される神の言葉の出来事なのであり、その目標は人間が神と神の言葉を信じること、信じ直すことに定められるのである。この意味において、ボンヘッファーにおけるケリュグマ的な牧会とは文字通りの意味においてもっぱら神の言葉の――唯一の慰め・助けである神についての[19]――宣言・告知に仕えることを眼目とする牧会である。ここでは牧会を要する者を前に信仰上の困窮の根源的な実態を見据え、求められる聖書からの使信について言葉をもって宣し告知することが考えられており、神への信仰の新たな生起が目指されるのである。

そして「この枠組みの内側で牧会はなおディアコニア（Diakonia）という特別な使命のもとに立つ。」[20]。聖書の使信ないし教派的な諸原理の強調をもって現世的な次元での支援を軽視ないし解消する言葉の告知だけに専心する牧会に留まるというのではなく、ボンヘッファーの牧会理解はパンによって生きる人間への奉仕の次元を確かに確保する。ディアコニー的な牧会とは、言葉の告知に直接に立つことをしない、その意味では「無言の、助ける愛」[21]であり、ボンヘッファーの牧会実践の多様さを映し、牧会を要する者の心的・物的・社会的・政治的な側面等の多様な困窮に接するケア・援助に――後に記すような傾聴や対話をもっての受容をも含んで――仕えようとするものである。ただし、ボンヘッファーの言う牧会のディアコニーは、神の言葉の告知や信仰の回復、教会の交わりへの立ち戻りといった神と教会との関わりの次元を軽視して通り過ぎ、もっぱら当人の日々の生活における困難をめぐる癒し・助言・

援助にのみ専心する牧会のあり方をただ認めるのではないし、ケリュグマ的な牧会に対してディアコニー的な牧会を単に並立させるのでもない。彼の牧会学講義の表現からより正確に言えば、「牧会のディアコニーは告知する牧会に仕えることにおいて立つ」[22]。すなわち、ボンヘッファーの牧会をめぐる構想の基礎はケリュグマ的な側面に据えられており、ディアコニー的な牧会は「より狭い意味での牧会の営み」として神とその言葉を心新たに信じるようにされるというケリュグマ的な牧会の目標に仕える「告知を聞くことに導こうとする奉仕する愛」なのである[23]。

牧会を要する者の生における神の働きを阻み、神への信頼を妨げる種々の障害物――ボンヘッファーの理解から言えば信仰の障害物――が取り除かれた時、あるいはそれが乗り越えられた時にこそ、牧会はその目標を果たし得る道を見出すとボンヘッファーは理解していた[24]。また、牧会への求めの背後には神の言葉への信頼の欠損や信じることへの躊躇、無力、そして反発が、自覚的であるにせよ無自覚であるにせよ存在すると彼は考えていた[25]。

「通常の場合、牧会の場にいるのは告知を信仰のうちに聞くことがもはや出来ず、助けを必要としている人間である。彼がなお礼拝に加わっている時にも、自覚しているにせよ無自覚であるにせよ彼は告知を前に逃走している。逃れようとするその理由は留保なしに神の言葉に自らを引き渡すことへの憤りである」[26]。

自ら頑なになる人間の心に、またそれにしばしば関連する種々の現世的な困窮に対し――そして、そこで生ずる神と神の言葉への離反に対し――説教は直接的な個別の対処を為し得ず、言葉をもって「告知する牧会」もそれのみでは求める者のこの世の困窮を解せず、神の言葉を信頼のうちに聞くことが出来ないという「説教をめぐるこの特別で本質的な困窮」から人を導き出すことが出来ないということ、ここにディアコニーとしての牧会が始まる契機が見出される[27]。

更に、ボンヘッファーはディアコニーの牧会においてまず基本となる姿勢について規定する。礼拝における説教の場の有り様をまるで逆転させて、今やここで牧者は聴き、牧会を要する者が語り出す。「今や、一義的な意味では何も生じていない。しかし、逆の仕方で。ここで告知と〔告知を〕聴くことを通しては何も起こっていないが、牧師の側では聴くことを通して、そして教会メンバーの側では語ることを通して」[28]事態が進展するのである。牧会者はここでまず牧会が求める者が言葉をひらくように導き、その声に耳を傾け、その調子や様子に注意を向ける。もし牧者が先語り出すことになるとしても、それは牧会を求める者が先立って牧者に明かした事柄に対して心を傾ける、耳を澄ましている語りでなければならない。[29] 既述のことからは言うまでもなく、ボンヘッファーは受容と共感を図ってするいわゆる「傾聴」によって人の困窮を受け止めることをただここで求めるのではない。彼にして、これはディアコニーの牧会における重要なプロセスの一つであるとしても、牧会における最後的な位置を持たず、ディアコニー的な牧会の要請が先に述べられたケリュグマ的な牧会上の目標から生じ、それに向かう点に変わりはない。当人が神の言葉を再び信頼のうちに聞くことを得るべく、牧者が当人の困窮をめぐって為すべきこと・為し得ること、告知すべきこと・し得ることを見出すために、牧会的な会話の中で先立って当人から語り出されることが不可欠であると見ているのである。

(2) 牧会の主体、方法、要素

取り扱う牧会学講義の記録において見出しにはなっておらず、構成的にはしばしば明確には主題化されていないが、散見される箇所からボンヘッファーが牧会の主体、方法、基本的要素についてどのような理解を持っていたかを再構成することは可能である。まず、牧会を担う主体の問題についてては、ボンヘッファーは二重の仕方で考えていることが分かる。すなわち、牧会は第一義的には神の、そして次いではその神の牧会に与ってなされる牧師の、ないし信徒の働きをも大いに含む教会としての牧会のわざである。「悪習によって鎖につながれた者はあれこれの助言によって自由になるのではなく、ただまったく神によってなる。」[30] 牧会者は出会うようにされた他者の困窮を前にして自らに与えられた牧会の務めに力を注ぐ。後に見るように、そこでは聖書が読まれ祈りが捧げられるわけであるが、そこにおいて「私は…神がそれを自ら行ってくださるに違いないという確かさを受け取る」。[31] 神が牧会の務めを人に附与し牧会者はこれに励むわけであるが、人間の牧会のわざを牧会の目標に叶うようにされる牧会の根本的な主体は神ご自身と定められるのである。[32]

牧師であるか信徒であるかを別にして、あらゆる牧会者は第一の牧会主体としての神のもとに立っている。ボンヘッファーの牧会理解がケリュグマ的な方向付けをその根底に持つゆえであろう。教会において告知のわざを際立った仕方で託されている牧師に向けては次のように規定される。[33] 「牧会の委託は、告知し、説教の困窮を取り除くように特に召されている者としての牧師に対して…与えられている」。[34] 牧会における牧師の役割は按手に基づいてここで牧会のケリュグマ的な側面に向けてより大きく割り当てられ[35]

ている。ボンヘッファーの理解においてディアコニー的な牧会の次元での働き――聖書の使信を届け得るべく牧会を求める者の生と信仰の困窮の状況を把握し解する――は牧師にとっても否定されず開かれているが、後者のその次元は彼の牧会理解においては教会全体に向けてより広く次のように規定されることになる。

「それ〔ディアコニー〕は教会に万人祭司主義の共通の賜物・使命として与えられている」[36]。牧師をめぐっては按手を基礎にして展開されたのに対し、ここでは宗教改革的な祭司職の理解に由来して、特にディアコニー的な牧会の次元につき、牧会の委託を牧師に留めない牧会的な教会像が示される。自身の働きと力の限界の自覚の中で牧者はその牧会の働きについて「教会（Gemeinde）に託すること」[37]を覚えることができるのである。「ただ一人の医者〔イエス・キリスト〕がおられる。彼はあらゆる相応しいキリスト教的な兄弟を通じて助けを与え給う」[38]。実際的な要請という観点から見てもこれは自明であろう。「牧会者への牧会」においてボンヘッファーが強調するように、牧会のわざは多岐に渡り、時に非常な緊急性と緊張を伴い、孤独に担うにはあまりに重過ぎるし、「聖書的な慰めの豊かさ」に加え、困窮の中で牧会を求める者の「具体的な状況全体に関する理解によってこそ」牧会は進められ得るからである[39]。牧会において出会う個々人の課題は当然に多様であり、それは時に一人の牧師の対応範囲、知識・能力の限界をも優に超え出る。人生の経験を豊富に重ねた年配者、同じ時代や境遇を生きる当事者により近い立場にある人々、各々の分野で専門性を持って働く例えば社会福祉士や弁護士といった専門家等、一介の牧師や神学者の手の及ばない領域をカバーする人々との協働の可能性が教会全体への委託を通じては開かれているのである[40]。

ボンヘッファーの牧会学講義においては牧会を進める上での基本的な方法として牧会的な「同伴」（Wegbegleitung）が見出される。また講義において重視される基本的な要素としては祈り、聖書、具体的な戒め（konkretes Gebot）、そして具体的な状況に関する理解と家庭訪問が挙げられていることが確認できる[41]。

牧会の課題に触れる者は、しばしばそれが一定の、あるいは長い道のりを要する働きであることを知っているに違いない。えてして一朝一夕にはその働きは終わりを、もとより見える実りを見出さない。人が自らの胸のうちを明かし出すまでの実質的な対話の沈黙をも覚えて、ボンヘッファーは次のように述べている。

「牧会は決して一度限りの何かではなく、他者〔牧会を要する者〕との道の同伴である。それは長い期間に渡る、隣り合ってゆく一つの沈黙の道程であり得るのだが、隣り合ってゆく道程でなければならないことは確かであり、そのようなものとしてのみ心得られる。一定の時間を経て、その他者〔牧会を求める者〕、務めを委ねられた者、あるいは牧師がその沈黙を破ることになるかどうかは本質的なことではない」[42]。

牧会がこのような一つの道の同伴であり続けるその理由は、二重性の中にある牧会の主体と区分の中に求められる[43]。既述の通り、彼の理解に沿って言えば、牧会の第一義的な主体は神ご自身であると理解されており、その神の牧会のもとで委託された務めを為す牧会者には、神のわざ・言葉から独立した、確実な答えや解決を保証された手立ては存在せず、また牧会者自身が困窮の最後的な答えとなることもあり得ない。あり得るのは、牧会を求める者の傍らで神の言葉を共にたずね求め、祈り、困窮について解することに努め、ついには「神がそれを自ら行ってくださるに違いない」[44]と神の働きかけを頼りにする道の同伴者であり続けることである。「それは〔神の〕言葉に向かう兄弟的な助けの道である。人はそれを跳び越えることは出来ない。…この道が踏み進まれねばならない。」[45]。

更に、私たちがすでに取り上げたディアコニー的な牧会とケリュグマ的な牧会の区分と関係が、ボンヘッファーにおける牧会が一つの独自のプロセスをもった出来事であることを表示する。彼にして牧会は神への信仰を新たにし、神の言葉を信頼のうちに新しく受け止めるよう導くことに最後的な目標を置くものであり、ディアコニー的な牧会はその同伴の道において牧会を要する人に聴き、その状況と問題を知り、取り除かれるべき信頼への妨げを解することで、その目標に先立って仕えるのであった。「ディアコニー的な牧会の道は…対話から神の約束を互いに聞くことに向かう道である」[46]。時間を要する事態の変遷する道のりがここにあり、牧会者は同伴者としてこれを共にするのである。

ボンヘッファーの理解する牧会の最も基本的な構成要素としては、まず祈りと聖書とを挙げることが出来る。「具体的な状況に関する理解」との関連で続いてすぐに触れるが、ボンヘッファーが牧会のためにその当然の必要性を確認する家庭訪問に際してもこう言われる。「聖書の言葉と祈り?それは家庭訪問における最も自明的な部分である」[47]。神の牧会のもとに仕える牧会者は、その取り組みを第一の牧会主体としての神に拠りつつ――具体的には祈りと聖書を通じて――為すのであり、そこには人間の生の水平的な次元では見出し得なかった望みや癒し、支えの可能性が開かれ得る。自らの牧会の務めの何たるかを、そして神が牧会の場で働きかけてくださることの意味を、「そのことを私は一度限り一般的に知り得るというのではなく、いつも祈りにおいて新たに確かめねばならない」[48]。牧会の「真髄」は祈りの中にあると彼は言い[49]、牧会の日々の備え・実際の出会い・牧会的な対話のための祈りの実践を奨励し、その役割ないし意味について述べてる。すなわち、祈りは自らの託された牧会の務めと神の牧会主体たることを牧会者に確かめるのであり、そして人間は神を介して「祈り……を通じてのみ」十分な意味で出会うことが出来[50]、理解された牧会主体のあり方——神が第一の主体であり、そのわざが最後的な意味を持つ——に対応して神の現在と助けを祈ることをもって牧会的な対話は適切な方向づけを受け止める[51]。「整えられた訪問の祈りと聖書朗読を通じては、実りのないままに留まることはないに違いない！」[52]という強い言葉は、ボンヘッファーの確信と共にその牧会理解における祈りと聖書の不可欠の意義をよく表している。

　既に牧会実践に対するその不可分の関係については表示されているが[53]、聖書もまたボンヘッファーにとって祈りに並ぶ牧会における根本的な要素の一つであり、それは宗教改革者ルターの律法と福音の理解を反映しつつ[54]、独自の要素を加えられ、三つの機能を果たすものとなっており、そこには具体的な戒めの要素が密接に関連付けられる[55]。神の言葉は牧会を要する者に神を前にした自身の倒錯した実態を明らかにし（Gesetz）、福音を求めるようにして赦しを告げ（Evangelium）、そして更に、福音に応ずる彼の服従が具体的にどのようなものにならねばならないかを提示する（konkretes Gebot）[56]。すなわち講義における表現をもって言えば「罪人としての人間の暴露」であり、そこにおいて「罪の赦しが語られるべきであり」、さらに「私たちをあらゆる部分において整えて用いようとする罪の赦しの本来の言葉」までが告げられ、聞かれねばならない[57]。牧師研修所で行われた別の講義をまとめたボンヘッファーの著作『服従』（１９３７）に展開された内容からも知られている通り、罪人を義とする「高価な恵み」が応答のわざを生むことのない「安価な」ものになり果てている——ひとは自らを用いようとするその本来的な言葉を前に目を閉ざしている[58]——のを見て彼はこれを批判し、信仰と行為、恵みと服従の関係を規定し直すことを試みたわけであるが[59]、その術語から言えば、「高価な恵み」によって赦され慰めを受けた者が、そこから応じて今や何を為すべきか、為すことを許され得るかをも告知する牧会は聖書を通じて指し示そうとするのである[60]。この意味においてこそ次の言葉は十分に理解されるであろう。「それ〔牧会のディアコニー〕は律法と福音を聞くことに結びついていくべきであり、その両方が同じように告知する牧会に属している」[61]。ボンヘッファーにおいて、神の言葉は律法をもって人間を告発し、福音をもって良心を自由にし・平和をもたらすのみならず、福音への応答にある戒めをももって人を生かそうとするのである[62]。

ボンヘッファーが牧会の基本的要素として――聖書的な慰めにも並ぶものとして――確認している更なる事柄の一つが具体的な状況に関する理解であり、これに関連して牧会的な対話の場の一つとなる家庭訪問の重要性が強調される。すなわち「聖書的な慰め」に加えて「具体的な状況全体に関する理解からこそ」牧会は取り組まれ得るのであり[63]、それゆえに家庭訪問はそこで「他者〔牧会を要する者〕が…まったくそれ自身にあるところのものである」点に牧会上の特筆すべき意味を与えられます[64]。牧会に際し、聖書の使信や信仰のあり方の意味を個々の状況への考慮抜きにただ教条主義的に適用するのではなく、牧会を要する者の現状においてこそ求めようとする彼の牧会学の姿勢がこの理解にはよく表明されている。種々の状況に応じて多様な担い手と内容を持ち得るものであるし、その理解の内実については講義では立ち入って論じられないが、ディアコニー的な牧会の次元においても告知するケリュグマ的な牧会の次元においても取り組みの基礎となる具体的な状況に関する理解をボンヘッファーはとりわけ家庭訪問から見出そうとするのである。

そして、この訪問における牧会的実践をめぐってボンヘッファーが特に注意を促すのが、敬意と謙虚さ、守秘義務、そして牧会者の日々の備えである。当然に思われるかもしれないが、牧会における無意識下の陥穽がそこにあるからこそ強調されるのであろう。たずねる牧会者が、ではなく「その他者〔牧会を要する者〕が家の主人」であって「それ〔家に足を踏み入れるその権利〕は…贈り物なのであり[65]、訪問や対話によってもたらされる理解からは当人の「より多くの批判を受ける側面」が見出され得るとしても、これが意味するのはむしろ根本においての「敬意と謙虚さ」である[66]。ゆえに牧会者は「傲慢な観察者、〔信仰の〕検査官、そして人の秘密を嗅ぎ回る機会を得た者としてではなく〔与えられた〕ゲストとしての権利を正しく用いることへの信頼を寄せられる者として」振る舞うことを求められる[67]。さらにボンヘッファーは「しばしば決め手となる牧会における信頼の問題は…罪の告白の内容の守秘義務の問題である」[68]として、魂の癒しに関わる問題としてこれを「神的な戒め」と定め[69]、「大きな事柄のための小さな事柄における口の堅さをも」奨める[70]。牧者が過重な務めに圧迫されることを配慮され、その悩ましい心中をも吐露する機会を与えられるべきとしても、この守秘義務の保持についての理解はそこで決して緩められていない。また加えて、牧会的な訪問ないし対話をめぐる考察に際して言われるのが牧会者の日毎の備えとして聖書である。「あらゆる牧会的な訪問は牧師による最も集中的な霊的備えを必要とする。彼は…その心をなおも満たしている今しがた聞き取られた聖書の言葉によって備えて〔訪問に〕やって来なければならない」[71]。というのは、牧者にして自らの「心を満たしているものからこそその口は語り出すに違いないのである」[72]し、既に触れてもいるように、牧者を通じて働く、神の言葉が持つ解放の力に彼が大きく信頼を寄せるからである。[73]

4. おわりに

今や、ボンヘッファーの実践神学者としての一つの断面は、牧会学の理解から部分的には明らかにされた、と言っても良いであろうか。二〇世紀における牧会の豊かな心理学的発展を経て今や見出されている牧会学の種々の論点がある。専門性を前提として個人化するケア、倫理的問題に先立って強調される受容・赦し・癒し、そして曖昧になるキリスト教の牧会固有の枠組み・目標・方法といった問題である。[74] これらを省みる時、ボンヘッファーの理解は今後の牧会をめぐる議論と構築のための一つの意味ある素材を提示しているようにも思われる。ボンヘッファーの牧会学は、人が新たな信頼のうちに神の言葉を聞くことが出来るように牧会を要する人の同伴者となることを語る。彼は牧会を神の言葉の告知に仕えるケリュグマ的な側面と人間の生の具体的な次元での受容と援助に仕えるディアコニー的な側面に区分し、前者を基礎に据え、その上で後者を第一のものである前者のために生きるものとして関係付ける。後者はそこで尚も告知の側面に立つその目標に隠れる小さなわざなのでは決してなく、不可欠の「独自の」（sui generis）[75]ものとされ、その位置を軽んじられない。対話を通した直接的な応答を持たない説教、牧会の何れの告知のわざも、使信への誤解や信頼を妨げる頑なさを個々に明らかにし正すことが出来ず、神と神の言葉への信頼を困難にさせている世と肉の何がしかを取り除くことを成し得ないのである。ボンヘッファーにして牧会は牧会を要する者の生の、そしてそこに見出される信仰の困窮とニーズをこそ解し、ついには神の言葉を思い新たに受け止めていくためのわざに他ならない。もちろん古典的な牧会の伝統すら思わせるボンヘッファーの牧会の理解が批判的な検討をも要することを否定し得ないし、従来理解されてきたボンヘッファーの生涯と神学思想との整合性の問題も想定される。

果たして、あらゆる人間の困窮は最終的には信仰の問題に集約するのであろうか。そして、そのような理解は例えば彼の後期の思想とどのように結びつくのであろうか。今回は触れられなかったが、二〇世紀の牧会学の展開を導いた心理学やその手法との結合は、本当に否定されなければならないのであろうか。そもそも今日それが可能であろうか。問いは残るが、一部においてその目標、枠組み、方法が曖昧化するキリスト教の牧会実践について鑑みるとき、ボンヘッファーの牧会理解が批判的な対話者となる可能性を持つことは確かであろう。

1 この論稿は二〇一八年九月一六日から一八日にかけて開催された日本ボンヘッファー研究会の二〇一八年度学会・研修会での筆者のパワーポイントを用いたささやかな発題「ボンヘッファーと実践神学」に基づいている。その文字起こししたものを最低限整えたものであり、分量的な問題から脚注は出来る限り省略した。尚、牧会の理解を取り上げる後半部分は既出の拙稿に依拠している（「実践神学者D・ボンヘッファーの一断面：牧師研修所の講義に見る牧会の理解」『神学研究』六四、二〇一七年三月）。

2 熊澤義宣「実践神学」『日本大百科全書』（一〇）小学館、一九八六年、八九五頁。

3 近藤勝彦「実践神学」『岩波キリスト教辞典』岩波書店、二〇〇二年四七七頁。

4 Otto Dudzus/ Jürgen Henkys, “Vorwort der Herausgeber”, in: DBW 14, S. 2 ff. Eberhard Bethge, Dietrich Bonhoeffer: Eine Biographie (München: Chr. Kaiser, 1986), S.481ff.

5 DBW14, S.1056-1064.

6 DBW14, S.1050-1053.

7 DBW14, S.1050-1053

8 DBW14, S.113.

9 「私はまったく非キリスト教的で・傲慢な仕方で仕事にのめり込んで行きました。多くの人が私に認めていた途方もない名誉欲は、私の人生を重苦しいものにしており、私の隣人たちの愛と信頼を私から取り去りました。当時、私はひどく孤独でした…。僕は、まだキリスト者にはなっていなかったのです。…当時、僕は、イエス・キリストの事柄から自分自身の利益を…引き出そうとしていたのでした」。手紙の前半部分の一部抜き出し。DBW14, 113.

10 Peter Zimmerling, Bonhoeffer als Praktischer

Theologe (Göttingen: Vandenhoeck u. Ruprecht, 2006), S.11.

11 狭義の実践神学には該当しないだろうが、次のような興味深い論稿もある。イルゼ・テート「ボンヘッファーと山上の説教」（訳：山崎和明、一九八五年、№２）。村上伸「ボンヘッファーとエッタール修道院」（二〇〇八年、№25）。

12 例外的にボンヘッファーの牧会をめぐる理解に取り組む日本のボンヘッファー研究としては例えば大柴譲治「ボンヘッファーにおける『罪の告白 Beichte』の神学」『ボンヘッファー研究』３（一九八六年）一一－一九頁がある。

13 DBW14, S.113.

14 DBW14, S.554-588.

15 Bobert-Stützel, a.a.O., S.250. この点はこれまで繰り返し確認されている。例えばBobert-Stützelはケリュグマ的牧会とディアコニー的牧会の関係付けと告解についての考察をボンヘッファーの牧会理解の特性ないし中心的なものとしている。

16 DBW14, S.556, Anm.6; Bobert-Stützel, a.a.O., S.255 ff; Zimmerling, a.a.O., S.154ff.

17 DBW14, S.555f.

18 DBW14, S.555.

19 DBW14, S.556.「牧会は個々人に対する唯一の慰め、助け…である神の告知である。」

20 Ebenda.

21 DBW14, S.557.

22 DBW14, S.559. 強調は引用者による。

23 DBW14, S.557.

24 Bethge, a.a.O., S.274.

25 DBW14, S.560f.

26 DBW14, S.560. 強調は原文による。

27 DBW14, S.558.

28 DBW14, S.557. 補足は引用者による。

29 Helmut Tacke, Mit den Müden zur rechten Zeit zu reden: Beiträge zu einer bibelorientierten Seelsorge (Neukirchen-Vluyn: Neukirchener, 1989), S.76f.

30 DBW14, S.562. 強調は引用者による。Bobert-Stützel, a.a.O., S.280ff.

31 DBW14, S.587.

32 牧会主体の二重の区別に付随すべき関係についてのより十分な規定が確かにここで問題となろう。Bobert-Stützelによる、結果的には「神的な可能性と人間的な可能性の共同に代わってここでは離開（Diastaze）が支配的である」という指摘がある。Bobert-Stützel, a.a.O., S.280.

33 DBW14, S.555.

34 DBW14, S.558.

35 DBW14, S.555.「牧会の委託は告知の使命を持った牧師に与えられている（按手の誓い）。」

36 DBW14, S.559. 補足は引用者による。引用箇所は次のように続く。「そして、彼がこれを分かち合う限りにおいて牧師に。」

37 DBW14, S.558f.

38 DBW14, S.565.

39 DBW14, S.559.

40 Rüegger, a.a.O., S.255. ボンヘッファーの牧会学講義においては多様な人々との協働の側面よりも牧師に対する牧会の委託が確かに強調されており、Rüeggerはその牧会理解に権威主義的な在り方、兄弟的な連帯の欠落を指摘する。ボンヘッファーは牧師が「特別な仕方で」（S.558）牧会の委託を与えられているとするが、同時に牧師も信徒も共に神の牧会の下に立つ牧会的な教会共同体のイメージを保持しているようにも思われる。

41 ボンヘッファーの語る牧会的な「同伴」(Wegbegleitung) を牧会における基本的な方法（Methode）とするのに対し、Zimmerlingはこれらの牧会の基本的要素を祈り、神の言葉、状況の理解、具体的戒めに限定し、さらにそれらを牧会者が用いる「手段」、(Mittel) と表現する。それらの事柄がボンヘッファーの理解においては牧会に不可分に結びついていることを考慮し、牧会者が採用の可否を問うものとしない牧会の基本的な「要素」としてこれを理解し、講義の見出しにも含まれる「家庭訪問」をも加えるべきと本稿は考えている。Bobert-Stützelは二つの牧会的な次元の段階を問うなどしてより図式的（schematisch）であるが、表現としては「方法的な要素」(methodische Elemente) と述べる。Bobert-Stützel, a.a.O., S.293ff; Zimmerling, a.a.O., S.162.

42 DBW14, S.565.

43 Zimmerling, a.a.O., S.160.

44 DBW14, S.587.

45 DBW14, S.562. 強調は原文に、〔 〕内の補足は引用者による。

46 DBW14, S.562.

47 DBW14, S.574.

48 DBW14, S.587.

49 Bobert-Stützel, a.a.O., S.281. 印刷されていない遺稿に拠る表現。

50 DBW14, S.562f. 強調は本文による。文脈を考慮して省いたが、全文は次のようになっている。「人間は決して直接には・無媒介には出会うことがなく、むしろ祈りと神の言葉を聞くことを通じてのみ出会うのである。」強調は原文による。

51 DBW14, S.562.「共にいてください、助けを与えてください、という神に対する絶え間ない祈りをもって牧師が聞き、語ることなしに、牧会的な対話はあり得ない。聖霊の助けを求める絶えざる祈りの中で他者が神の前に立っていることを彼は自ら知る。」

52 DBW14, S.572. 強調は原文による。

53 以降、一部引用されるが、例えば「聖書」に関連しては次のように述べられている。「具体的な状況全体に関する理解と聖書的な慰めの豊かさの充満によってこそ」牧会は進められる（DBW14, S.559. 強調は原文による）。「聖書抜きの家庭訪問は不可能である！」（S.574. 強調は原文による）。

54 律法の機能については政治的用法（第一用法）、福音的ないし教育的用法（第二用法）、倫理的用法（第三用法）に区別して論じられるが、ここで言うルターの理解は第二用法を代表するものとして理解される。すなわち、律法は人間をして自らのありのままの罪の姿に直面させ絶望に追いやり、キリストに助けを求めるように駆り立てる。そこで福音はキリストを信じる信仰を通じて良心を自由にし、平和をもたらす。C・E・ブラーテン「律法（法）」、およびW・R・ボーマン「律法と福音」『世界 説教・説教学事典』（W・H・ウィリモン／Rリシャー編、加藤常昭／深田未来生日本語版監修、日本基督教団出版局、一九九九年）、五三八－五四三頁。

55 Zimmerling, a.a.O., S.163.

56 Ebenda.

57 DBW14, S.559f.

58 牧会学講義の表現に拠る。先に挙げた引用の全体はこのようになっていた。「罪の赦しへの誤った信仰において、人は、私たちをあらゆる部分において整えて用いようとする罪の赦しの本来の言葉を前にまさに自らを閉ざしている。」DBW14, S.560.

59 DBW4, S.29ff.

60 どのようにして具体的な戒めを見出すのかという問題については次のように言及される。「それは特別なひらめきや霊感をあてにするのではなく、祈りと兄弟的な愛において聖書に心を向け、そして大胆に決断すること」による（DBW14, S.570）。

61 DBW14, S.559f. 本稿が取り扱う牧会学講義においては、戒め（Gebot）と律法（Gesetz）が信仰の行いを共に表すものとして併記されていることにも注意したい。例えば次のように述べられる。「第四の戒め（Gebot）が聞かれることはなく、ただ更に敵意へと駆り立てる。その律法（Gesetz）はあまりに厳しいものとなっており、強い嫌悪を生じさせるのである」（DBW14, S.568）。

62 C・E・ブラーテン／W・R・ボーマン、前掲書、五三八－五四三頁。この意味において具体的な戒めは恵みの告知となる。「戒めにおいても恵み深い神を告知すること」（DBW14, S.570）。「ここでは具体的な戒めが神の恵みとして告知されねばならないということになる」（S.571. 強調は本文による）。「その他なる人間〔牧会を要する者〕の救いが危険にさらされている！ゆえに一つの具体的な戒めを神の名において敢えて試みること。その具体的な戒めが魂を助けるべきなのである」（S.571. 強調は原文に、〔〕内の補足は引用者による）。

63 DBW14, S.559.

64 DBW14, S.572. 補足は引用者による。付言すれば、ボンヘッファーの牧会理解において家庭ないし家庭訪問が重視されるのは「家庭がキリスト教性の場である」（DBW14, S.572. 強調は原文による）からに他ならない。すなわち「家庭訪問はキリストが……人々の家庭へとやって来てくださることの立証、人々の家庭において敬愛されることを望んでおられることの立証、そこにおいて従順を求めておられることの立証である」（DBW14, S.572）。

65 DBW14, S.573. 補足は引用者による。別の表現では次のように言われている。「兄弟の家は牧師としての自らの限界でもある！」（S.573）。

66 DBW14, S.573.

67 Ebenda. 補足は引用者による。この点は、牧会における告知における「具体的な戒め」の問題に関して次のようになる。具体的な戒めを見出すに際しては大胆さが要求されるとしても（S.570）、それが高圧的に人を操作するようなものであることは許されていない。具体的な戒めを告げるための権威は牧会者、牧師にではなく、「神の言葉の権威において」（S.570）存在しており、戒めの告知をめぐる牧者にとっての限界は確かに牧会を要する者の側の「決断」にある（S.570）。

68 DBW14, S.565. 強調は原文による。

69 DBW14, S.567.

70 Ebenda.

71 DBW14, S.572. 強調は原文に、補足は引用者による。

72 Ebenda.

73　例えば「家庭訪問」の項目においては次のような表現が見出される。「彼にとって聖書の事柄が現実であるかどうか、どれほどに彼はそれについて知っているか、彼の心はそれによって制されているか――すべてはそれらにかかっている」（DBW14, S.572）。

74　尚、その由来こそ異なるものの曖昧な牧会の理解という現実は日本の牧会現場でもとりわけ共有される事項であろう。アメリカの牧会学・牧会カウンセリングの著名な研究者であるガーキンは、その発展の過程で生じた論点として牧会の個人化、特殊化（専門分化）、倫理的観点を棚上げした上での受容や赦しの強調等を挙げ、それらへの反動として教会共同体のケアの観点や牧会における倫理的な観点の確保等の必要性が生じた過程を取り上げる。チャールズ V・ガーキン『牧会学入門』日本キリスト教団出版局、二〇一二年、特に九六頁以下。

75　DBW14, S.558.

橋本祐樹（はしもと・ゆうき）

一九八〇年生まれ。関西学院大学大学院神学研究科博士課程後期課程を修了。日本基督教団飫肥教会牧師、神戸栄光教会牧師、ハイデルベルク大学神学部客員研究員を経て、現在、関西学院大学神学部助教、日本基督教団宝塚教会代務者。

連載

イエスは何を語ったのか？

——キリスト教の原点を求めて（三）

嶺重　淑

前回の内容

昨年より、イエスの真正の言葉に迫ることによりキリスト教の原点を探求することを目的とした連載を始めている。前回は「放蕩の息子の譬え」として有名なルカ福音書一五章の「父の愛の譬え」を取り上げ、変わり果てた姿で帰って来た放蕩息子の姿を認めた父親が、自ら息子のもとに走り寄り、彼を出迎えた場面に注目し、そのような現実にはありそうにない父親の異常な振る舞いを描くことにより、罪人をも無条件で受け入れる、ある意味で常軌を逸した神の愛の偉大さが示されており、それと同時にこの譬えは、あなたも放蕩息子を受け入れなさいと聴衆（読者）に決断を促しているという点を確認することができた。今回は「サマリア人の譬え」を取り上げ、この譬えに示されているイエスの真意を見極めていきたい。

サマリア人の譬え

それではまず、ルカ一〇・二五―三七に記されているサマリア人の譬えのテキストを一読してみよう。

25すると見よ、ある律法の専門家が立ち上がり、彼（イエス）を試そうとして言った。「先生、何をすれば、永遠の命を受け継ぐことができるでしょうか」。26そこで、彼（イエス）は彼（律法の専門家）に言った。「律法には何と書いてあるか。あなたは〔それを〕どのように読んでいるか」。27すると彼は答えて言った。「『主であるあなたの神を、あなたの心全体から、あなたの魂全体から、あなたの

力全体から、あなたの思い全体から愛しなさい、また、あなたの隣人をあなた自身のように〔愛しなさい〕』〔とあります〕」。28そこで彼（イエス）は彼に言った。「あなたは正しく答えた。それを行いなさい。そうすれば生きるだろう」。29しかし、彼（律法の専門家）は自らを義としようとして、「では、私の隣人とは誰ですか」とイエスに言った。

30イエスは〔その問いを〕取り上げて言った。「ある人がエルサレムからエリコへ下って行き、〔その途中で〕強盗たちの手に落ちた。そして、彼らは彼から服をはぎ取り、多くの傷を負わせ、〔彼を〕半殺しにしたまま見捨てて立ち去った。31さて、たまたまある祭司がその道を下って来たが、彼を見ると〔道の〕反対側を通って行った。32また同じように、一人のレビ人もその場所にやって来たが、〔彼を〕見ると〔道の〕反対側を通って行った。33ところが、旅をしていたあるサマリア人は、彼のそばにやって来ると、彼を見て憐れに思い、34そして近寄って来て、油とぶどう酒を注ぎ、彼の傷に包帯をして、そして彼を自分の家畜に乗せ、彼を宿屋に連れて行って彼を介抱した。35そして翌日、彼（サマリア人）はデナリオン銀貨二枚を取り出し、宿屋の主人に渡し、そして言った。『彼を介抱してください。さらに費用がかかったら、私が戻って来るときに、私があなたに支払います』。36あなたはこの三人の中で、誰が強盗に襲われた人の隣人になったと思うか」。37すると彼（律法の専門家）は言った。「彼に憐みの行為を行った人です」。そこでイエスは彼に言った。「行って、あなたも同じように行いなさい」。

テキストの文脈及び構成

このサマリアの譬え（ルカ一〇・二五—三七）は、イエスによる神への賛美と弟子たちへの祝福の言葉（ルカ一〇・二一—二四）の直後に続いており、その直後には、この譬えの内容とは対照的に、行いよりもむしろ御言葉を聞くことの大切さを強調するマルタのマリアのエピソード（ルカ一〇・三八—四二）が続いている。

このテキストは、永遠の命をめぐる問答について記す前半部（二五—二八節）と譬え本文を含む後半部（二九—三七節）から構成されているが、前半部においては「神への愛」と「隣人愛」の二つの掟が同等に問題にされているのに対し、後半部ではもっぱら「隣人愛」に焦点が当てられている。その一方で、前半部と後半部との間には表①に示すような構造上の対応関係が認められる。

すなわち、いずれの場合も、イエスと律法の専門家の対

表①【ルカ 10:25-37 の構成】

	【永遠の命をめぐる問答】		【善きサマリア人の譬え】
25 節	律法の専門家の問い	29 節	律法の専門家の問い
26 節	イエスの反問	30-36 節	イエスの反問（含譬え本文）
27 節	律法の専門家の答え	37 節 a	律法の専門家の答え
28 節	イエスの認証と勧告	37 節 b	イエスの勧告

話がまず後者の問いによって始まり（二五節／二九節）、それに対してイエスは直接答えずに問い返し（二六節／三六節）、そのイエスの反問に律法の専門家が答え（二七節／三七節a）、最後にイエスがその答えに対して「行いなさい」と勧告することによって締めくくられる（二八節／三七節b）というように、前半部、後半部が共通の構造を持っており、両者で二重の論争的対話が構成されている。

なお、後半部分に含まれる譬え部分（三〇―三五節）は、導入句（三〇a節）、強盗たちによる旅人への襲撃（三〇節b）、祭司、レビ人の素通り（三一―三二節）、サマリア人による救出（三三―三五節）の四つの部分に区分できる。そこで、この段落全体は以下のように区分される。

（1）永遠の生命をめぐる問答（二五―二八節）
（a）永遠の生命をめぐる律法の専門家の問い（二五節）
（b）律法に関するイエスの反問（二六節）
（c）旧約章句からの律法の専門家の返答（二七節）
（d）イエスの認証と勧告（二八節）
（2）サマリア人の譬え（二九―三七節）
（a）「隣人」をめぐる律法の専門家の問い（二九節）
（b）譬え部分（三〇―三五節）
①導入句（三〇a節）
②強盗たちによる旅人への襲撃（三〇b節）
③祭司、レビ人の素通り（三一―三二節）
④サマリア人による救出（三三―三五節）
（c）譬えに関するイエスの問い（三六節）
（d）律法の専門家の返答とイエスの勧告（三七節）

テキストの背景

このルカ一〇・二五―三七のテキストの前半部分は、マルコ一二・二八―三四及びマタイ二二・三四―四〇に並行し、三福音書のテキストとも、律法の専門家が発する律法の重要な掟に関する問いにイエスが答えるという共通の筋をもっている。しかし、これら三つのテキストの間には相違点も多く認められ、各テキストを比較検討すると、以下の点が明らかになる。

すなわち、これら三つのテキストの中では、その文脈においても基本的な筋においても、マルコ、マタイ両テキストの並行関係が顕著であるのに対し、ルカのみが特徴的な独自の文脈と筋をもっている。すなわち、マルコとマタイにおいては、この段落はエルサレム入城後のイエスとユダヤ教指導者との間でなされた一連の論争の中に位置づけられ、「最大の掟」に関する律法学者の問いに対して、イエス自身が律法を引用して「神への愛」と「隣人への愛」について答えるという筋になっている。その一方でルカにおいては、この段落はエルサレム途上の出来事として位置づけられ、「永遠の生命」に関する律法の専門家の問いに対してイエスは「律法には何と書いてあるか」と反問し、その問いに律法の専門家が答え、最後にイエスがそれを認証し、勧告するという筋になっている。

このことからも、マタイが基本的にマルコに依拠していることは明らかである。その一方で、ルカとマルコの関係については否定的な見解をとる研究者が少なくないが、そもそもルカはマルコを資料として持っていたと考えられ、さらに申命記六・五（七十人訳聖書）からの引用部分（マコ一〇・三〇並行）の「あなたの～全体から」という記述についてはマルコとルカのみが、申命記やマタイには見られない「力」という語を共通して用いていることからも、マタイと同様、ルカもマルコに依存していることは確実であろう。おそらくルカはこの箇所を、総じてマルコに依拠しながらも、後続の譬えとの関連から適宜編集の手を加えつつ構成したのであろう。

これに対して、譬え本文を含む二九節以降の後半部はルカに特有の記事であり、また非ルカ的用語が多く含まれていることから、その大枠（特に三〇―三五節の譬え部分）はルカ特殊資料に由来すると考えられる。もっとも、この譬え部分にも幾つかのルカ的語彙が認められ、この箇所全体を伝承史的に厳密に跡付けることは容易ではなく、結局のところ、この段落の伝承と編集について確認できることは、編集者ルカは、マルコより得たイエスと律法学者の論争の記事（二五―二八節）と特殊資料から得た譬え部分（三〇―三五節）とを自らの視点のもとに結合し、二重の論争的対話を構成するようにこの箇所全体を構成していったという点のみである。なお、譬え本文に関して比較的多くの研究者は、それが実際のイエスの言葉を反映していると見なしている。

永遠の生命をめぐる問答

この段落は、ある律法の専門家がイエスに問いを発する場面から始まっているが（二五節）、この律法の専門家が敵意をもってイエスに問いかけたことは、「試そうとして」という表現からも明らかである。また「先生」という呼びかけも、イエスを教師と認めた上での発言ではなく、むしろその資質を問題視する悪意がこめられていると考えられる。

前述したように、ルカ版における律法の専門家の最初の問いは、マルコ、マタイの場合のように「最大の掟」の内容に関する問いではなく、何をすれば永遠の生命を受け継ぐことができるかという、その条件を問う、より具体的で実践的かつ救済論的な問いになっている。「永遠の生命」という表現は、ヨハネ福音書に比較的多く用いられているが（新約用例二七回中一七回）、共観福音書には八箇所にしか見られず、ルカ一〇・二五とマタイ二五・四六を除く六箇所はすべて、マルコ一〇・一七—三一の「金持ちの男の物語」とその並行記事（マタ一九・一六—三〇／ルカ一八・一八—三〇）に含まれている。しかも、ルカ一〇・二五の「何をすれば、永遠の生命を受け継ぐことができるでしょうか」という問いは、ルカ版の金持ちの男の問い（ルカ一八・一八）とギリシア語原文においても完全に一致することから、ルカはここから「永遠の生命」という表現を取り入れたのであろう。そして、ルカがこの概念を用いたのは、ただ単に「最大の掟」という概念がルカの読者である異邦人キリスト者には伝わりにくい概念だったという理由のためだけではなく、行為を重視する三〇節以降の譬えとの関連において、行為と直接関わる「何をすれば～」という表現を導入するためであったと考えられる。事実、「最大の掟」の場合には「～は何ですか」と続けることはできても、「何をすれば～」という表現にはスムーズに接続しない。

律法の専門家の問いかけに対して、イエスは直接答えずに「律法には何と書いてあるか。あなたは〔それを〕どのように読んでいるか」と反問しているが（二六節）、律法の専門家に律法の内容について尋ねるこの描写はイエスの権威を示しており、問いに対する答えが反論、比喩表現、旧約章句からの引用等によってなされるこのような論争方法はラビに典型的である。また、「あなたは〔それを〕どのように読んでいるか」という問いは通常「あなたはそれをどのように理解しているか」の意で解されるが、エレミアスは、後続の二七節に引用された申命記六・五の言葉がユダヤ人が日毎に唱える「シェマアの祈り」の冒頭の一節であることから、この箇所を「あなたはそれをどのように唱えているか」という意味に解している。事実、マルコの並行箇所では、「聞け、イスラエルよ」以下の「シェマアの祈り」の第一行（申六・四）が含まれており、その可能性は十分に考えられるであろう。

マルコやマタイにおいては、律法の専門家の問いに対してイエス自身が、第一に「神への愛」について、第二に「隣人愛」について、それぞれ旧約律法の申命記六・五とレビ記一九・一八から答えているのに対し、ルカにおいては、このイエスの反問に対して、問いを発した律法の専門家自身によって「神への愛」と「隣人愛」の掟について答えられている（二七節）。さらに注目すべきことに、ルカにおいては、双方の愛の掟が接続詞によって並列・結合されて一文で構成され、「愛しなさい」という動詞は「主であるあなたの神を」と「あなたの隣人を」という二つの目的語をもっている。このような「神への愛」と「隣人愛」との結合は一部のユダヤ教文書に見られることから（『十二使徒の遺訓』「イッサカル」五・二、七・六等参照）、当時のユダヤ社会においてすでに両者が結合する思想が確立していたとする見解も見られる。しかしながら、双方の愛が明確に結びついている並行例は見られないことからも、両者の結合が当時のユダヤ世界においてどの程度一般化していたかは明らかではなく、むしろ、両者を結合して捉える思想はキリスト教世界において確立し、発展していったと考えられる。

またここでは、あなたの神を「あなたの心全体から」、「あなたの魂全体から」、「あなたの力全体から」、「あなたの思い全体から」愛するようにと記されており、まさに全身全霊をもって神を愛することが求められている。これら四つの修飾語のうち、冒頭の「あなたの心全体から」のみには前置詞が付されていることからも標題的意味をもっており、マルコ版とは異なり、「あなたの思い全体から」が末尾に置かれているのは、ルカの文脈において特に重要視されていたためかもしれない。

「神への愛」の掟に続いて、「あなたの隣人をあなた自身のように〔愛しなさい〕」というように、自己愛との関連から隣人愛の掟が述べられるが、ここでの「自己愛」は決して否定的に捉えられているわけではなく、むしろ「隣人愛」に橋渡しするものとして肯定的に捉えられていると考えるべきであろう。

なお、ルカ版において回答者がイエスから律法の専門家に変えられているのは、先に触れた二重の論争的対話を構成するためであり、また「神への愛」と「隣人愛」が並列・結合されているのは、両者の緊密な関係を「隣人愛」を主題とする後続の譬えにおいて示すためであろう。そして、このように律法の専門家自身によって律法の内容が正しく答えられることにより、正しい教えを知りながらも隣人愛を実践しようとしない彼らユダヤ教指導者層の偽善的な姿勢がより一層明瞭に示されることになり、この点はまた、譬え話の中の祭司やレビ人の態度とも密接に関わってくる。

律法の専門家の返答に対して、イエスは「あなたは正しく答えた」と確証を与えており（二八節）、律法尊重の点では両者間に見解の相違はなかったという点が明らかにされる。しかし問題となるのは、その直後の「それを行いなさい。そうすれば生きるだろう」という言葉であり、確かに、律法の認識については両者の見解は一致していたが、その律法に基づいて実践的に行動するという点がこの律法の専門家には欠けていたことが明らかになる。

事実、この段落全体は、二五節の「何をすれば、永遠の生命を受け継ぐことができるでしょうか」という問いに始まり、二八節の「それを行いなさい、そうすれば生きるだろう」という答えで結ばれているが、その意味でも、この箇所全体は「行為」及び「生命」を軸に構成されており、この点は「隣人愛」を主題とする三〇節以下の譬え本文の内容に対応している。

隣人愛をめぐる問い

前半部の最後で愛の行為の実践を促された律法の専門家は、今度は「私の隣人とは誰ですか」と新たな問いをイエスに投げかける（二九節）。この問いは何より、前半部の二五―二八節を三〇節以下の譬え本文に橋渡しする移行句の機能を果たしており、この問いを契機として隣人愛そのものに焦点が当てられるようになり、イエスと律法の専門家との論争的対話は新たな展開を見せることになる。

ここで律法の専門家は「自らを義としようとして」問いを発してるが（一六・一五、一八・九参照）、ここでいう「義とする」は、イエスを試そうとしながら、いとも簡単にかわされた「永遠の生命」に関する第一の問い（二五節）の正当化を意図している。すなわち、彼はここで第二の問いを発することによって、自分の立場を擁護し、不面目を取り繕うとしているのである。ここで彼は「では、私の隣人とは誰ですか」という問いを発しているが、これは言葉の定義よりも「隣人」の範囲についての問いであり、律法の有効範囲を問う問いであった。「隣人」は何よりユダヤ人同胞を意味するが（レビ一九・一八）、当時のユダヤ社会においては、ユダヤ人同胞の他にユダヤに居住する改宗者まで含めるという点までは概ね一致していたが（レビ一九・三四、申一〇・一九参照）、それ以上の点については、それぞれの立場により様々な理解があった（死海文書「宗規要覧」二・二四―二五、「戦いの書」一・一参照）。確かに、ユダヤ教内においても、この「隣人」概念の適用範囲は徐々に拡大されていったが、この概念の普遍化がすでにイエスの時代に見られたとは考えにくい。

譬え本文

「隣人」の範囲を問う前節の問いに対して、イエスは直接答えず、譬えを語り始める（三〇節）。冒頭の「ある人」がエルサレムからエリコへ下って行き」の「ある人」は、特に説明がないことからもユダヤ人と考えられる。「下って行き」という表現は、エルサレムからエリコに向かって傾斜勾配が下っているという意味よりも、首都エルサレムから遠ざかるという意味で用いられているのであろう。エルサレムからエリコに至る約二五キロの道は荒涼たる岩地で、人気のない荒野であり、しばしば強盗が出没する危険な場所であったとされるが、事実この旅人は強盗たちに襲われ、服をはぎ取られ、多くの傷を負わされ、半殺しの状態で放置される。

そこに一人の祭司が通りかかる（三一節）。祭司はイスラエルの民を代表して神に仕え、祭儀を執り行う公職であり、神と人との仲保者としての立場にあった。エリコは祭司の町として知られており、おそらく彼は、エルサレムでの祭儀の職務を終えてエリコの自宅に戻る途中であったと想定される。しかし彼は、その傷ついて倒れている人を見ると、道の反対側を通って立ち去ってしまう。次にレビ人が通りがかる（三二節）。レビ人も宗教的公務の補佐的役割を果たす祭儀職にあったが、彼も祭司と同様、その瀕死の旅人を見ると、道の反対側を通って立ち去っていった。

祭司とレビ人（ヨハ一・一九参照）がその瀕死の旅人を見捨てて立ち去った理由については、まだ近くに潜んでいるかもしれない強盗たちに自分も襲われるのを恐れて立ち去ったという現実的な理由がまず考えられる。その一方で、このような彼らの振る舞いについて、彼らは律法の「清浄規定」（民五・二、六・六―八他）に従って、死体との接触による汚れを避けるためにこのような行動をとったという説明も伝統的になされてきた。今日では大半の研究者はこの見解に否定的であるが、もしそうであるなら、ここでは祭司・レビ人批判というよりは、イスラエルの神殿祭儀そのものに対する批判が意図されていることになる。しかしながら、ここで重要なのは、理由はどうあれ、彼らがここで瀕死の同胞を見捨てたという事実である。

確かにイエスの時代においては、祭司・レビ人は民衆の支持を失い、もはやユダヤの民衆に対して大きな影響力はもたなかったようであるが、少なくともルカの文脈においては民衆に尊敬されている人々として捉えられていた。しかしそれだけに、ここでその祭司・レビ人が傷ついた同胞を見過ごして助けなかったということは、少なくとも先に触れた「神への愛」と「隣人愛」の結合が彼らには見られなかったことを示している。すなわちここでは、愛の行為には至らなかった祭司・レビ人の行為を通して、「隣人愛」へと結実しない彼らの表面的・皮相的な「神への愛」に対する批判が表現されているのである。

さて、祭司、レビ人に続いてこの場所を通りかかったのは一人のサマリア人であった（三三節）。サマリア人はユダヤ人から半異教徒と見なされ、両者は敵対関係にあり（ヨハ四・九参照）、特に紀元六—九年頃、サマリア人がエルサレム神殿に人骨を撒き散らすという事件が起こって以降、ユダヤ人とサマリア人との関係は険悪な状態にあったという（ヨセフス『ユダヤ古代誌』一八・二九－三一）。ところが、そのサマリア人が、祭司・レビ人から見捨てられた瀕死のユダヤ人を見て憐れに思い、「隣人愛」を実践する。

このサマリア人は、傷つき倒れているその旅人を見ると憐れに思って近寄り（三四節）、そして持ち合わせていたオリーブ油とぶどう酒をこの傷ついた旅人の傷口に注ぎ、包帯した上で、この旅人を自分の家畜に載せ（一九・三五参照）、宿屋に連れて行って介抱する。ここでのオリーブ油は傷の手当てに（イザ一・六）、ぶどう酒は傷の消毒に使われたと考えられるが、医療目的のために初めから両者を混合して用いたという可能性もある。

さてその翌日、このサマリア人は二デナリオンを宿屋の主人に差し出して、傷ついた旅人を託し、もし費用が余分にかかったら、帰りがけに支払うと約束する（三五節）。二デナリオンという金額は、当時の日雇い労働者の二日分の賃金に相当することから（マタ二〇・二参照）、ここで支払う金額としては十分な額であったと考えられる。また、「私があなたに支払います」という表現からも明らかなように、ここでは自分自身が支払うというそのサマリア人の強い意志が表明されており、最後まで責任をもってこの傷ついた人を助けようとした彼の態度が強調されている。

誰が隣人になったか

譬えを語り終えたあと、イエスは改めて律法の専門家に「誰が強盗に襲われた人の隣人になったと思うか」と尋ねている（三六節）。この問いは二九節の「私の隣人とは誰ですか」という律法の専門家の問いに形式的に対応しているが、愛の対象（＝愛を享受する人）を問う問いではなく、愛の主体（＝愛を実践する人）を問う問いになっている点で厳密には対応していない。

何より、二九節の「私の隣人とは誰ですか」という律法の専門家の問いの中の「隣人」は民族的・宗教的枠内に限定された「隣人」であったが、ルカのイエスはこの譬えを通して、真の「隣人」がそのような枠に規定されない、開かれた存在であることを示そうとしている。さらに、二九節の律法の専門家の問いにおいて示されていた受動的な「隣人」理解に対し、イエスはここで新しい「隣人」理解、すなわち主体的な「隣人」理解を提示している。その意味でルカは、緊張関係にある二つの「隣人」、つまり、限定的で受動的な「隣人」と、枠に囚われない主体的「隣人」の両者を提示することによって、助けを要する者に愛の行為を実践する者としての真の「隣人」の在り方を提示すると共に、主体的に「隣人」になるように勧告しているのであろう。

イエスの「誰が……隣人になったと思うか」という問いに対して、律法の専門家は「彼に憐みの行為を行った人です」と答えるが（三七節）、彼がここで直接「サマリア人」と答えなかったという事実は、たとえ譬えの中の出来事であったとしても、サマリア人が善行したということを認めたくなかった彼の思いを如実に示している。しかしそれだけに、サマリア人に反感をもつ彼でさえも、認めざるを得なかったそのサマリア人の行為は、紛れもなく真の隣人愛の行為であったことが示される。

最後にイエスが、「行って、あなたも同じように行いなさい」と要求するが、ここでの「あなたも」という表現は、明らかにこの勧告を強調している。事実この段落全体は、「何をすれば永遠の生命を受け継ぐことができますか」という律法の専門家の問い（二五節）に始まり、「あなたも同じように行いなさい」というイエスの勧告（三七節）で結ばれているが、ルカは、律法の中心内容としての愛の行為の実践を勧告する意図をもって、「行う」という言葉を軸にこの箇所全体を枠付け、自らの文脈の中に構成していったのであろう。

ルカにおける意味

このルカのテキストにおいては隣人愛が主題になっているが、ここに示されているルカの愛理解の特質は以下の四点にまとめられる。第一に、「神への愛」と「隣人愛」の二つの愛の戒めは形式的にも実質的にも緊密に関連づけられ、両者は不可分なものとして捉えられている。第二に、隣人愛の対象となる「隣人」の範囲は民族的・宗教的枠内に限定されず、広く開かれている。第三に、隣人愛については特に行為の側面が強調されており、主体的に隣人になることが強く勧告されている。

しかしここには、「隣人愛」に関して、さらに重要なことを示唆されている。「隣人」はそもそも関係を表わす相対的な概念であり、本来的に行為の主体と対象（能動と受動）のいずれにも規定しえない概念である。つまり、ある人が他の人の「隣人」であるという場合、双方のうちの一方が「助ける人」で他方が「助けられる人」というような固定した一方的な関係を意味しているのではなく、両者の間に相互に助け合う関係が存在していることを意味している。すなわち、真の隣人とは、困窮したときにはいつでもお互いに助け合うことができるような関係を指しており、ルカはそのような意味も踏まえて、それぞれが主体的に「隣人」になるように勧告しているのであろう。

また、ルカ福音書の文脈においても、元来の譬えと同様、この譬えの聞き手は、ユダヤ人と同定されている。事実、祭司・レビ人とサマリア人との対照的な登場人物の立場の逆転を中心点におくこの譬えは、その両者の位置づけを熟知していたユダヤ人にこそよりよく理解されるべきものである。しかしながら、ルカが実際にこの譬えを提示しようとしたのは、そのような逆転を理解し得ない異邦人キリスト者であった。すなわちルカは、元来はユダヤ人を対象にしていたこの譬えを、その本来の意味を知り得ない異邦人キリスト者を対象とする自らの文脈に適合させていく過程において、元来は聞き手を傷ついた旅人（ユダヤ人）と同一視させる方向性をもっていたこの譬えを、サマリア人と同一視させる方向へと移し換えていくことにより、最終的には「隣人」の範例を指し示す「例話」としてこの譬えを枠付けていったのである。

イエスの中心的使信

ここまでルカのテキストにおける譬えの内容と意味について考察してきたが、それはあくまでもルカ福音書の文脈における譬えの意味であり、そこには編集者ルカの視点が反映されていると考えられる。しかし、むしろここで探究したいのは、ルカによって彼の文脈に取り込まれる以前のこの譬えの意味について、より的確には、譬えの原初的な意味、イエスにおける意味についてである。そこで次に、この譬えを語ったイエス自身が、この譬えを通して何を伝えようとしたかという点について考察してみたい。

すでに触れたように、ルカのテキストの内、ルカ以前に遡るのは、総じて譬え本文（三〇―三五節）の部分であり、その意味でも、ルカが編集的に強調した「隣人愛」のモチーフは、ここでは除外して考える必要がある。この譬えは、旅人、祭司・レビ人、サマリア人という三者が中心的な役割を果たす三人格構造をとっており、それもルカの譬えに特徴的な、対照的な位置づけにある二人格の対照的な行為を軸に物語が展開する物語構造をとっている。その意味でも、この譬えの主眼点を明確にするためには、瀕死の状態にあった同胞の旅人を見ると「道の反対側を通って行った」祭司・レビ人と、その旅人に「近寄って来て」彼を助け出したサマリア人との対照的な位置づけに改めて注目することが必要となる。

すでに述べたように、祭司とレビ人は、神殿に仕え、祭儀を執り行う立場にあり、当時のユダヤ社会の文脈においては宗教的指導者の地位にあり、尊敬されるべき存在であるが、その一方で、サマリア人は半異教徒であり、ユダヤ人の視点からは忌み嫌われ、蔑まれるべき存在であり、両者は明らかに対照的な位置づけにある。ところが、この譬えにおいては、尊敬されているはずの祭司・レビ人が、瀕死の状態にある同胞のユダヤ人を見捨てて立ち去って行ったのに対し、蔑まれ、ユダヤ人と敵対関係にあったサマリア人がそのユダヤ人の旅人を救い出し、愛の行為を実践しており、明らかに逆説的な展開が見られる。その意味でもここでは、譬えの聴衆であるユダヤ人から尊敬される立場にあった祭司・レビ人と、その一方で軽蔑されていたサマリア人との対照的な位置づけを逆転させることにより、愛の行為を実践する者こそが真の意味で律法（＝愛の教え）を守る者であることが強調されている。そのように、この譬えにおいては、否定的に評価されていた人物が予想に反して愛の行為を実践する様子が描かれており、イエスは何より、その人物の立場や置かれている状況ではなく、その人物の実践や生きざまに人間の真価が現われることを示すと共に、民族間の壁を凌駕する新しい価値観を提示しようとしているのであろう。

譬えの解釈をめぐって

この著名な譬えは古代から今日に至るまで様々な解釈が試みられてきたが、最後にこの譬えの解釈史を概観しておこう。古代においてはオリゲネスによる寓喩的解釈が有名であるが、事実、彼の解釈は後世に多大な影響をもたらすことになる。彼の『ルカ伝講話』第三四講話によると、この譬えに登場する旅をしていた「ある人」は「アダム」を意味し、「エルサレム」は「楽園」、「エリコ」は「地上」を表し、「強盗たち」は「敵対する力」であり、「祭司」は「律法」、「レビ人」は「預言者」、「サマリア人」は「キリスト」を意味し、「家畜」は「主の身体」、「宿屋」は「教会」、サマリア人の再訪の約束は救い主の再臨の約束を意味するという、ある長老の解釈を引用しつつ、彼自身も、旅人が強盗から受けた傷は「罪悪」あるいは「罪」を表し、宿屋の主人は教会の天使を意味し、「デナリオン銀貨二枚」は「父と御子の認識」を表すというように寓喩的解釈を展開しつつ、この譬えをキリストによる救済物語として解している。

このような寓喩的解釈は中世から近代に至るまで多大な影響を及ぼしていくが、一九世紀末期になってA・ユーリッヒャーによって徹底的に批判され、この譬えはむしろ隣人愛を勧告する「例話」として倫理的に解釈されるようになり、このサマリア人のように愛の業を実践するように促す教えとして理解されるようになった。その後、二〇世紀後半に入ると文学的な観点からの解釈が試みられるようになり、一つの独立した物語としての譬えの自律性が重視されると共に特に隠喩としての譬えの特質が注目されるようになり、自らを強盗に襲われた旅人の立場においた読者（聴衆）は、逆説的な物語の展開に衝撃を受け、価値観の転換を迫られるというような見解も打ち出されている。ここからも明らかなように、この譬えの解釈の可能性は常に開かれており、それを一定の枠の中に押し込むことはできず、この譬えの多様な解釈の可能性は今後も将来に向かっても無限に開かれていると言えよう。

嶺重　淑（みねしげ・きよし）
一九六二年、兵庫県に生まれる。早稲田大学第一文学部卒業、関西学院大学大学院神学研究科博士課程後期課程単位取得退学、スイス・ベルン大学にて神学博士号（Dr. Theol.）取得。日本キリスト教団泉北栂教会牧師を経て、現在、関西学院大学人間福祉学部教授（宗教主事）、ウイリアムス神学館非常勤講師。専攻は新約聖書学（主にルカ文書の研究）。主要業績、『聖書の人間像』（キリスト新聞社、二〇〇九年）、『ルカ神学の探究』（教文館、二〇一二年）、『クリスマスの原像』（かんよう出版、二〇一七年）、『ルカ福音書一章～九章五〇節』（日本キリスト教団出版局、二〇一八年）など。

連載

石原吉郎と安西均（二）

柴崎　聰

生と死をめぐって　2

前号に続いて、「生と死をめぐって」の考察を進めていきたい。今号では、銃あるいは銃声、死後の世界、病気、復活という生死を超える言葉を梃子《てこ》にして、二人の詩人がそれをどのように表現したのかを見ていきたい。

銃声と静寂――石原吉郎

次に取り上げる詩「脱走」は、シベリヤの強制収容所体験がなければ生まれてこなかった。徒刑地ザバイカルでの、日常と非日常の交差するあまりにも唐突な出来事である。ザバイカルは、ロシア東部バイカル湖の東の地域を指す。

脱走

――一九五〇年ザバイカルの徒刑地で

そのとき　銃声がきこえ
日まわりはふりかえって
われらを見た
ふりあげた鈍器の下のような
不敵な静寂のなかで
あまりにも唐突に
世界が深くなったのだ
見たものは　見たといえ
われらがうずくまる
まぎれもないそのあいだから

火のようなあとが南へ奔《はし》り
力つきたところに
すでに他の男が立っている
あざやかな悔恨のような
ザバイカルの八月の砂地
爪先のめりの郷愁は
待伏せたように薙ぎたおされ
沈黙は　いきなり
向きあわせた僧院のようだ
われらは一瞬腰を浮かせ
われらは一瞬顔を伏せる
射ちおとされたのはウクライナの夢か
コーカサスの賭か
すでに銃口は地へ向けられ
ただそれだけのことのように
腕をあげて　彼は
時刻を見た
驢馬の死産を見守《まも》る
商人たちの真昼
砂と蟻とをつかみそこねた掌《て》で
われらは　その口を
けたたましくおおう

あからさまに問え　手の甲は
踏まれるためにあるのか
黒い踵が　容赦なく
いま踏んで通る
服従せよ
まだらな犬を打ちすえるように
われらは怒りを打ちすえる
われらはいま了解する
そうしてわれらは承認する
われらはきっぱりと服従する
激動のあとのあつい舌を
いまも垂らした銃口の前で。
まあたらしく刈りとられた
不毛の勇気のむこう側
一瞬にしていまはとおい
ウクライナよ
コーカサスよ
ずしりとはだかった長靴《ちょうか》のあいだへ
かがやく無垢の金貨を投げ
われらは　いま
その肘をからめあう
ついにおわりのない

服従の鎖のように
注　ロシヤの囚人は行進にさいして脱走をふせぐために、しばしば五列にスクラムを組まされる。
――『サンチョ・パンサの帰郷』

この詩は、最初、石原たちが創刊した同人誌『ロシナンテ・18』（一九五八年十月）に発表された。詩のエピグラフによれば、一九五〇年八月の出来事である。その年は、石原にとって「入ソ以来最悪の一年」になり、「主題は〈沈黙〉である」と言う（エッセイ「沈黙と失語」『日常への強制』）。

この詩には、驚くほど数多くの比喩、それも直喩が用いられている。「ふりあげた鈍器の下のような／不敵な静寂」「火のような足あと」「あざやかな悔恨のような／ザバイカルの八月の砂地」「待伏せたように薙ぎたおされ」「沈黙はいきなり／向きあわせた僧院のようだ」「まだらな犬を打ちすえるように／われらは怒りを打ちすえる」「その肘をからめあう／ついにおわりのない／服従の鎖のように」。

この詩の主役は、「銃声」である。その銃声は、世界を深くするのである。銃声がしたからには、その場所を平穏が支配していたとは考えにくい。しかし、その直後に、あたかも人格を持っているような「不敵な静寂」がやってくる。その静寂を恐れるかのように徒刑地からの脱走者は、南へ奔ったのである。おそらく警備兵に先回りされてその男は銃殺されたのであろう。詩名から判断すれば、射殺されたのは、強制収容所からの脱走者である。

この徒刑地での出来事には、銃を発射する支配者と発射される被支配者の厳然とした構図がある。手の甲ですら踏みしだいていく支配者、踏みしだかれていく「われら」被支配者の構図、背反するふたつである。その支配者は例外なく長靴《ちょうか》をはいている。服従させられる者は、注にあるように五列縦隊を組み行進しなければならない。一目で人数を確認しやすい五列縦隊の行進については、フランクルの『夜と霧』やエリ・ヴィーゼルの『夜』にも記されている。

ロシア文学者の落合東朗は、「石原がこのふたつの作品で意図したのは、これらの事件の衝撃を、はっきり起こったものと認め最終的に承認し、納得したということであった。最終的な承認と納得、その深さと重さである」（『石原吉郎のシベリア』）と言う。二つの詩とは、「デメトリアーデは死んだが」と「脱走」のことである。

囚人たちは、一発の銃声を前に「完全に無力」になり、身を守る連帯もなく、「言葉も無力」となってしまい、「囚人たちの言葉からまず形容詞が脱落し、代名詞も姿を消し、一人称も二人称も不要になり、彼我の識別も失っていった」（多田茂治著『石原吉郎「昭和」の旅』）。

罪と死の予感——安西均

安西の詩集『チェーホフの猟銃』から、標題詩である「チェーホフの猟銃」を引用したい。ここには、猟銃への思い出が記述されている。

チェーホフの猟銃

なぜだらう？　近年はしばしば銃を持つ夢を見るようになった。たいてい冬の夜明け方に見る。若い時分、鴨猟に誘はれて、数発撃ってみた経験はあるが。

あの寒暁を烈しく弾《はじ》いた一瞬。引金をひいた人差指の感触と、銃床が右肩に食ひこむ衝撃は、これほど年経てもなほ夢のなかで微かに蘇《よみがへ》るのだ。そして目が覚める途端、なぜか瞼がうっすらと濡れてゐる。

わたし自身の想像力でさへ到底届き得ない、冥《くら》い深い《無意識》*の沼。そのほとりに屈《くぐま》ってゐる、幻影のごときもの。それを撃たずにすんだんだ、といふ安堵の涙かも知れない。

「壁にかかった猟銃を描写したならば、物語が終るまでにその銃を発砲させなければならない」と、アントン・チェーホフが短篇小説の作法《さくはふ》を説いてゐる。

わたしの生涯も、仮に書残してみてもたかだか数ページにも満たぬほど、短い。だが、わたしの生涯は小説ではない。誰かのペンで創造されたものではない。だから、出来ることならば、夢の中で抱へてゐるあの銃を発砲させる前に、わたしはしづかに己の生涯を終りたい。もしや誤って発砲しないかと、常に恐れてゐる気がする。

ああ、銃口の向うの蕭条《せうでう》たる枯芦のなかに、ゆっくり倒れこむ影。それが、かつてはわたしの愛した者、或いは現在愛してゐるはずの者ではないといふ、保証はまったくないからである。

＊精神分析用語の〈無意識〉＝夢・催眠・精神分析によらないでは捉へられない状態で、日常の精神に影響を与へてゐる心の深層。

——『チェーホフの猟銃』

アントン・チェーホフ（一八六〇—一九〇四年）は、ロシアの小説家・劇作家である。安西は、ロシアの劇作家であるチェーホフに多大な関心を寄せ、その他に詩「チェーホフ抄」も書き、その中で一八九六年に執筆された戯曲『かもめ』に興味を示している。詩中にある「壁にかかった猟銃を描写したならば、物語が終るまでにその銃を発砲させなければならない」という短篇小説の作法《さくほう》は、有名なChekhov's gunという熟語になっている。

この詩には、直接「死」という言葉は使用されていないが、「夢」の中においてもさえも猟銃の発砲によって、「幻影のごときもの」「かつてはわたしの愛した者、或いは現在愛してゐるはずの者」を「死」に至らしめるのではないか、という強迫観念のようなものが滲み出ている。「《無意識》の沼」こそ、キリスト教で言う「原罪」に限りなく近いものではなかろうか。

詩「チェーホフの猟銃」は、安西の詩の中でも傑作である、と言うにとどまらず、現代詩における傑作である。私たちの無意識の中に、すでに罪と死の予感がはらまれている。その予感は、恐れとなって私たちを襲う。ユング心理学を援用しながら、私たちの生死の問題を喚起するこの詩は、愛をも巻き込んで、人間の「生と死」をめぐる根本テーマに肉薄しているのである。

死後の世界を体現する林檎の哀愁——石原吉郎

石原の詩には、私の知る限り、死後の世界を思い描いたものはない。ただ、それを予感させる詩はある。したがって、その詩は抽象性や曖昧性を免れていない。詩「哀愁1」を次に引用したい。

哀愁　1

哀愁は明らかな
一つの意志とならねばならぬ
たとえばしっかりと卓上へ置かれた
一個の林檎の哀愁のように
赤らみつつくっきりとえがかれた
意志的なその輪郭は
そのままに林檎の哀愁となろう
そのように人は街に立たねばならず
くっきりと歩み去らねばならないのだ

——『満月をしも』

この詩は、石原が亡くなった年に『現代詩手帖』（一九七七年十一月）に発表された。そして死後出版になった詩集『満月をしも』（一九七八年二月）に収録された。最晩年の遺言とも言える作品である。

石原は晩年近く、「断念の思想」を展開した。エッセイ「断念と詩」(『一期一会の海』)の中で、「もしここに一輪の花があるとすれば、その花は花以外のものであることを断念することによって、そこに花として存していると考えることができます」と述べる。

詩「哀愁 1」には、「花」ではなくて「林檎」が登場している。他であることを意志的に断念したために、獲得された物の「輪郭」が現われる。それが「林檎の哀愁」そのものになる。「意志」も「輪郭」も、あたかも物であるかのように硬質なのである。

くっきりと描かれた林檎のように、人は街に立たなければならず、そこから歩み去らねばならない。この地点に、この詩人の立ち位置がある。「歩み去る」を「死ぬ」と言い換えても問題はないであろう。死後の世界へと歩み去る詩人の覚悟の程がうかがわれる。

死後の風景――安西均

やがてやってくる死後の風景にほとんど触れてこなかった石原に対して、安西は晩年、死後の世界に思いを馳せる詩を数多く書いた。

落葉

こんな風景を見たことがあっただらうか。
あたりには一本の木もないくせに
なぜか枯葉がしきりに降ってゐる。
まるで何十光年かの果からのやうに。

これはいつどこで見た風景だらうか。
一本の木とてない道端で
年老いた掃除夫が一人かがみながら
のろくさと落葉をかき集めてゐる。
まるで無限につづく作業みたいに。

これはゆくりない、気まぐれの
既視感《デジャヴュ》にすぎないのであらうか。
それともいつかは一人で
見なければならなくなるはずの
死後の風景なのだらうか。
あの道路掃除夫は、
もう一人のわたしだらうか。

――『晩夏光』

この詩は、詩集『晩夏光』（一九九一年）に収録された。『晩夏光』には、晩年の身を慮る詩が溢れている。詩「落葉」も、己を「落葉」に託して晩年への思いを表現している。「あたりには一本の木もないくせに／なぜか枯葉がしきりに降ってゐる。／まるで何十光年かの果からのやうに」という第一連の表現に、原風景を見るような思いを持つ。この作者は、この風景に死後の世界を見ているのである。

この第一連は、ライナー・マリア・リルケの『形象詩集』に収められた詩「秋」の風景を彷彿とさせる。その第一連は次のようなものである、「木の葉が落ちる　落ちる　遠くからのように／大空の遠い園生《そのふ》が枯れたように／木の葉は否定の身ぶりで落ちる」（富士川英郎訳）。

その風景の道端に、落葉をかき集めている一人の「年老いた掃除夫」がいる。「わたし」は、その風景こそが「死後の風景」ではないか、と自問自答している。そして「年老いた掃除夫」に「もう一人のわたし」の予型を見るのである。

「死後の風景」を肉眼で見ることはできない。生きているという一線が、その境界を分ける唯一のことである。ただ「死後の風景」を想像することはできる。

この作者の「死後の風景」は、この世の風景と生き写しである。ただそこには、人影は極めて少ない寂しい風景が広がっているのである。

病気の手や指——石原吉郎

石原には、「病気」という題名を冠した詩が三篇ある。「病気の意味」（『詩の世界7〜8』一九七七年四月）と「病気」（『現代詩手帖』一九七五年一月）と次に取り上げる「病気の女に」（『鬼・32』一九六二年六月）である。三篇に共通している思念は、「病むことが生きることへの確証となる」（詩「病気の意味」）ということであり、「上衣」を比喩として用いて、それが「病気なのではなく、脱ぐこと着ることが病気」（詩「病気」）なのだということである。

病気の女に

だれもが　いちど
のぼって来た井戸だ
ことさらにふかい
目つきなぞするな
病気の手のゆびや足の指が
小刻みにえぐった

階段を攀じ
やがてまっさおな出口の上で
金色の太陽に
出あったはずだ
泣かんばかりのしずかな夕暮れを
それでも見たはずだ
花のような無恥をかさねて来て
それでもこわいのか
朝へ遠ざかるのが
病気の耳や
病気の手が
そのひとところであかく灯《とも》り
だれもがほっそりと
うるんで見えるなら
それでも生きて
いていいということだ
なべかまの会釈や
日のかたかげり
馬の皮の袋でできた
単純な構造の死を見すえる
単純な姿勢の積みかさねで
君とおれとの
小さな約束事へ
したたるように
こたえたらどうだ

――『サンチョ・パンサの帰郷』

この詩は、初め「病気の男」という題で書かれたが、なぜか発表時には「病気の女に」と改題された。「井戸」は病気そのものの隠喩であり、その深遠さが強調される。語り手は、階段を「病気の手のゆびや足の指」を使って攀じ、まだ昼間の明るさが残る「まっさおな出口」に辿り着き、そこで「金色の太陽」に再会し、「泣かんばかりのしずかな夕暮れを／それでも見た」のである。

「花のような無恥」という表現は秀逸である。なぜなら、「花」と「無恥」は、常識の世界ではかけ離れているからである。比喩するものと比喩されるものの、常識的な格差が大きければ大きいほど、その比喩表現は読み手に多大な喚起力を与えるからである。「朝へ遠ざかる」という詩行がやや難解である。夕暮れ時の金色の太陽は、「朝」の対極にある。やがてやって来る「朝」ではなくて、すでに通過したその日の朝であろうか。

病気の耳や手が置かれた場所であかく灯り、ほっそりとうるんで見えるなら、それは「生きて／いていい」という何者かからの肯定的なメッセージだと詩の語り手は言う。「なべかまの会釈」という箇所に辛うじて、「おれ」と名付けられた「病気の男」から、「君」と呼ばれた「病気の女」へと改題した動機が潜んでいるのかもしれない。

この詩では、「病気」が脊柱のように筋を通しているが、そのことが詩の韜晦性を和らげるものではない。

丹念に洗う手足の指──安西均

安西の最後の詩集となった『指を洗ふ』（一九九三年）には、死の予感が満ち満ちている。詩「山鳩」の「遠からず、わたしが／この世にゐなくなっても／あの樫の木は残るだらう」、詩「私の誕生月」の「〈世紀末〉最後の十年足らずが進んでゐる。／老いた私はこの或年に、たぶん世を去る」、詩「異界の厠《かはや》」にある「〈世紀末〉の最後の十年間が進んでゐる。／老いた私はこの十年の或年に、たぶん世を去る。／そんな強い予感を抱いて暮してゐる」。

死の予感だけではない。日常性の隠喩である厠を用いてあの世の代名詞である異界をも見通そうとしている。「異界にも独りで屈《かが》みこんでゐられる厠はあるだらうか。／手を洗ひながら見上げる夕空もあるだらうか」と最終連で述べる。安西の想像する異界は常に穏やかである。

安西が不安になるのは、異界そのものではなくて、「この世から異界に移る瞬間」（詩「凍蝶《いててふ》」）である。なぜであろうか。「きっとぶざまな姿をしてゐるに違ひない」からであり、「病院のベッドで管を何本も体に通したままか?」あるいは「朝か夕方には散歩する、遊歩道の／ベンチにうつ伏せ、片方のズックは脱げたままだらう」からである。しかし、それらの表現よりも凄味をもって私たちに迫ってくるのは、標題詩「指を洗ふ」である。

指を洗ふ

──雪の日の浴身《よくしん》一指《いっし》一趾《いっし》愛《かな》し　（橋本多佳子）
もしやと不安の思ひで再入院する、その前夜。
手の指、足のゆび一本一本を、
しづかに丹念に洗ってゐる。
折から戸外は、雪のしづけさ。
身に迫る何かを、追っ払ふやうに
口をすぼめて発声する、あの鋭い shi 音が
幾つも重なってゐて哀しい句だ。
近頃は風呂で、この句をよく口ずさんでゐる。
──何だか自分の屍体を洗ってゐるみたいな気分だな。

さう言へば、おれの屍体が剥がされ毟《むし》られるのは
　いつ、どこの大学の解剖室でだらうか。
その日は朝から雪が降ってゐるだらうか。
あるいは油蟬が鳴きしきる日だらうか。
しばしばそんな思ひで、手足の指を洗ふ。
もちろん、まだかうして生きてゐるあひだには、
ちびた石鹸くらゐのこんな小さな喜びはあるのだ。
——この夏はどうやら水虫が出そうにないな。

＊白菊会に〈献体〉の手続きをして。

——『指を洗ふ』

俳句を借用しながら、手足の指を丹念に洗っているのは、実は語り手その人である。そこでは、注でも明らかなように、献体の手続きをしてきた覚悟が詩に先立っている。またしても、肉体を隠喩にして異界を見通そうとしている。

手足の指を洗っている場所は、もちろん風呂場である。風呂場は、人間が赤裸々になる場所の比喩であろうし、与えられている肉体以外にはすべてを手放した人間の覚悟の比喩であろう。私はここから旧約聖書のヨブ記一・二一にある「わたしは裸で母の胎を出た。／裸でそこに帰ろう」を連想する。

語り手は、果して本当にすべてを手放したのであろうか。いや、そうではない。なぜなら、「水虫」が登場しているからである。それこそが、「ちびた石鹸くらゐのこんな小さな喜び」を与えてくれる「手足の指を洗ふ」微かな動機づけになり、生きている証になる。作者が生きているからこそ、「水虫」も生きられるのである。

安西はこうして、詩の中で自分の生死をとことん消費することによって、自分の詩を磨き上げ完成させて、〈末期の目〉（詩「森林よ」）をこの世へ残しながら異界へと旅立っていったのである。

重い復活の朝——石原吉郎

キリスト教最大の教義である「復活」を石原はどのように考え、捉えていたのであろうか。「完璧な死」が存在しなければ、「復活」の意味は不鮮明になる。石原は、詩「疲労について」という文脈の中でそれを熟考している。

疲労について

この疲労を重いとみるのは
きみの自由だが
むしろ疲労は

私にあって軽いのだ
すでに死体をかるがるとおろした
絞索のように
私にかるいのだ
すべての朝は
私には重い時刻であり
夜は私にあって
むしろかるい
夜にあって私は
浮きあがる闇へ
かるがるとねむる
そのとき私は
すでに疲労そのものである
霧が髭を洗い　ぬらす
私はすでに
死体として軽い
おもい復活の朝が来るまでは

――『満月をしも』

詩「疲労について」は、『詩の世界・1』（一九七五年五月）に発表され、最終的には、詩集『満月をしも』（一九七八年）の中に収録された。「私」から「きみ」への語りかけという手法を用いている。この「私」をただちに作者と同一視することには慎重でなければならないが、限りなく「作者」に近い語り手である。

同じ詩集に収録された詩「疲労」には次のように述べられている。

人はその疲労の軽さにおいて
はじめて断念の重さを
脱出する
疲労の裏づけがなければ
人ははじめから
断念なぞしないのだ
断念の永続の保証がないからこそ
人はようやく断念に至るのだ

詩「疲労」は、『現代詩手帖』（一九七七年十一月）に発表された。石原が死去したのが同年の十一月であるから、最晩年の作品ということになる。石原の風呂場での事故死が、ひとしきり自死と騒がれたことがある。それは、同年十月頃、「飲酒のあげく泥酔、また切腹の真似、深夜の電話など奇行が多くなった」（「年譜」）からである。そのような視点から「疲労」という詩を見てみると、かなり首肯できる内容になっている。

「疲労の軽さ」と「断念の重さ」が対照的に描かれている。背景に作者の心身の疲労が紛れようもなく見えている。詩が論理でないことは言うまでもないが、詩行の展開に粘り強さや丁寧さが欠けている。ただ、最晩年の作者が、「疲労」はむしろ軽いのだと考えていたことを詩「疲労」から読み取ればよいであろう。詩「疲労について」においても、「私」には疲労は軽いのだと断言する。

「すでに死体をかるがるとおろした／絞索のように／私にかるいのだ」という詩行からは、イエスの降架の場面が想起される。「絞索」が「疲労」の直喩になっている。詩においては、「絞索のように」という直喩が用いられているために十字架刑と関係がないように読めてしまうが、最終行の「おもい復活の朝が来るまでは」から推定すると、むしろ十字架から降ろされるイエスの姿を想起すべきであろう。

軽いもの——疲労、絞索、夜、闇、死体
重いもの——すべての朝、復活の朝

通常、「軽いもの」に挙げられたものは、私たちにとって「重いもの」ばかりであり、「重いもの」に挙げられたものは、私たちにとって「軽い」ものである。それがなんと希望溢れる「朝」が「重いもの」に挙げられているのである。その常識を覆す語り手の根拠は、「軽いもの」はすでにその役目を終えたものであり、「重いもの」はこれから始まるものであるから、ということにある。ここに作者のシベリヤの強制収容所体験が色濃く影を落とす。朝には再び、過酷な強制労働が始まるからである。

石原にとって重要な言葉「時刻」が登場している。「時間」と異なって、長さではなく一回性を強調するときによく使われる言葉である。その「時刻」に「復活」が位置づけられている。「復活」は、キリスト教の根幹をなす教義の一つである。その記事は、マタイ二八・一―一〇、マルコ一六・一―八、ルカ二四・一―一二、ヨハネ二〇・一―一〇に記されている。四つの福音書に一様に記述されることによって、「復活」は、キリスト教にとって最も重要な教義であることが分かる。石原が、「復活」を重く真摯に受け止めていたことを告知する言葉である

末期の目、復活の目——安西均

それでは安西は、「復活」をどのように受け止めていたのであろうか。

安西は、詩集『チェーホフの猟銃』の頃から、死に臨んだ詩人の目について、時折言及するようになった。詩「塀の上の目」においては、のら猫の目を借りて、「死後に見

る風景」について、詩「小半球」においては、「死後の空」について、詩「落葉」（『晩夏光』）においては、「死後の風景」について述べる。
　それらの風景に共通していることは、現実の日常の風景と大差がないということである。ただその風景には、全く人がいないか、のら猫が一匹か、年老いた掃除夫が独りしか登場していないのである。
　次に引用する詩「森林よ」は、詩集『晩夏光』（一九九一年）に収録されている。「復活」という素《す》の言葉を使うことなく、その内実を見事に表現している。

森林よ

――九〇年秋、東京奥多摩・檜原村

〈末期《まつご》の目〉になったら、隠されてゐるものが
見えるだらうか、ありありと。たとへば？

あの青空が隠してゐる　星座。
この森林が隠してゐる　無数の小鳥。
どの枝かを滑る　蛇。
幹を登る　蟻。

あるひは、末期には耳は聴くだらうか。
聞えるはずもない音を、まざまざと。たとへば？

朝霧が葉といふ葉のすべてを擦《こす》る　音。
植物細胞のなかを流れる液体の　響き。
細胞に含まれる色素アントシアンが、
森林をみごとに紅葉させていく　ざわめき。

ああ、森林。

――『晩夏光』

　詩「森林よ」の最初に出てくる〈末期の目〉は、青空や森林に隠されている、星座、小鳥、蛇、蟻までも写し取ってしまう「目」である。安西は再び、詩「実朝」の「ズームレンズのように見る」目を表現しているのであろうか。
　詩「実朝」において、過酷なまでに自分の運命と死を見てしまっていた目が、詩「森林よ」においては、死という厳粛な現実を見据えながらも、それゆえに自分を取り巻く自然の美しさの中で、隠そうとしても隠し切れない喜びや温かさのようなものを感じさせる。第三連においては、〈末期の目〉は末期の耳にもなるのである。
「復活」を詩によって表現することは、至難の業である。

しかし詩「森林よ」においては、日本の東京都奥多摩の檜原村の森林において、巧まずして表現しているのである。

まとめ

「生と死をめぐって」という主題のもとに、石原と安西の詩を対照的に考察してきたが、「死」を物として捉えようとする手法は両者に共通していた。石原の死の理解には、シベリヤ体験が色濃く影を落としている。少なくとも二篇の詩「デメトリアーデは死んだが」「脱走」がそうであった。

安西の詩は現実の体験に基づいているというよりも、その物語性の中にあって虚構性が強い。それはリアリティを持たないという意味ではない。詩「実朝」「炎昼記」「御堂筋」「指を洗ふ」は、他者の生涯や作品を援用しながら、自らの主張を読み手に鋭く提示しているのである。

文献

『石原吉郎全集Ⅰ―Ⅲ』、花神社、一九七九―一九八〇年

柴崎聰著『石原吉郎　詩文学の核心』、新教出版社、二〇一一年（本稿の「重い復活の朝」は、ほぼ本書からの引用である）

フランクル著、霜山徳爾訳『夜と霧――ドイツ強制収容所の体験記録』（「フランクル著作集1」）、みすず書房、一九六一年

エリ・ヴィーゼル著、村上光彦訳『夜・夜明け・昼』、みすず書房、一九八四年

落合東朗著『石原吉郎のシベリア』、論創社、一九九九年

多田茂治著『石原吉郎「昭和」の旅』、作品社、二〇〇〇年

『安西均全詩集』、花神社、一九九七年

『現代詩文庫17　安西均詩集』、思潮社、一九六九年

『世界　日本　キリスト教文学事典』、教文館、一九九四年

『チェーホフ全集15』『チェーホフ全集16』（神西清、池田健太郎、原卓也訳）、中央公論社、一九六一年

ユング著、小川捷之訳『分析心理学』、みすず書房、一九七六年

富士川英郎訳『リルケ詩集』（「世界詩人全集13」）、新潮社、一九六八年

柴崎聰（しばさき・さとし）

一九四三年、仙台市生まれ。一九六七～二〇〇八年、編集者として活動。現在、大学講師。博士（総合社会文化）。

日本キリスト教文学会、日本現代詩人会、日本詩人クラブ、日本キリスト教詩人会、各会員。詩集として『伏流の石』『溺れ滝』『裸形の耳』『フクロウは昔ネコだった』（以上、花神社）、『敦煌の風』（石文館）、『悲しみの岩』『テッセンの夏』『新・日本現代詩文庫10 柴崎聰詩集』『不思議な時間だった』『涙半分』『火の言葉』『香りの舟』（以上、土曜美術社出版販売）。評論として『詩の喜び 詩の悲しみ』『文学の比喩 聖書の比喩』『石原吉郎 詩文学の核心』（以上、新教出版社）。編集・解説『石原吉郎セレクション』（岩波書店）。

連載

文学作品における祈りの諸相（一）

『赤毛のアン』（*Anne of Green Gables*）における祈り

川原有加

はじめに

文学作品には実にさまざまな主題が設けられている。主題は、作品の骨格となる要素であり、作品を読み解いていく上で核となるものである。「祈り」も主題として成りうることがある。文学作品の中で、「祈り」は、宗教性が背景にある場合もない場合も、文学と宗教と双方の立場からの理解を深め、さらに文学と宗教の関連性を考察できる糸口となることがあり、主題としては実に有効なものであるが、「祈り」が意図するものは極めて大きい。そこで、本連載では文学作品を取り上げ、その文学作品を通して様々な「祈り」に触れていきたい。

第一回は、一九〇八年に出版されて二〇一八年にちょうど出版百十年を迎えた『赤毛のアン』（*Anne of Green Gables*, 1908）において、主要登場人物であるアンの祈りをみていくことにする。『赤毛のアン』を読んでいくと、聖書を基盤とした記述が随所に見られ、また、キリスト教徒としての日常生活の描写も多い。これは、『赤毛のアン』に見られる作者モンゴメリの文学世界がキリスト教観を基盤として成立しているからである。

作品の主題の一つに、登場人物の成長がある。この作品は、主要登場人物であるアンの十一歳から十六歳のときの物語であり、その間、アンは肉体的にも精神的にも大きく成長する。アンの祈りは、アンの成長の過程を探る要素の一つとなっていると言える。また、アンだけでなく、マシユウやマリラなどアンを取り巻く人々もある種の成長を遂げて、変化をしていくのである。今回は、アンの祈りを中心に、アンの変化と周囲の人々への影響を見ていきながら、そこに込められた作者モンゴメリの祈りに対する考えを読み解いていく。

一　作者と作品

一―一　作者の略歴

ルーシー・モード・モンゴメリ(Lucy Maud Montgomery)は、一八七四年、カナダのプリンス・エドワード島のクリフトンに生まれる。両親ともにスコットランド系の移民の子孫である。生後まもなく母と死別、しばらくして父も仕事のために島を去り、その後父は再婚したために、モンゴメリはプリンス・エドワード島で母方の祖父母に育てられる。一八九四年、シャーロットタウンのプリンス・オブ・ウェールズカレッジを卒業後、教員として小学校で働き始めるが、翌年、ハリファックスのダルハウジー大学に進学する。一八九六年、同校を卒業した後、再び教職に就く。その一方で、すでに十代のころから詩や小説を書いて新聞社や雑誌社に送り、採用されていたが、二十代になると数多くの短篇小説が採用されるようになり、原稿収入もあり、将来は作家になることを望んでいた。

一八九八年、祖父の死後、教職を辞し、祖母を助けながら祖父母が営んでいた郵便局の仕事にあたる。一九〇一年、のちに結婚する長老派の牧師ユーアン・マクドナルドと知り合う。また同年、夕刊紙の新聞記者として就職する。しかし翌年、新聞記者の職を辞し、再び祖母を助けての生活を始める。一九〇五年、『赤毛のアン』を書き終えるが、原稿は出版社に送ることもなくそのままにしていた。その原稿は、もともと、日曜学校新聞の連載にいい話がないかと創作ノートをめくっていたときに目に留まった新聞記事のメモ書きからヒントを得て書き始めたものであった。一九〇七年、屋根裏部屋で探しものをしているときに以前書いた原稿を見つけ、出版社に送る。五度目の挑戦となるボストンの出版社で受け入れられ、一九〇八年、出版への運びとなる。『赤毛のアン』は出版後、たちまちベストセラーとなり、「アン・ブックス」として続編が書かれることとなる。

一九一一年、祖母が亡くなると、マクドナルドと結婚し、二人の子供をもうける。モンゴメリは、牧師夫人の傍ら、作家としても活動し、三十冊を越える作品と一冊の詩集が出版される。一九四二年、トロントで六十八歳の生涯を閉じる。死因は明らかにされていないが、自殺したのではないかという説もある。

一―二　作品の概略

プリンス・エドワード島のアヴォンリーに住むクスバート家のマシュウとマリラ兄妹は、手伝いの男の子を雇いたいと考え、孤児院から男の子を引き取ることにするが、手違いで、やせてそばかすだらけ、特に赤毛であることに劣等感を持っている十一歳のアン・シャーリーがやってくる。マシュウとマリラはアンを孤児院に返そうとするが、二人はアンの様子に引かれ、アンを引き取って育てることにする。豊かな想像力を持ち、おしゃべりで、おしゃまなアンは、ことあるごとに大騒ぎを引き起こす。例えば、摘んだ花を帽子に飾ってとんでもない格好で教会に行ったり、親友のダイアナに間違えてブドウ酒を飲ませて酔っぱらわせたり、同窓生のギルバートに「にんじん」と言われ、ギルバートの頭で石盤を割ったり、そそのかされて屋根の上を歩き、落ちて骨折したり、いんちきな毛染めで髪の毛を緑色に染めてしまったりなど、騒ぎが絶えない。

やがて、アンは猛勉強の末、クイーン学院に一番で合格する。アンは、クイーン学院の一年間の教員養成課程を修了すると同時に大学の奨学金を受ける資格を得る。しかし、修了式の翌々日、マシュウが急死する。さらにマリラの目も悪くなっていて、グリン・ゲイブルスを売却しようとしていることを知ったアンは、大学進学を諦める。同じ時にクイーン学院を修了したギルバートが、アヴォンリーの小学校の教師の職をアンにゆずり、アンはアヴォンリーで教職に就くことになる。

二　当時の背景

作品を見ていく前に、作品の宗教的背景を少し整理しておく。

マシュウとマリラの両親は、スコットランドからの移民でプロテスタントの一派である長老派であり、彼らも長老派である。アンが彼らに引き取られることになったのは、アンのいた孤児院が同じ長老派の孤児院だったからと推測できる。長老派であるのはモンゴメリにも共通する。

一九世紀後半から二〇世紀前半ごろの教会は、地域の人々が一同に集まって話を聞いたり、良くないことをしたら悔い改める場所であり、人々の心のよりどころでもあった。プリンス・エドワード島にも多くの教会があり、人々は長老派とメソジスト派と両方の教会に行くこともあった。しかし、プロテスタントの人々がカトリックの教会に入ることはなく、両信者が交わることもなかった。[1]

モンゴメリは、長老派であることに誇りを持っていたようであることが彼女の日記からも読み取れる。例えば、モンゴメリは英国国教会の信者だった友人と教会に行ったとき、居心地の悪さを感じ、自分が長老派であることに心から感謝している。[2]

三　作品の検証

三―一　第七章

では、『赤毛のアン』の検証に入っていくが、ここでは、特に第七章と第八章に焦点を当てていくことにする。第七章と第八章はアンの祈り、ひいては作者モンゴメリの祈りに対する考えの核心部分に触れる章と言えるからである。

第七章は、アンの祈りについて最初に描写されている章である。第七章の題名は、「アンのお祈り（Anne Says Her Prayers）」であり、アンがグリン・ゲイブルスに来て初めてお祈りをするという数分間の出来事が描かれている全三十八章の中で最も短い章である。全三十八章の中には、何日もの出来事が一章になっているものも多くあるが、第七章のようにほんの数分間の出来事に一章を設けているのは、この章がいかに重要であるかが分かる。

アンがマシュウとマリラの元に来た翌日、二人に引き取られることが決まる。その夜、マリラがアンを寝室へ連れて行き、就寝前の祈りをするように促す。しかし、アンはお祈りをしないと言う。神のことをしらないかと問いかけたマリラに対し、アンは突然、次のような言葉を発する。

「神は愛にして無限、永遠に変わることなく、その知恵と力と神聖と正義と善と真は限りなく、変わることなし」（七四―七五）[3]

“God is a sprits, infinite, eternal and unchangeable, in His being, wisdom, power, holiness, justice, goodness, and truth,”（49）[4]

アンはこの言葉をすらすら言うことが出来る。アンが孤児院の日曜学校で覚えさせられたと言うこの言葉は、長老派教会の「簡略版教理問答集」の質問四の「神とは何か」の答えである。アンは、この言葉の特に「神は愛にして無限、永遠に変わることなく」の部分を荘厳で、大きなオルガンを弾いているときみたいで、詩のような響きであると気に入っている。アンは、大きなオルガンの壮大な音色と詩の持つ広大さが偉大な神の永遠性に重ね合わせながら感じ取っているのである。詩が好きなところは、作者モンゴメリと共通している。

マリラは、アンが全くお祈りを知らないわけではないことが分かり、少し安心するが、お祈りの意味を分かっていないことを痛感する。マリラにとってお祈りをしないことは、信じられないことであり、お祈りをしないアンを異教徒（heathen）と思う。この場面では、マリラの信仰の篤さと偏った考えを垣間見ることができる。マリラは小さな女の子がお祈りをすることを神様が望んでいると言うが、これは、子どもや女性という弱小者が、特に神の恵みを受けるものであり、そのためにも神に祈らなければならないことを意味している。

アンはお祈りを知らなかったのではなく、お祈りをしないようにしていたのであった。アンがお祈りをしないのは、自分の赤毛は神のせいであり、そのことでアンは神を信じられなくなり、憎んでいたからであった。また、引き取られていた先で双子の世話をさせられていて、忙しくてお祈りどころではなかったと言う。アンは、お祈りをしていなかったのは忙しさのせいであるとしているが、本当は赤毛が神のせいであることを聞いて神を憎んでいたために、神にお祈りをする気持ちにならないし、お祈りをしないようにしていたと考えられる。マリラは毎晩お祈りをしないことは、おそろしく悪いことでアンのことも悪い子ではないかと言う。さらに、アンがお祈りをしていなかったことを聞いて、マリラはますますアンの宗教教育を急がなければならないことを実感するのである。

赤毛について少し触れると、赤毛はスコットランド人やアイルランド人などのケルト系の人々に多い髪の毛の色であり、スコットランドからの移民を祖先に持つアン、ひいては作者モンゴメリのことを考えると妥当である。また、アンもモンゴメリも愛したプリンス・エドワード島の土の色が赤色である。これらのことを踏まえると、アンの髪の毛の色である赤は、アンを象徴する色彩として適していたとも言える。

マリラは、アンにグリン・ゲイブルスにいることを望むのであれば、お祈りをすることを促す。アンはグリン・ゲイブルスにいたい一心でお祈りをすることにする。アンの様子から、アンはお祈りを義務的なものとしか思っていないことが分かる。

マリラはアンにお祈りをするためにひざまずくように言うが、アンはひざまずくことに疑問を感じる。そして、アンがお祈りについて思うことを話し出す。

「どうしてお祈りをするときに、ひざまずかなくてはならないかしら。あたしがほんとうにお祈りをしたとき、どうするか教えてあげましょうか。たった一人で広い広い野原か深い深い森へ行って、空を見あげるん

だわ。上の上の上のほうを――底知れず青いあの美しい青空を見あげて、それからお祈りをただ心に感じるの。……」（七六）

"Why must people kneel down to pray? If I really wanted to pray I'll tell you what I'd do. I'd go out into a great big field all alone or into the deep, deep, woods, and I'd look up into the sky—up—up—into that lovely blue sky that looks as if there was no end to its blueness. And then I'd just FEEL a player. …" (50)

アンにとって、一人で広い野原や深い森に行き、空を見上げて祈ることが本当に祈ることであり、心からお祈りを感じることができるとアンは言う。そして、アンはひざまずいて祈る姿勢に納得がいかないのである。祈ることは、ひざまずくという姿勢の問題ではなく、義務や通例に束縛されない自分の祈りたい姿勢で自分の祈りたい言葉で祈ることが重要であることを示唆している。また、アンのお祈りは、野原の広さ、森の深さ、空の高さが強調されており、神から与えられた自然の広大さを暗示している。

しかし、マリラはアンの言葉を聞いてさらに戸惑い、アンの考えが理解できない。マリラは子供用のお祈りをアンに教えるつもりであった。しかし、アンは大人びていて一人で考えられる能力があると察知したことと、人間の愛を知らないだけであると感じたマリラは、アンにお祈りを自分で考えるように言う。マリラは、アンにお祈りには、感謝することと叶えて欲しいことをお願いすればいいと言い添える。早速アンは、自分で考えた言葉でお祈りを始める。

「恵みぶかき天の父よ、歓喜の白路や、輝く湖水やボニーや雪の女王に感謝いたします。まったく心底から感謝しています。お礼を言うことはいまのところ、それだけです。かなえていただきたいことはあんまりたくさんあるので、全部言ってる時間がありませんから、二つだけいちばん大事なお願いを申しあげます。どうかあたしをグリン・ゲイブルスに置いてください。それからあたしが大きくなったら美人にしてください。そかしこ。あなたを尊敬するアン・シャーリーより」（七七）

"*Gracious heavenly Father, I thank Thee for the White Way of Delight and the Lake of Shining Waters and Bonny and the Show Queen. I'm really extremely grateful for them. And that's all the blessings I can think of just now to thank Thee for. As for the things I want, they're so numerous that it would take a great deal of time to name them all so I will only mention the two most important. Please let me stay at Green Gables; and please let me be good-looking when I grow up. I remain,*

"Yours respectfully,

Anne Shirlye. (51)

アンは、以前聞いたことがある牧師が言っていたことを真似て「恵みぶかき天の父よ」という言葉から始め、心からの感謝と叶えて欲しい二つの大事なことを言う。アンの祈りは、アンが一番感謝をしたいこと、ここでは美しい自然についての感謝を述べ、アンが願いたい大切なことへと続く。一つはグリン・ゲイブルスにいることができるようになること、もう一つは美人になりたいことであった。グリン・ゲイブルスにいたいと願うことは、この時点でアンが最も叶えたい現実的な願い事である。美人になりたいと願うことは、アンが赤毛であることに劣等感を持っていることにもつながっている。二つの願いからアンの素直さが感じ取れる。そして、アンの祈りは手紙のように「かしこ」(Yours respectfully) で締めくくられる。アンの祈りは、口先ばかりですべての人への幸せを祈るような、偽善に対する真っ向からの挑戦と受け取れるのである。

その祈りを聞いて、マリラは言葉を失う。アンのお祈りがマリラの思っていたものとはかなりの格差があったのである。そして、アンは決して神を侮っているのではなく、宗教的知識が欠けていることをマリラは改めて思い知る。

アンは最後に「アーメン」と言わなかったことにすぐに気づくが、マリラはアンにそのことは問題がないので、眠るように言う。それを聞いたアンは、安心していい気持ちそうにベッドに入るのである。マリラにとっては、「アーメン」を付け忘れたのは大きな問題ではなかった。それは、アンは神のことを何も分かっていないので、何を言っても同じだということとアンのお祈りにすっかりあきれているという両方の意味があると考えられる。アンがいい気持ちそうにベッドに入った様子は、アンが自分の言葉で祈りをささげる時間を持てたことで、神を憎みながらも人並みに神に向かい合うことができたことに安心感を抱いている表れである。

アンはお祈りをよく分かっていないように見える。しかし、アンはお祈りを全く知らないわけではない。孤児院の日曜学校での出来事は、アンにとって十分な観察対象の場であり、アンは、日曜学校で覚えさせられた言葉もすらすら言えている。また、アンは、お祈りの言葉に音楽や詩のような印象を持ち、その美しさを気に入っている。アンがお祈りをしないのは、神がアンの髪の毛を赤毛にしたという憎しみの気持ちが勝っているからである。そして、アンは、ひざまずくという祈りの姿勢に疑問を抱くのである。アンにとってまだ神は敬う存在ではないと考えられる。また、アンは、自分でお祈りを心から感じることを重んじている。アンは、祈るという行為自体は重要であると考えている。祈りは心から捧げるものであり、心のこもっていない規則的で義務的に祈りをするというのとは根本的に異なったものなのである。アンは、グリン・ゲイブルスにいたいがために、マリラの教えに従ってお祈りに取り組むが、彼女が愛していた自然の恵みに感謝することを忘れていない。実は、アンは心から祈ることに真剣に向き合っているのではないだろうか。

アンのお祈りを聞いたマリラは、アンが宗教に対して無知だからと思い直し、翌日、牧師館で日曜学校の子供向けの物語を借りてきて、アンにお祈りを教えようと決心する。そして、マリラはマシュウにも状況を話し、アンに教育をしなければいけないことを再確認する。同時にマリラは、アンの教育は自分が神から与えられた試練であり、役目であることを実感するのである。第七章での出来事は、マリラ自身にとっての変化の始まりでもある。

三―二　第八章

続く第八章は、先ほどの第七章の翌日の出来事が書かれている。いよいよアンに対するマリラの宗教教育が本格的に始まるのである。

アンは、午後までクスバート家に置いてもらえることを聞いていなかった。クスバート家にいることができることを聞いたアンは、感激のあまり泣いてしまう。泣いてしまった理由はアンも分からないと言っているが、アンが幸福を感じたからであると考えられる。グリン・ゲイブルスでいることができるようになったことは、昨夜、アンがお祈りした大事なお願いの一つが叶えられたことになる。

アンは、昨夜のお祈りに関して、初めてだったので良くなかったことを反省し、ベッドの中で牧師のように長くて詩的なものを考えついたが、朝起きると思い出せなかったことを話す。このとき、アンはこれまでにも牧師のお祈りを十分観察していること、また、長くて詩的なお祈り、つまり状況を詳細に伝えながらも流れのある祈りをいいと思っていることが分かる。

マリラは、アンに主の祈りを覚えるように勧め、アンは主の祈りを覚えることになるが、その前にアンがグリン・ゲイブルスに掲げられている絵を見た場面は重要である。

アンは、マリラに主の祈りを書いたカードをとって来るように言われ、居間に向かうが、その行く途中に「こどもたちを祝福するキリスト」という題の着色石版画が掲げられていることに気づく。身じろぎもせずに立ってその絵を見ているアンに、窓の外からりんごの木と蔦の葉越しにさしこむ白と緑の光線が照らしているのをマリラは目にする。輝かしい光線、そして光線の色である白と緑は、純粋さと若々しさを表わす色彩であり、アンを象徴している。アンはその絵の状況、さらに絵に描かれている一人の少女であることを想像する。次の引用は少々長いが、アンの豊かな想像力が十分に発揮されている。

「そしてあたしもあの中の一人だと想像していたの。あの青い服を着て、まるであたしのようにだれも身内がないみたいに、たった一人すみっこに立っている女の子が、あたしだって想像していたの。あの子はさびしそうで悲しそうに見えるでしょう？　きっとお父さんもお母さんもないんだと思うわ。でも自分も祝福してもらいたいもんで、おずおずとみんなのそばへ近づいて行くの。イエス様のほかだれにも気がつかれたくないと思いながらね。あの子の気持がどんなだったか、あたしにはわかるような気がするの。あたしがここに置いてくださいって頼んだときみたいに、あの子の心臓はどきんどきん音をたてて手は冷たくなっていたにちがいないわ。イエス様が自分に気がつかないんじゃないかって心配しているんだけど、気がつくわね。あたしすっかり想像してみたの。——あの子が少しずつ近づいて行くうちに、イエス様のすぐそばまできてしまうの。そうするとイエス様はあの子をごらんになって、手をあの子の頭におのせになるの。ああ、うれしくてうれしくてあの子はぞくぞくするの。でもあの絵をかいた人がイエス様をあんなに悲しそうにかかなければいいのにと思うわ。良く見ると、イエス様の絵はどれもみんなそうだわ。でもほんとうはあんなに悲しそうなようすはしてないと思うの。そうでないとこどもたちはイエス様をこわいと思うでしょうもの」（八三—八四）

…"and I was just imaging I was one of the—that I was the little girl in the blue dress, standing off by herself in the corner as if she didn't belong to anybody, like me. She looked lonely and sad, don't you think? I guess she hadn't any father or mother of her own. But she wanted to be blessed, too, so she just crept shyly up on the outside of the crowd, hoping nobody would notice her—except Him. I'm sure I know just how she felt. Her heart must have beat and her hands must have got cold, like mine did when I asked you if I could stay. She was afraid He mightn't notice her. But it's likely He did, don't you think? I've been trying to imagine it all out—her edging a little nearer all the time until she was quite close to Him; and then He would looked at her and put His hand on hair and oh, such a thrill of joy as would run over her!" (55)

その絵は、何人かのこどもたちがイエスの周りにいる絵である。アンの詳細な想像は、まるで目の前に絵があるかのようである。アンは、自分がその絵に描かれているイエスからかなり離れたところにいる青い服を着た少女だと想像する。イエスの祝福をなかなか受けられないところにいる、祝福を受けるためにイエスに近づきたいがおびえているとアンは感じる。少女の服の色である青は、アンの不安をも暗示しており、アンが十分にイエスの祝福を受けられていないと感じていることも分かる。アンが自分を青い服を着た少女と想像したことは、そのときのイエスとアンとの距離とアンの心情を裏付けている。少女は救いを求めて近づいていくと、最後にはイエスから少女に手を差し伸べ、少女はイエスの祝福を受けるのである。イエスはまるで少女を包みこむように少女の頭の上に手をのせられるのである。その少女の状況はまさにアンが望んでいることなのである。

さらに、アンは、イエスの顔があまりにも悲しそうに描かれていることにも気になる。アンは、イエスの絵はどれも悲しそうに描かれているが、こどもたちがイエスをこわいと感じると思うので、イエスは本当はあんなに悲しそうではないのではないかとアンは思っているとマリラに話す。アンにとって、イエスは喜びを持って祝福をしてくれる存在なのである。アンの思いは、モンゴメリの思いの表れであると考えられる。マリラは、アンの言ったことは失礼だと言うが、アンは敬った気持ちであると答える。この場面でアンは、髪の毛のことで神を憎んでいる気持ちがある一方、神を敬う気持ちも持っていることが分かる。

アンは、マリラに勧められた主の祈りを書いたカードを数分間黙って熱心に読み出す。しばらくして、アンはマリラに「あたしこれ好きだわ」と言う。

「とても美しいんですもの。前にきいたことがあるの—孤児院の日曜学校の監督さんがこれを言うのをいつか聞いたんだけど、とてもがさがさした声でひどく陰気にお祈りしたわ。きっとお祈りって、いやなお勤めだと思っていたんじゃないかという気がしたの。これは詩ではないけれど、詩を読んだときとおなじ気持がするわ。『天にましますわれらの父よ、み名をあがめさせたまえ』まるで音楽みたいだわ。あたしにこれを覚えさせようとしてくださってほんとうにうれしいわ、……」(八五)

"It's beautiful. I've heard it before—I heard the superintendent of the asylum Sunday-school say it over once. But I didn't like it then. He had such a cracked voice and he prayed it so mournfully. I really felt sure he thought praying was a disagreeable duty. This isn't poetry, but it makes me feel just the same way poetry does. "Our Father which art in heaven, hallowed be Thy name." That is just like a line of music. Oh, I'm so glad you thought of making me learn this, …." (56)

アンが主の祈りを気に入った理由として美しさを挙げている。アンは、主の祈りが詩を読んだときと同じような感じで、さらに音楽的なところに感銘する。孤児院の日曜学校で主の祈りを聞いたときは、がさがさした声で陰気で印象を受けたが、主の祈りのカードを読むことで、アンは詩的で音楽的なお祈りに興味を持つことができたので、覚えるように勧めてくれたマリラに感謝するのである。このときアンは、主の祈りの詩的で音楽的なところに興味を持ったと言うが、単なるお祈りの言葉に引かれただけではない。主の祈りのカードを読む前に「こどもたちを祝福するキリスト」の絵を見たことが大きな影響を与えている。アンは、絵を見て想像力を膨らませていったことで、アンは今の自分の状況を理解し、神を敬う気持ちがあることを認識したのである。これまで主の祈りに対して陰気でマイナスの印象を持っていたのが、主の祈りの詩的で音楽的なプラスの要素にアンは気づくことができたのである。

　加えて、この章ではアンは、この後、親友となるダイアナの存在を知ることとなる。アンは、マリラにダイアナのことを教えてもらう。アンと同じぐらいの年齢ということでマリラの頭に浮かんだのがダイアナであった。アンは、これまで心の奥底を打ち明けられる仲のいい友達に出会うことを夢見てきたが、マリラの口からダイアナのことを聞いた時、ダイアナと親友になるという思いが叶うような気がするのである。この時は、アンにとって何でも好意的にとらえられるようになっている。これはグリン・ゲイブルスにいることができるようになったという祈りによる願いが叶えられたこと、主の祈りという興味深い祈りに出会えたことが関係しているのである。実際、第十二章でダイアナに出会うことができることで、またアンの願いが叶うことになるのである。

　こうして、アンにはグリン・ゲイブルスという家ができ、マシュウとマリラの元で生活していくことで祈る環境が整い、自然と祈りをいっていくようになる。そして、さらなる幸せを実感していくのである。

三―三　第八章以降

　第七章にもあったようにアンは祈りについて自分の信念を持っている。それが第十章の次の場面でより明確になる。

　マリラは、アンに次のようなことを言う。

「いい子にさえなれば、いつでもしあわせなのですよ、アン。そうなれば、けっしてお祈りを唱えるのはむずかしいなんて思わなくなるだろうよ」（一一二）

"If you'll be a good girl, you'll always be happy Anne. And you should never find it hard to say your prayers."（75）

　このマリラの言葉を受けて、すかさずアンは、次のように答える。

「お祈りを唱えるのと、お祈りをすることはおなじじゃないわ」（一一二）

"Saying one's prayers isn't exactly the same thing as praying,"…（75）

　マリラは、しあわせへの感謝を示すアンにとって、いい子になることがよりしあわせになり、お祈りを唱えることも難しくなく、素直に唱えることができると考える。その時、アンは、マリラに鋭い指摘をする。アンは「お祈りを唱える」行為と「お祈りをする」行為を区別しているのであった。「お祈りを唱える」は、原文では「saying one's prayers」であり、お祈りの言葉を言っているにすぎない。「お祈りをする」は動詞の「pray」である。アンが以前にも言っているように、アンにとってお祈りをすることは、心から行動を起こして祈ることであり、単にお祈りの言葉を唱えるではないことを意味している。ここにモンゴメリの祈りに対する考えが表れている。

やがて、アンはクイーン学院を受験し、一番で合格する。クイーン学院の合格が分かった日の夕方、アンはアラン牧師の夫人と話す。

> よろこびに満ちたこの夕方、最後に牧師館でアラン夫人と短いまじめな話をしたアンは、自分の部屋のひらいた窓べにひざまずき、月の光をあびながら、心から感謝と希望の祈りをささげた。それには過去への感謝と未来へのうやうやしいねがいがこめられていた。そして眠りについたときには、乙女らしい、このうえなくはなやかな輝かしい、美しい夢を見たのだった。
> (三七七)

> That night Anne, who had wound up the delightful evening with a serious little talk with Mrs. Allan at the manse, knelt sweetly by her open window in a great sheen of moonshine and murmured a prayer of gratitude and aspiration that came straight from her heart. There was in it thankfulness for the past and reverent petition for the future; and when she slept on her white pillow her dreams were as fair and bright and beautiful as maidenhood might desire.
> (253)

アンはこれまでの人生、そしてクイーン学院に合格したことを心から感謝し、これからの生活への希望の祈りを窓辺にひざまずいて捧げる。グリン・ゲイブルスに来て、初めてお祈りをした夜、ひざまずくことに疑問を感じたアンであったが、ここでは自然とひざまずく姿勢で祈る。そして、その夜のアンは、乙女らしいはなやかな輝かしく美しい夢を見たのである。アンにとって、心から祈りを捧げることができ、そして神を敬い、信仰をより深めることができたと言える。それは、アンがグリン・ゲイブルスに来て、マリラやマシュウなど多くの人々の愛情を受けながら、様々な経験をし、成長を遂げたことが大きいと考えられる。

一年後、クイーン学院を修了したアンはグリン・ゲイブルスに戻る。アンは、無事家に帰ることができた喜びとともに周囲の自然風景のすばらしさに改めて感激する。

「ああ、ダイアナ、家に帰るって、すばらしいわね。

あのピンク色の夕空に、もみの森の尖った天辺が映えているわ、それに、白い花盛りの林檎の果樹園に、久しぶりの《雪の女王様》、なにもかも懐かしい眺めだわ。ミントの匂いってすがすがしいわね。それに、ティーローズもいい匂い。歌と希望と祈りを、一つにあわせたような香りだわ。そして、ダイアナ、あんたにまた会えて、嬉しいわ！」[6]

"Oh, Diana, it's so good to be back again. It's so good to see those pointed firs coming out against the pink sky—and that white orchard and the old Snow Queen. Isn't the breath of the mint delicious? And that tea rose—why, it's a song and a hope and a prayer all in one. And it's GOOD to see you again, Diana!" (280)

色彩という視覚的表現、花の匂いを捉えた嗅覚的表現など五感表現が丁寧になっており、強い感謝の念がみられる。アンはその様子を、歌と希望と祈りが一緒になったようであると表現する。アンが大好きな歌と感謝を表わす祈り、そしてクイーン学院を修了したアンが抱いていた希望が一緒になるのである。これは、祈りが歌と希望と同位置にあり、それが合わさった強力なものであることを意味している。宗教に対して無知であり、人間の愛に飢えていたアンが、真剣に祈りをした最初の夜の気持ちを大切にし続けながら、グリン・ゲイブルスで幸せな人生を歩んできたことを体全体で感じ取った瞬間であった。

アンは、クイーン学院に進学し、大学の奨学金の資格を得るが、マシュウが急死し、さらに目がだんだん悪くなっているマリラは、グリン・ゲイブルスを売ろうと考えていることが分かる。結局、アンは進学を諦め、ギルバートが地元の学校の教師の職をアンにゆずり、アンは地元で教職に就き、グリン・ゲイブルスに残ることになる。そのことがきっかけで、長い間絶縁状態だったギルバートと仲良くなることができ、アンはまた新たな希望を抱いて生きていくことになるのである。アンがやっと自分自身を素直に受け入れることができたのである。

まとめ

アンは、グリン・ゲイブルスに来るまでは、神のこともよく知らず、お祈りもしていなかった。それは、孤児院で十分な環境に恵まれていなかったわけではなく、自分の赤毛が神のせいであると思っていたからであり、神は敬う対象ではなく、憎んでいたという理由が強かったと考えられる。しかし、彼女の運命を変えたのは、孤児院からマシュウとマリラ兄弟に引き取られることになったことであった。彼らは最初、アンを孤児院に返そうとするが、アンの様子をみているとアンを引き取ることを決意する。彼らは、彼らにはないものを持っているアンの不思議な魅力に知らない間に取りつかれてしまったのである。

一方、グリン・ゲイブルスが気にいったアンは、グリン・ゲイブルスにいたいがためにマリラの言うとおり夜のお祈りをすることにする。しかしアンは、まず、ひざまずいて祈る姿勢に疑問を感じる。また、アンは、孤児院でいたとき、教理問答集の言葉を詩のような響きがあるので覚えていたが、どのような言葉で祈ったらいいかも分からず、マリラに聞く。マリラからは感謝と叶えて欲しいことを願うようにアドバイスされる。アンにとって、祈ることとは、自然の中で心から祈ることを意味し、それが「真実の祈り」であった。アンは、プリンス・エドワード島の美しい自然への感謝とグリン・ゲイブルスにいることができることと美人になりたいという願いを祈り、最後に「かしこ」をつける。その祈りを聞いて、マリラは茫然となる。マリラは、アンは単に神のことを知らないだけであることを察知し、アンに宗教教育が必要なことを感じる。しかし、アンにとってはこの時点ではまだグリン・ゲイブルスにいれるかどうか分からないが、安心して気持ちよく寝ることができるきっかけとなる祈りだったのである。

また、第七章では、マリラの信仰についても垣間見ることができる。アンがお祈りをしたことがないと聞いたマリラは、アンを「異教徒」と思うのである。アンが、孤児院で覚えさせられた教理問答集の言葉をすらすら言ったことでマリラは安心するものの、マリラにとって神に祈らないというのは、信じられないことであった。さらにアンの祈りの言葉にも衝撃的だったマリラは、アンに宗教教育を行うことを決意するが、それは、神から与えられた試練であり、自分に与えられた役目だと感じる。

翌日、早速マリラはアンに主の祈りを書いたカードを読むように勧める。アンは、主の祈りも言葉の美しさを気に入る。やがて、アンは、マシュウやマリラらの周り人々の愛情を受け、親友ダイアナと出会い、やがてグリン・ゲイブルスの生活にも慣れていき、自分の存在価値を体得していくようになる。アンは、グリン・ゲイブルスでの生活に幸福を感じ、自然と神に感謝し、神に祈りを捧げ、神を敬うようになる。

アンが最初からこだわったのは、心から祈ることである。お祈りをしたことがなかったアンであったが、祈りについては「心から祈ること」と答えている。また、「お祈りを唱える」ことと「お祈りをする」ことの違いにアンはこだわり、マリラも驚く。「お祈りを唱える」ことはただお祈りの言葉を発するだけにすぎず、「お祈りをする」というのは、「祈る」という行動を起こすことなのである。アンにとって「祈る」とは心からの祈りを指している。アンの祈りによって、単なる義務や習慣になっている祈り、ひいては何気ない日常の信仰生活に疑問を投げかけ、心から神への感謝を示して祈る「真実の祈り」が重要であることが提示されている。

　アンは祈りを詩的で音楽的な面から好意を持つ。グリン・ゲイブルスにいたいがために捧げるようになったお祈りであったが、アンは毎日お祈りをすることで願いが聞き入れられたり、グリン・ゲイブルスの生活で幸せを実感するようになり、祈りの意味を知るようになるのである。やがてアンは、神への感謝と敬意を示し、心から自然に祈ることが出来るようになる。

　このように、アンの祈りをとおしてアンの成長過程を見ることができる。さらに、アンの祈りは、マリラやマシュウなど周囲の人々にも多大な影響を与えている。『赤毛のアン』におけるアンの祈りを中心とした祈りに対する考えや姿勢は、物語を支えるものの一つであり、作者モンゴメリのキリスト教観が投影されているのである。

注

1 野沢あおい『アンの島への旅』、編集工房ノア、二〇〇二年、九五―九六頁。

2 L・M・モンゴメリ『モンゴメリ日記②（一八九三―一八九六）十九歳の決心』、メアリー・ルビオ、エリザベス・ウォータストン編集、桂宥子訳、立風書房、一九九五年、二〇頁。

3 L・M・モンゴメリ『赤毛のアン』、村岡花子訳、新潮社、一九八七年（改版）。以下、注以外の引用は括弧内にページ数を示す。

4 Montgomery, L. M. *Anne of Green Gables*. New York, Starry Night Publishing. Com, 2013. 以下、引用は括弧内にページを示す。

5 川端有子『少女小説から世界が見える』、河出書房新社、二〇〇六年、一五七頁。

6 L・M・モンゴメリ『赤毛のアン』、松本侑子訳、集英社、二〇〇〇年、四一九頁。

本稿は、日本キリスト教文学会関西支部夏季大会〔二〇一八年八月四日〕での口頭発表に加筆修正したものである。

川原有加（かわはら・ゆか）
日本大学大学院総合社会情報研究科博士後期課程修了。博士（総合社会文化）。専門はファンタジー文学研究、文学テクストの色彩表現研究など。著書に『比較生活文化考』（共著、ナカニシヤ出版、二〇一二年）、『「ホビット」を読む――『ロード・オブ・ザ・リングズ』への序章』（かんよう出版、二〇一三年）、『C・S・ルイスの贈り物』（共著、かんよう出版、二〇一三年）、『「指輪物語」と「ナルニア国年代記物語」における色彩表現』（かんよう出版、二〇一六年）。主な論文に「チャールズ・ウィリアムズ *All Hallows' Eve* における祈り」（『キリスト教文学研究』第三五号、二〇一八年）など。

声

海を越えて（七）オーストラリア編

オーストラリアの主な神学校紹介

金　聖　泰

前回は私が学んでいるメルボルン神学校（University of Divinity）を紹介しましたが、今回はその他の主な神学校を紹介したいと思います。現在オーストラリアの代表的な神学校としては、メルボルン神学校、ＡＣＴ（Australian College of Theology）、シドニー神学校（Sydney College of Divinity）が挙げられます。学校の規模としては、前回紹介したメルボルン神学校が最も大きく、次いでＡＣＴ、シドニー神学校の順になります。

ＡＣＴはメルボルン神学校とは異なり、政府の法令ではなく自発的な必要によってできた連合神学教育機関です。一九世紀末に設立された聖公会神学校が母体となっていましたが、後に他校との連合を始め、現在は一六の神学校が共に神学教育を担っています。メルボルン神学校の場合、そのほとんどの神学校がヴィクトリア州の中にありますが、ＡＴＣに属する神学校はオーストラリア全域と隣国ニュージーランドに散在しているという特徴があります。またＡＣＴには多数の超教派のバイブルカレッジが属しており、学問と現場における働きのバランスを強調するという学風としても知られています。一六の神学校の内、博士号（Ph.D.）まで提供しているのは八校で、ＡＣＴの中には神学的にやや保守的な立場にある学校が多いということもその特徴のひとつです。

ACTに属するLaidlaw College

　シドニー神学校（Sydney College of Divinity）は、メルボルン神学校やＡ

シドニー神学校の卒業式

CTと比べて歴史が短く、学校の規模も比較的小さいです。シドニー神学校は一九八三年に六つの神学校が連合してできた学校であり、現在は九つの神学校が共に神学教育を提供しています。ひとつの地域に基盤を置いた連合神学教育機関という点ではメルボルン神学校と共通していますが、シドニーに位置している主要教派の神学校（聖公会神学校、連合教会神学校、バプテスト神学校など）が属していないという違いがあります。シドニー神学校の他の特徴としては、英語以外の言語で神学教育を行っているという点が挙げられます。神学への興味はあるが、言語的問題を抱える韓国人移民がシドニー地域に多いということを受け、シドニー神学校は韓国語で神学教育を行う韓国語学部（Korean School of Theology）を設けました。現在韓国語学部は一つの神学校（college）として認められてはおらず、シドニー神学校の本部直属機関という位置にあります。しかしその規模は少しずつ大きくなっており、シドニーだけでなくブリスベンやメルボルンにもキャンパスを置き、英語に不自由な韓国人移民に神学の機会を提供しています。

オーストラリアの主な神学校が、どれも一つの教派によるのではなく連合した神学教育機関であることは注目に値すると思います。恐らくこれはオーストラリアのキリスト教史においてエキュメニカルな精神と伝統が与えてきた影響の大きさを反映しているのでしょう。建国当初からオーストラリアは既存の「キリスト教的」な文化と秩序を見直そうと姿勢を持っており、政府もまた政教分離という意味での世俗化（secularisation）を目指していました。その端的な例として、オーストラリア初の教育機関であったシドニー大学やメルボルン大学に意図的に神学部を設けなかったことが挙げられると思います。ヨーロッパの聖職者が有する既得権に対する庶民の懐疑的な視線は、英国の囚人たちにより始まったオーストラリアの歴史の中でより厳しくなり、教派間の争いは人々の非難の的となりました。そのような雰囲気の中、教会と神学校の協力と連合は共存のための

NCCA エキュメニカルフォーラムの礼拝

道を示してくれたのだと思います。争うよりも互いの違いを認めた上で対話し協力できることを見出だしてきた歩みは、オーストラリアのキリスト教史における重要な側面であります。そのひとつの結実として長老派、メソジスト、会衆派が連合してできた教団であるオーストラリ連合教会（Uniting Church in Australia）があります。異なる教派と伝統にある神学生たちが互いを尊重し学び合うというオーストラリアの神学校の環境は、これからもこの国において各教派が持続的に対話し協力し合える土台となり続けるでしょう。

金聖泰（キム・ソンテ）
関西学院大学卒業、同大学院前期課程修了。在日大韓基督教会牧師。現在、オーストラリアのメルボルン神学校にて留学中。

声なき声（七）

～西日本豪雨、広島でのボランティア～

中村　香

ついにこんな日が来ようとは。ボランティアをしながら「しんどい」と思う日が…。今年の七月、平成最悪の被害と言われる土砂災害が起こった。西日本豪雨である。日本聖公会神戸教区では被災者支援室が立ち上げられ、倉敷と広島にボランティアセンターを設置、ボランティアの受け入れが始められた。私は解体の仕事が忙しかったが、「ボランティアに行かせて下さい！」と何とか休みをもらい、広島にボランティアへ行った。どうしても広島へ行きたかったのは、そこが私の生まれ故郷だからである。

「ボランティアが明日来るって言うけー、昨日は興奮して眠れんかったんよ！」。懐かしい広島弁で迎えてくれたのは、広島は坂町の水尻さんだった。坂町は被害の大きかった地区で、十六名もの方が亡くなられた。行方不明者が未だ一名おられ、毎日百二十人体制で捜索が行われていた。そこら一帯の家は半分が土砂に埋もれている。「みんな諦めとるよ。毎日毎日一人で穴掘っとるんはわしだけじゃ。本丸出てこーい！」

そう叫ぶ水尻さんの探し物は、金庫。アメリカ製の防水の金庫だという。毎日五時半から一人で作業を始め、避難所である公民館に戻り、洗濯をし、ご飯をもらい、夜は車中泊という生活をしているという。昨日、ＤＲＴ（Disaster Relief Training）という重機ボランティアの人に「何をしているんですか？」と話しかけられ、ＤＲＴにボランティアに来た私たちがここで働くことになったのだ。毎日一人でブ

台所いっぱいの土砂を出す

ツブツ言いながら作業をされていたらしく、作業中のおしゃべりが止まらない。一人での作業は本当に大変だっただろうなと想像する。

　八月の暑さ真っ盛りの中、広島でのボランティアが始まった。金庫は台所の床下収納の横に置いたらしく、それがそのままあるのか、浮いて部屋に出て来たのか、はたまた流されてしまったのか、分からない。大量の土砂に加え、どこからか湧いてくる水で、家は悲惨な状態になっていた。まず、水中ポンプで水を出すことから始める。

　水尻さんは毎日、台所の土砂を窓から軒下へ（窓は半分埋まっている）、軒下からまた外へ（外の土砂は一段高くて家の周りを囲っている）、というのを「エイエン」と繰り返されていた。現場に重機とダンプも来たのだが、重機は軒下の土砂をあれよあれよと言う間にかきだし、ダンプはそれを運んで行った。「わしの一ヶ月分の仕事を一瞬でしよるー！」と水尻さんは目を丸くしておられたが、その作業を一人で続けてきた水尻さんにこちらが目を丸くする。しかしながら家の中の作業は、重機ではできない。人海戦術しかないのだ。

　台所の土砂出しの作業は過酷だった。想像していただきたいのだが、夏の一ヶ月、土砂と水に浸かっていた台所である。相当な匂いだ。熊本地震のボランティアで冷蔵庫の中身の処理もしたが、不謹慎ながら「ウギャー‼」という言葉無しにはできない作業であった。経験したことがあるからこそ、体が拒否反応を起こしているようだった。「ウプ」、マスクの下で息を止めながら作業する。水を含んで土が重い。暑さの中での作業。最初は二十分作業して休憩だったが、時間が経つにつれ、十五分、十分と、時間が縮まる。体力は消耗され、ヒーヒー言いながら土砂を出す。最終的には「ラストスパート五分！」と言いながら、フラフラになって作業した。

「解体の仕事しとるんじゃったら日給月給じゃねぇ。それこそマイナスじゃのー。ボランティアに来てくれてありがとうのう。」水尻さんがそう言ってくれた。そして言われて初めて気がついた。日雇い労働に有休はない。そう、仕事に出ないこと、それだけでマイナスなのだ。熊本地震のボランティアに通っていた時は、仕事をしていなかったので収入がないことが当たり前だったが、仕事をしている今、仕事を休んだうえに無償の奉仕というボランティアをしている自分は、正気なのだろうかと思うようになった。そして毎日肉体労働をしているのに、休みの日にもボランティアで肉体労働をしている自分が、他人事のように信じられなくなってきた。

　九州北部豪雨のボランティアにも通っていたので、土砂出しは慣れたものである。しかし毎回泥を目の前にすると、途方もない道程を考える。家の中の泥を出し、泥にまみれた家具や物を捨て、床下をバールで「エイヤー」とはぎ、床下の泥を這いつくばって出し、乾燥、消毒し、床下を張り、家具を揃え、元の暮らしへ戻して行く。泥を前に、被災者の方の途方も無い労苦をつくづく想う。そして自分がかきださなければいけない泥を見、臭い泥に見(まみ)え、心が折れてしまった。「しんどい…」。

ボランティアを「しんどい」と思うのでは、もう終わりだ。熊本地震でボランティアを始めてから二年半。仕事をしながらも色んなボランティアをして来たが、こんな日が来るとは…。恥ずかしい話であるが仕方がない。これが今回私の直面した、正直な思いであった。

だが現実はもっと厳しかった。私がいくら「しんどい」と思おうが、今ボランティアは切に求められており、どんな思いを持っていようが非力であろうが、その一つひとつの手が必要とされていた。そんな時代に来ているような気がする。ボランティア論を論じている暇があれば手を動かせ、という所だろうか。

そう、だから私は、スコップを握り直す。しんどくてもなんでもいいから、土砂出しをする。「ボランティアが来ている時に本丸が出んかったら、わしは諦めて解体する時まで待たんといけん」との水尻さんの言葉に、ボランティアが来て喜んでいる水尻さんの姿に、自分の心を奮い立たせた。

二日目、ついにチェーンソーが登場、床板を切ることになった。キュイイイイイン！チェーンソーの音が響き渡る。「これじゃないですか？」床下に溜まっている水と泥に押されるように浮いていた四角い箱。「うおおおお！やった――‼金庫じゃ――‼」ついに金庫が見つかった。泥水からすくい出し、家の外に持って行き、水で洗う。雑巾で拭きながら水尻さんは笑顔でしかし、「ほんまに水入っとらんかな。これで入っとたら金庫返品じゃー」と不安な様子。泥水の中からたまたま発見したという鍵を回し（そっちの方が奇跡じゃないかという声多数）、そう

台所の床下が見えてチェンソー登場

金庫が出て来て満面の笑み

っと開けてみると…。浸水していなかった。「やった――――！」みんなで歓声をあげる。そこには大金と、色んな書類、宝石類など、様々なものが入っていた。「みんなほんまにありがとう！写真撮って！写真いっぱい撮って載せて！」。（一体どこに⁉）、と思いつつバシャバシャ写真を撮る。「今日はこれで終わりにして、美味しいもん食べに行こうや」。みんなでスーパー銭湯に行って泥を落としサッパリしてから、お言葉に甘えて中華料理で大宴会。お腹がはち切れるほど頂いた。

「これで今日からゆっくり寝れる。今まで必死じゃったけど、これから悲しさが来るんかいのぉ…」。水尻さんがボソッと言った。

水尻さん、実はこの豪雨災害で一緒に住んでいたお母さんと叔母さんを亡くされたのだ。水尻さんは外出しており、お母さんと叔母さんは上がって来る水から逃げられず、直前まで水尻さんと電話をしながら亡くなられたという…。「見殺しにしたようなもんじゃ」。会ってすぐにこの話をお聞きしたのだが、心が潰れた。息が詰まった。それでも水尻さんが明るく元気に話し、作業されていたので、自分も心を切り替えようと思った。そうやって作業しているうちに、亡くなられたことを忘れてしまったりした。被災地でボランティアをしすぎて感性が麻痺してしまったのだろうか。心の切り替えは必要なのだが、心の持ちようが分からない。作業しながら忘れたことは自分でショックだった。「しんどい」と思ったことも含め、それが私の今回のボランティアだった。二人のご冥福を心からお祈りしたい。

金庫が出て来たのは八月五日のことであった。八月六日は原爆記念日なので、平和公園に行ってから熊本に帰ろうと思ったが、「これから悲しさが来るんかいのぉ」と言った水尻さんが気になり、午前中だけでもと思い会いに行った。車中で八時十五分を迎え、町内放送のサイレンと共に黙とうを捧げる。水尻さんは金庫が出て来たにもかかわらず、その日も五時半から作業されていた。明日で災害から一ヶ月。今日は原爆記念日ということで各番組が取材に来ており、水尻さんは引っ張りだこであった。

今日の作業は、「縁側に飾っとったGショックの時計、三万円するんじゃ！。探そうかのう！」とのこと。少し掘ったものの、今までの疲れと昨日の達成感で、やる気が出ない。無理して自分で行こうと決めたのに、またこのザマである。もう苦笑しか出ない。でもそれは他のボランティアも一緒だったようで、「昨日出てきたお金で新しいGショック買ってください！」とか、「出てきても水尻さんのやることなくなるからまた隠そう」と冗談を言ってみんなで笑い合った。結局腕時計は出て来なかった。「よし、これからまた一人で掘ろうかのう！」と言うやはり元気な水尻さんと別れを告げて、熊本に帰った。

お盆休みが取れたので、懲りずにまた坂町へ行った。水尻さんに会いに行ったら、相変わらず家で作業しておられた。「おー！久しぶり！ジャーン！」。外したゴム仕様の軍手からは汗がしたたり落ち、ふやけている指。そしてその手首には、白いGショックが輝いていた。眩しい…。

悲しみの中でも希望を失わず、目標を立て、誰に言われなくても自ら作業する。「性格じゃけーのー」と探し物をする姿は、夢を追う男のロマンにも思えてきた。

水尻さんに脱帽である。

中村香（なかむら・かおり）

二〇〇五年韓国人と結婚し、渡韓。韓国の牙山、陰城で帰農した後、八年間の韓国生活を終え来日し、神戸へ。熊本地震をきっかけに熊本に移住。現在女性の解体工として奮闘中である。

声

ハンナ・アーレントとハイデルベルク

岡田勇督

現在、ドイツの出版界では「アーレント・ブーム」とでも呼ぶものが起こっている。ドイツに生まれたユダヤ人であったハンナ・アーレント（Hannah Arendt, 一九〇六―一九七五）は、ナチズムが台頭する中でアメリカに亡命を余儀なくされ、その生涯を通して全体主義と思想的に対決した哲学者であった。そのような彼女の業績が改めて注目を浴びているのである。

手始めにアーレントに関する近年の出版物をチェックしてみると、ここ数年で出た入門書だけでも数冊が数えられる（例えばグリット・シュトラーセンベルガー著『ハンナ・アーレント入門』増補版 Junius 社、二〇一八年）。その他にも、アーレントによる短い文章を文庫や新書サイズで提供する試みも多々見受けられる（『我ら難民』レクラム社、二〇一六年、『自由であるという自由』dtv 社、二〇一八年。どちらも六四頁という短さ！）。このように、単にアーレントに関する専門研究だけではなく、彼女の思想を一般の読者に手の届く形で提供しているのが、この「アーレント・ブーム」とでも呼ぶべき現象のひとつの共通点であると言えよう。

このような出版状況は、もちろんドイツの置かれている政治的・社会的状況を反映している。二〇一七年の選挙以来、ドイツの政治状況は混迷を極めている。与党のキリスト教民主・社会同盟（ＣＤＵ・ＣＳＵ）は第一党にとどまったものの、難民の受け入れに反対する右派政党「ドイツのための選択肢」（ＡｆＤ）は第三党へと躍進し、最新の世論調査では第二党の社会民主党（ＳＰＤ）を抜く勢いすら窺える。もしこのような右傾化が全体主義に通じうるようなものなのであれば、ユダヤ人としてドイツから逃れ、ナチズムと思想的に対決したアーレントが参照されるのは、当然のことかもしれない。

余談であるが、筆者が現在研究のために滞在していたハイデルベルクにも、アーレントのドイツ時代の足跡が残っている。彼女は一九二四年にマールブルクでハイデガーに師事し、一九二五年にフライブルクでフッサールの講義に参加したのち、一九二六年ハイデル

ベルクに赴いてカール・ヤスパースのもとで博士論文『アウグスティヌスにおける愛の概念』を執筆した。アーレントの住んでいた家は、ハイデルベルクが誇る城、それを戴く山の中腹ほどにあったが、現在は残念ながら取り壊されてしまって存在しておらず（写真右上）、ただ偉大な哲学者がかつてここに住んでいたことをしめす案内板だけが残されている（写真左上）。

　筆者は一度、マールブルクに赴いた際にもアーレントのかつての住居を訪ねたことがある。マールブルクも小さな山上にかつて城を有し、その山腹に旧市街を広げる小さな大学都市である。アーレントの家は、ここでもその山の中腹に位置し、ひっそりと案内板を掲げていた（写真下）。

　ただの偶然かもしれないが、マールブルクでもハイデルベルクでもアーレントは街を見下ろせる小高い場所に住んでいた。彼女は見晴らしの良い場所が好きだったのではないだろうか。

　街が生きて呼吸するさまを、アーレントは見晴らしのいい高い場所から見守りつつ、研究に明け暮れていた。同じように、彼女はその透徹した哲学理論でもって、私たち現代人が行こうとしている先をも見通しているようである。めまぐるしく速度をあげて動いてゆく時代には、アーレントの哲学が可能にしてくれるような理論的俯瞰が求められているのかもしれない。

岡田勇督（おかだ・ゆうすけ）

京都大学大学院文学研究科キリスト教学専修単位取得満期退学。二〇一六年から二〇一八年までドイツ・ハイデルベルク大学に留学。二〇一八年から同国ハレ・ヴィッテンベルク大学にて博士過程学生。専門は哲学・神学・宗教哲学。現在はシュライアマハーの神学を研究中。その他にも、松山高吉研究を中心とした日本キリスト教史研究にも携わる。

原発問題の深層

一宗教者の見た闇の力

内藤新吾 著

決して表面化しない原発問題の最奥に潜む諸事実を明らかにして、キリスト者の信仰の問題として真実を見極めることを訴える。

四六判　本体一五〇〇円＋税

「平和主義」とは何か

韓国の良心的兵役拒否から考える

キム・ドゥシク 著　山田寛人 訳

古今東西の事例を幅広く検討して、良心的兵役拒否への疑問や反論に一つ一つ丁寧に答え、その積極的な意義を説く。

四六判　本体二四〇〇円＋税

あの山は、本当にそこにあったのだろうか

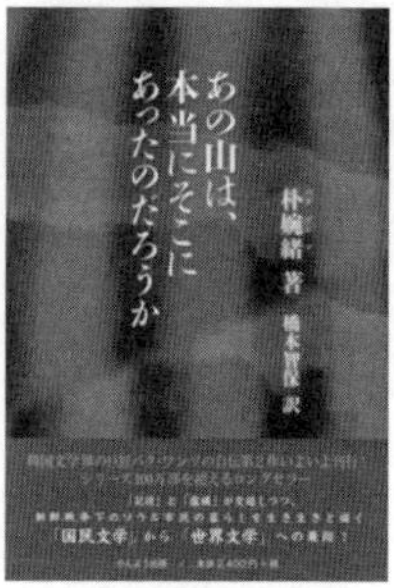

朴婉緒 著　橋本智保 訳

韓国のカトリック作家パク・ワンソの自伝作品第2部。朝鮮戦争下のソウル市民の暮らしを生き生きと描く名作。

四六判　本体二四〇〇円＋税

沈黙への道　沈黙からの道

遠藤周作を読む

金　承哲 著

『沈黙』、『深い河』、『白い人・黄色い人』などをはじめ、各作品を丹念に読み解きながら、鮮やかな文学世界の核心に迫る、遠藤周作への入門書。キリスト新聞の人気連載を書籍化。

四六判　本体一五〇〇円＋税

安炳茂著作選集 第二巻

歴史と解釈

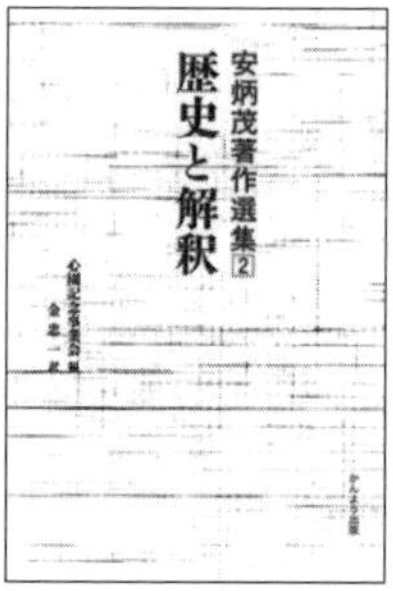

安炳茂 著　金忠一 訳

『民衆の神学』（第一巻）、『評伝―城門の外でイエスを語る―』（別巻）に続く安炳茂著作選集の第三回配本。歴史的事件に対する証言としての聖書の核心を一貫して提示、聖書全体を一望できる貴重な著作。

四六判　本体六五〇〇円＋税

明治学院大学教養教育センターブックレット

多文化共生を学び合う

―配慮と偏見のはざまで―

明治学院大学教養教育センター・社会学部 編

教学改革事業（『内なる国際化』プロジェクト）の一環として昨年秋に開催された、学生自身の企画・運営による多文化交流フォーラムの全容を収録、議論の活性化、課題の発見に役立つブックレット。

A5判　本体一二〇〇円＋税

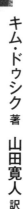

『キリスト教文化』創刊のことば

かつて日本がキリスト教を受容した際に、西洋の文化と東洋の文化の出会いがあった。その文化間の出会いは、決して単純なものではなく、多くの衝突と葛藤を生み出し抱きつつ今日まで引き継がれている。わたしたち自身、その支流に生きる者である。そういう意味で文化には人々の生きた「声」が潜んでいる。その数々の「声」をキリスト教という視点から発掘したい。また今日まで聞くことのできなかった、隠されていた「声」あるいは小さくされた「声」に耳を傾けたい。わたしたちはそれらに耳を傾け、関心を寄せることで新たな文化の発見、文化の交流を展望することができるのではなかろうか。そのような思いから、定期刊行誌『キリスト教文化』（年2回刊）を創刊した。

「文化」という言葉を用いる以上、その概念規定が必要だが、『キリスト教文化』は「文化」の定義づけを目標にしない。むしろ「文化」のもつダイナミズムを捉え、その多様性を受け入れる作業の一環として取り組みたいと考える。キリスト教には、テキストと、それを受け入れたコンテキストが存在する。わたしたちはテキストを少々知っているかもしれない。しかし、そのテキストを、コンテキストがいかに受け入れ形成して今日に至っているかは、まだまだこれから模索し探究する必要がある。西洋から受け入れたキリスト教は、日本という土壌で、あるいは東アジアのさまざまな土壌で、いかに変容を遂げているのであろうか。『キリスト教文化』は、その一つ一つのダイナミズムを捉え、多様性の中で一致するという文化的挑戦を試みる。

そして、当社名である「かんよう（寛容）」の精神に基づく本づくりを通して、社会に新たな文化を吹き込む働きを担うことができればと願うものである。

二〇一三年四月

かんよう出版

編集後記

★今回の特集では、朝鮮半島の南北問題について扱った。韓国キリスト教の平和にかんする声を幾分かでも汲み取ることができたのではないかと思っている。切に願うことは、アジアの軍事的緊張が紐解かれ、暴力が志向されない世の中が実現することである。軍事的脅威が目の前に広がっているにもかかわらず、無関心にさせられるこの世の中に脅威をおぼえる毎日である。／編集中に日韓間の「徴用工」問題が取りざたされ、日本の植民地に対する姿勢が露わになっている。自らの犯した罪の大きさに気づくときに、人は、また国家は、躍進するだろう。しかし、私たちの住む日本はそれに逆行している。／次号は、三一運動一〇〇年を特集として取り上げる。（松山健作）

★兵庫県養父市大屋町の明延鉱山を見学しました。坑道の長さは、延べ東京大阪間ほどあったといいます。日本の近代化と産業振興を支えた鉱山のひとつです。坑道で過酷な作業に携わった人は今は学びの場となっています。地元の小学生たちに歴史を伝えるために残され、いったい誰だったのでしょうか。この坑道で過酷な作業に携わった人はいったい誰だったのでしょうか。どれだけの人が犠牲になったのでしょうか。ガイドのかたのお話にはありませんでした。あとでわかったことは、やはり朝鮮半島からの強制連行・強制労働による労働者が多く、給与や退職金の未払いが多くあること、坑内の事故で亡くなった人も多くいることでした。もちろん多くの日本人もここで働き、犠牲になったのでした。子どもたちに歴史を伝える学びの場となることは大切ですが、美化された部分だけが語られ、負の部分が語られないことに、歴史の闇を思わずにはいられません。わたしたちは、子どもたちに、良いことも悪いことも、真実を伝えることによってこそ、ほんとうの未来を築いていけるのではないでしょうか。（松山美津子）

★定期刊行物には、「日刊」「週刊」「月刊」「隔月刊」「季刊」などがある。では、本誌のように、春秋年二回の刊行は何と称するのだろうか。答えは至って簡単、そのまま「年二回刊」というらしい。調べてみると、学会誌で年二回刊は結構例もあるようで、その二回をどう号づけするかが様々だ。各年上下、一二、前後号など・・・。本誌は創刊以来各年春号と秋号にしてきたが、発行の恒常的な遅れから、春秋という季節の名はいよいよそぐわなくなってきた。じっくり検討の上、次号からは、春秋ではなく、新しい号づけで登場する予定である。（松山献）

★今号では、大熊智之、長濱拓磨両氏の連載は、都合により休載いたしました。

キリスト教文化　2018年秋　　通巻12号　ISSN 2187-7009

発行日　2018年12月25日

編集者　松山健作

発行所　合同会社 かんよう出版
〒550-0002　大阪市西区江戸堀2-1-1　江戸堀センタービル9階
電話 06-6556-7651　FAX 06-7632-3039
http://kanyoushuppan.com　info@kanyoushuppan.com

印刷・製本　有限会社 オフィス泰

ISBN978-4-906902-97-2 C0016　Printed in Japan